U0482596

全民阅读
中华优秀传统文化
经典系列

刘苍劲 丛书主编

幼学琼林

明·程登吉 编

清·邹圣脉 增订

邓启铜 诸华 点校

王佳佳 导读

王安婷 等 配音

北京师范大学出版集团
BEIJING NORMAL UNIVERSITY PUBLISHING GROUP
北京师范大学出版社

图书在版编目(CIP)数据

幼学琼林/邓启铜，诸华注释. —北京：北京师范大学出版社，
2019.1
（中华优秀传统文化经典系列）
ISBN 978-7-303-23692-3

Ⅰ. ①幼… Ⅱ. ①邓… ②诸… Ⅲ. ①古汉语－启蒙读物 ②《幼
学琼林》－注释 Ⅳ. ①H194.1

中国版本图书馆 CIP 数据核字（2018）第 092787 号

营 销 中 心 电 话 010-58805072 58807651
北师大出版社高等教育与学术著作分社 http://xueda.bnup.com

YOU XUE QIONG LIN

出版发行：北京师范大学出版社 www.bnup.com
　　　　　北京市海淀区新街口外大街 19 号
　　　　　邮政编码：100875
印　　刷：大厂回族自治县正兴印务有限公司
经　　销：全国新华书店
开　　本：787 mm×1092 mm　1/16
印　　张：20
字　　数：450 千字
版　　次：2019 年 1 月第 1 版
印　　次：2019 年 1 月第 1 次印刷
定　　价：56.00 元

策划编辑：祁传华　魏家坚　　　　责任编辑：王新焕
美术编辑：王齐云　　　　　　　　装帧设计：王齐云
责任校对：韩兆涛　　　　　　　　责任印制：马　洁

版权所有　侵权必究

反盗版、侵权举报电话：010-58800697
北京读者服务部电话：010-58808104
外埠邮购电话：010-58808083
本书如有印装质量问题，请与印制管理部联系调换。
印制管理部电话：010-58805079

继承和弘扬中华优秀传统文化
大力加强社会主义核心价值观教育

中华文化源远流长、灿烂辉煌。在五千多年文明发展中孕育的中华优秀传统文化，积淀着中华民族最深沉的精神追求，代表着中华民族独特的精神标识，是中华民族生生不息、发展壮大的丰厚滋养，是中国特色社会主义植根的文化沃土，是当代中国发展的突出优势，对延续和发展中华文明、促进人类文明进步，发挥着重要作用。

中共十八大以来，以习近平总书记为核心的党中央高度重视中华优秀传统文化的传承发展，始终从中华民族最深沉精神追求的深度看待优秀传统文化，从国家战略资源的高度继承优秀传统文化，从推动中华民族现代化进程的角度创新发展优秀传统文化，使之成为实现"两个一百年"奋斗目标和中华民族伟大复兴中国梦的根本性力量。习近平总书记指出："一个国家、一个民族的强盛，总是以文化兴盛为支撑的，中华民族伟大复兴需要以中华文化发展繁荣为条件。""中华传统文化博大精深，学习和掌握其中的各种思想精华，对树立正确的世界观、人生观、价值观很有益处。"

中华文化独一无二的理念、智慧、气度、神韵，增添了中国人民和中华民族内心深处的自信和自豪，也孕育培养了悠久的文化传统和富有价值的文化因子。传承发展中华优秀传统文化，就要大力弘扬讲仁爱、重民本、守诚信、崇正义、尚和合、求大同等核心思想理念，就要大力弘扬自强不息、敬业乐群、扶危济困、见义勇为、孝老爱亲等中华传统美德，就要大力弘扬有利于促进社会和谐、鼓励人们向上向善的思想文化内容。当前，我们强调培育和弘扬社会主义核心价值观，必须立足中华优秀传统文化，使中华优秀传统文化成为涵养社会主义核心价值观的重要源泉。核心价值理念往往与文化传统与文化积淀息息相关、一脉相承。社会主义核心价值观充分体现了对中华优秀传统文化的继承和升华。"富强、民主、文明、和谐，自由、平等、公正、法治，爱国、敬业、诚信、友善"的社会主义核心价值观，既深刻反映了社会主义中国的价值理念，更是五千年中华优秀传统文化的传承与发展。将中华优秀传统文化作为社会主义核心价值观教育的重要素材，以中华优秀传统文化涵养社会主义核心价值观，是明确文化渊源和民族文魄，树立文化自信和价值观自信，走好中国道路和讲好中国故事的必然要求。

　　2017年1月，中共中央办公厅、国务院办公厅印发了《关于实施中华优秀传统文化传承发展工程的意见》，将实施中华优秀传统文化传承发展工程上升到建设社会主义文化强国的重大战略任务的高度，力图在全社会形成重视中华优秀传统文化、学习弘扬中华优秀传统文化的氛围。由刘苍劲教授组织广东省上百位专家学者历时三年主编的这套"全民阅读·中华优秀传统文化经典系列"丛书，是广东省贯彻落实习近平总书记关于大力弘扬中华优秀传统文化系列讲话精神的重大举措，是具有广东特色、岭南气派的文化大工程。该套丛书真正体现了全民阅读的需要，每本经典都配有标准的拼音、专业的注释、精美的诵读，使不同阶层、不同文化、不同年龄、不同专业的中国人都可以读懂、读通、读透这些经典。通过客观、公正的导读指导，有机会阅读该丛书的读者都能够在阅读中华优秀传统文化经典中受到历史、政治、科学、人文、道德等多方面的启迪，在阅读中弘扬、在阅读中继承、在阅读中扬弃，从而实现树立社会主义核心价值观的目的。

　　该丛书质量精良，选题准确，导读科学，值得推荐，是为序。

刘苍劲

2018年6月

邹

序

欣逢至治，擢取鸿才，时艺之外，兼命赋诗，使非典籍先悉于胸中，未有挥毫不窘于腕下者。然华子之《类赋》，姚氏之《类林》，卷帙浩繁，艰于记忆。惟程允升先生《幼学》一书，诚多士馈贫之粮，而制科度津之筏也。但碎金积玉，原属无多；则摘艳熏香，应增未备。庶几文人，足供驱使。奈坊刻所补，殊不雅驯者，老成能知去取，固诮续貂；若初学未识从违，反亡全璧，一经习染，俗不可医，即用针砭，难痊痼疾矣。爰采汇书，各增编末。文必绝佳，片笺片释；经期可诵，一字一编。兹汰旧发之解离，易新诠之确当，详所当详而不厌其繁，略所当略而不嫌其简，务归明晰，一阅了然，如蓝田之琬琰，玄圃之琳琅，能令见者宝之，各欲私为枕秘，因颜之曰"琼林"。览是书者，其以余言为不谬否？

时嘉庆元年岁在丙辰仲春上浣
雾阁邹圣脉梧冈氏书于寄傲山房

1

神岳琼林图 元·方从义

目 录

导　读

王佳佳

　　"三百千千廿四孝，幼学增广弟子规。"这里说的便是《三字经》《百家姓》《千字文》《千家诗》《二十四孝》《幼学琼林》《增广贤文》《弟子规》。这八种书，是塾馆蒙童必读的语文识字教材，也是学习和普及国学知识的入门读物，被誉为蒙学书目中的经典。其中，《幼学琼林》是我国明清以来广泛流行的儿童蒙学读物。这部书初为明末西昌人程登吉（字允升）编著，本名《幼学须知》，又称《成语考》《故事寻源》，清朝嘉庆年间（此处时间依据邹序，然经核，实为乾隆年间）由邹圣脉作了一些补充，并且更名为《幼学故事琼林》，后来民国时人费有容、叶浦荪和蔡东藩等又进行了增补和完善。

　　《幼学琼林》虽然是古代儿童的启蒙读物，但对我们今天的读者来说，仍然很值得一读。全书共分四卷，三十三章，近二万字，内容集天文地理、历史人物、朝廷文武、典籍制度、生老病死、婚丧嫁娶、宫室珍宝、饮食器用、文事科第、鸟兽花木等与人们生活息息相关的知识于一体，几乎囊括了历朝历代的人文典故、逸闻趣事、名人警句以及成语故事，堪称中国古代的百科全书。第一卷共六篇，分别是天文、地舆、岁时、朝廷、文臣、武职。这一卷主要是宏观地展示世界的概貌，帮助人们了解自然和社会的大致情况。第二卷共十二篇，分别是祖孙父子、兄弟、夫妇、叔侄、师生、朋友宾主、婚姻、女子、外戚、老幼寿诞、身体、衣服。这一卷主要是介绍人们最常见的日常生活，伦理味、生活味都很浓。第三卷共七篇，分别是人事、饮食、宫室、器用、珍宝、贫富、疾病死丧。这一卷主要是介绍衣食住行和人的生活之间的关系。第四卷共八篇，分别是文事、科第、制作、技艺、讼狱、释道鬼神、鸟兽、花木。这一卷主要是告诉人们，不可碌碌无为，应该有所作为以及如何作为。

《幼学琼林》采用骈体文写成，全文句式整齐，通篇对偶，错落有致，节奏明快，朗朗上口，易读，也易记。此书的编排，打破了传统韵书纯以三言、四言或五言、七言成句的限制，全是根据内容的需要，不拘字数多少，唯求偶句成对，并不强求押韵。这种灵活的形式，既增大了全书的包容量，同时又形成了一种错落有致、婉转深湛的美学特色。古代有人评论此书说："读了《增广》会说话，读了《幼学》走天下。"此言虽不免有夸大之嫌，却足见《幼学琼林》的影响力之大，这也正是它能广为流传、脍炙人口的原因。

《幼学琼林》荟萃了中华传统文化常识中的精华，的确不愧"琼林"之誉。蒙学读物，文字严谨，内容丰富，对于人们开启智慧之窗、加强德行修养、培养高尚人格等方面有着极大的作用，堪称中华民族宝贵的精神遗产。当然，作为一本成书于封建时代的蒙学读物，它也不可避免地被打上了当时社会意识形态的烙印，如所谓的"三从""四德""龙种""麟角"之类，三纲五常的封建伦理，忠臣义仆的愚昧悖理，信神崇鬼的迷信观念，以及一些落后的礼俗习惯，在总体上无疑应予否定。然而这些却是古代历史的客观存在、传统文化的组成内容，往往有精华在其中，不可简单地一刀切割。我们既要承认《幼学琼林》作为蒙学用书在我国文化史上，尤其在教育史上的地位，看到它在今天仍然不朽的积极方面和可取之处，同时又要以批判的眼光来分析其时代和阶级的局限性。它着力宣扬的封建伦常、道德观念，以及一切迷信和宿命论都是与我们的时代潮流相逆的，也是我们应当毫不留情地摒弃的，我们应有足够的胸襟与眼光来接纳、审视，了解历史的真实和优良的传统，从而汲取精华，扬弃糟粕，获得滋养，增长知识。

卷一

tiān wén

天 文

新增文十一联

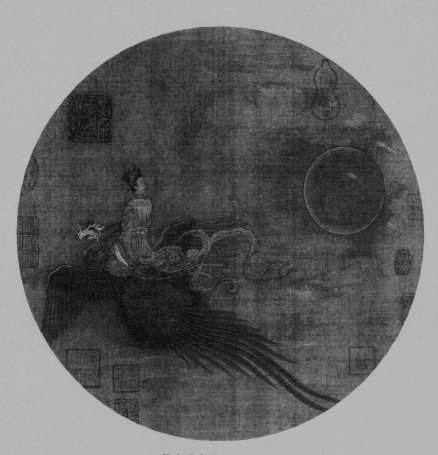

仙女乘鸾图　宋·佚名

hùn dùn chū kāi qián kūn shǐ diàn qì zhī qīng
1 混沌初开，乾坤始奠。① 气之轻
qīng shàng fú zhě wéi tiān qì zhī zhòng zhuó xià níng zhě wéi
清上浮者为天，气之重浊下凝者为
dì rì yuè wǔ xīng wèi zhī qī zhèng tiān dì yǔ
地。② 日月五星，谓之七政；天地与
rén wèi zhī sān cái rì wéi zhòng yáng zhī zōng yuè
人，谓之三才。③ 日为众阳之宗，月
nǎi tài yīn zhī xiàng hóng míng dì dōng nǎi tiān dì zhī
乃太阴之象。④ 虹名蝃蝀，乃天地之
yín qì yuè lǐ chán chú shì yuè pò zhī jīng guāng
淫气；月里蟾蜍，是月魄之精光。⑤

fēng yù qǐ ér shí yàn fēi tiān jiāng yǔ ér
风欲起而石燕飞，天将雨而
shāng yáng wǔ xuàn fēng míng wéi yáng jiǎo shǎn diàn hào
商羊舞。⑥ 旋风名为羊角，闪电号
yuē léi biān qīng nǚ nǎi shuāng zhī shén sù é jí
曰雷鞭。⑦ 青女乃霜之神，素娥即
yuè zhī hào léi bù zhì jié zhī guǐ yuē lǜ lìng
月之号。⑧ 雷部至捷之鬼曰律令，
léi bù tuī chē zhī nǚ yuē ā xiāng yún shī xì shì
雷部推车之女曰阿香。⑨ 云师系是

注释：本书以扫叶山房光绪乙酉年(1885)仲秋镌《新增幼学故事琼林》为底本。①混沌，元气也，阴阳未分之象也。乾，天也。坤，地也。《易》："太极生两仪。"两仪未分，其气混沌如鸡子。盘古氏出，则天地之道，达阴阳之理。于是伏者为天，偃者为地。天尊地卑，乾坤定矣。〔释〕两仪，天地也。鸡子，即鸡卵。盘古，犹言盘固。○混沌，音浑豚。②《说文》：天地者，阴阳之府也。神者，天之阳精。鬼者，地之阴气。天统开于子，轻清之气，一万八百年升而为天，天之精华凝结而为日月星辰。成象既著，功用乃行。地统开于丑，重浊之气，一万八百年凝而为地，地之灵气融结而为山川河岳。成形既定，肸蚃攸召。〔释〕气，元气也。凝，结也。③五星，金、木、水、火、土，合日、月为七政。《书》："在璿玑玉衡，以齐七政。"天能覆物，地能载物，圣人裁成辅相，以助天地之所不及，而能成物。故天地间万物群生，惟人最贵。人为万物之灵，气禀阴阳，道敦化育，生生不已，与天地参，故曰三才。〔释〕才，能也。④《天文志》：日为太阳之精，主生养恩德，人君之象也。人君有暇，必露其慝以告示焉。月乃太阴之精，以之配日，女后之象也。以之比象，刑罚之义，列之朝廷，诸侯大夫之类也。⑤虹，乃阴气所为。阳气下而阴气应，则为虹。天地之淫气，随月所映，朝西暮东。雄曰虹，其色赤白，雌曰霓，其色青白，常双出。蟾蜍似虾蟆，背黑，寿三千岁，头有肉角，颔下丹书八字。后羿请不死之药于西王母，其妻嫦娥窃而食之，奔月宫，遂化为蟾蜍。月之光为魂，月之质为魄。○虹，音洪。蝃蝀，音帝冻。⑥《地舆志》：零陵山多石燕，遇风雨起而群飞，雨止仍复为石。○《家语》：齐有一足鸟，遣使问孔子。子曰："此商羊也。昔有童子屈其一足，展臂而跳，歌曰：'天将大雨，商羊鼓舞。'今齐有之，将大雨矣。"⑦旋风，屈曲上行之风。《庄子》：有鸟名鹏，翼若垂天之云，抟扶摇羊角而上者九万里。《淮南子》：雷以电为鞭，电光照处，谓之列缺。阴气凝聚，阳在内不得出，则奋击而为雷霆。电乃阴阳激跃，与雷同气，发而为光。⑧《淮南子》：秋三月，青女乃出，以降霜雪。霜者，丧也。阳气所凝，其气惨毒，物皆丧也。素娥，即嫦娥。⑨《搜神记》：律令，周穆王时人，善走，死为雷部小鬼。义兴周姓者出郭，日暮至道旁草舍中，一女子出见，周求宿。时及二更，闻门外有一小儿呼曰："阿香，官唤汝推雷车。"女去，忽然雷雨。明朝视宿处，乃一新冢。

丰隆，雪神乃是滕六。^①欻火、谢仙，俱掌雷火；飞廉、箕伯，悉是风神。^②列缺乃电之神，望舒是月之御。^③甘霖、甘澍，俱指时雨；玄穹、彼苍，悉称上天。^④

注释：①云，山川气也。地气上为云，天气下为雨。《淮南子》：季春，丰隆乃出，以将其雨。《幽怪录》：唐萧至忠为晋州刺史，欲出猎。有樵者见群兽哀请于九冥使者，使者曰："若令滕六降雪，巽二起风，萧使君不复出矣。"日未明，风雪大作，忠果不出。②欻，风因所吹起也。雷火之作，因风而起，故雷部之鬼曰欻火。《国史》：祥符中，岳州玉仙观为天火所焚，惟存一柱，上有"谢仙火"三字。谢仙，雷部之鬼。飞廉，神禽，能致风，鹿身，头如雀，有角，蛇尾，豹文。《文苑》：风伯名方道彰，一曰即箕星也。○欻，音忽。③列缺，注详上"雷鞭"。《淮南子》：月御曰望舒。④《尔雅》：小雨曰霡霖，疾雨曰骤，徐雨曰零，久雨曰苦曰霪，三日以上曰霖，久旱而雨曰甘霖，久雨不止曰愁霖，时雨澍生万物曰甘澍，与雪杂下曰霰。郭璞云："天形穹隆，其色苍苍。"玄，黑色。穹，高也。苍，青色。《诗》："彼苍者天。"○澍，音树。穹，音芎。

盘古开天辟地图　清·《绘图二十四史通俗演义》

2 雪花飞六出，先兆丰年；日上已三竿，乃云时晏。① 蜀犬吠日，比人所见甚稀；吴牛喘月，笑人畏怯过甚。② 望切者若云霓之望，恩深者如雨露之恩。③ 参商二星，其出没不相见；牛女两宿，惟七夕一相逢。④ 后羿妻，奔月宫而为嫦娥；傅说死，其精神托于箕尾。⑤ 披星戴月，谓早夜之奔驰；沐雨栉风，谓风尘之劳苦。⑥

事非有意，譬如云出无心；恩

注释：①冬月雪花六出，春月雪花五出。谚云："江南三尺雪，人道十年丰。"天地积阴，温则为雨，寒则为雪，皆由地发，非从天降者也。雪为五谷之精。凡花多五出，惟雪花六出，盖五者阳数，六者阴数。《天文志》：日出三竿，黄色赤晕。〔释〕言日出三竿之高，初出色黄，到午色赤，将人色晕。②柳文："蜀地山高少日，日出则群犬吠之。"《世说》：满奋素畏风，侍魏武帝坐。北窗作琉璃屏，实密似疏，奋有寒色。帝笑之，奋曰："臣犹吴牛，见月而喘。"吴牛，水牛也，生江淮间。南地多暑，此牛畏热，见月疑是日，所以喘也。喘，气急也。③《孟子》："民望之若大旱之望云霓也。"云兴而雨至，霓见而雨止。言望雨者喜云兴而恐霓见，以比望人者望其至而又恐其去也。夜气为露，阴之凝也。言受恩如万物之受雨露也。○霓，音仪。④高辛氏有二子，长阏伯，次实沈，二人争斗不已。帝迁阏伯于东方商丘，主商；迁实沈于西方大夏，主参。彼此出则此没。《续齐谐记》：天河之东有织女，天帝之孙也。勤习女工，容貌不暇整理。帝怜其独处，许嫁河西牵牛郎。嫁后，竟废女工。帝怒，令归河东，惟七夕一会。⑤后羿、嫦娥，注详上"蟾蜍"傅说。傅说乘东维，骑箕、尾，而比于列星。盖言说死，其精神托于箕、尾二宿之间也。⑥《吕氏春秋》：宓子贱，名不齐。为单父宰，弹琴而理，不下堂而单父治。巫马期亦为单父宰，披星出，戴月入，日夜不居，以身亲之，而单父亦治。期问于贱曰："子鸣琴而单父治，不见其劳，何也？"贱曰："我任人，子任力。任人者逸，任力者劳。"期曰："是施之未至也。"沐雨，雨灌其头。栉风，风梳其发。风尘，道途也。《唐书》：狄仁杰对武后曰："文皇帝栉风沐雨，冒锋镝以定天下，传之子孙。先帝以二子托陛下，今乃移之他族，无乃非天意乎？"○栉，音节。

可遍施，乃曰阳春有脚。① 馈物致敬，曰敢效献曝之忱；托人转移，曰全赖回天之力。②

感救死之恩曰再造，诵再生之德曰二天。③ 势易尽者若冰山，事相悬者如天壤。④ 晨星谓贤人寥落，雷同谓言语相符。⑤

注释：①《归去来辞》：“云无心以出岫。”唐宋璟能爱惜民物，人号为“有脚阳春”。〔释〕言恩之所及，如春及物也。②《列子》，宋有田父，冬曝于日，不知天下之有广厦隩室，绵纩狐貉，谓妻曰：“负日之暄，人莫知者，以献吾君，必有重赏。”里之富人谓曰：“昔人有美芹芹萍子者，对乡豪称之。乡豪取尝，蜇于口，惨而腹，哂而怨。子此类也。”唐太宗欲修洛阳宫，以备巡幸。张玄素谏曰：“未有巡幸之期，而预修宫室，非今急务。且役疮疾之人，袭亡隋之弊，恐又甚于炀帝矣。”上即罢之，魏徵闻之叹曰：“张公论事，有回天之力。”○曝，音卜。③唐郭子仪克复东京，肃宗劳之曰：“朕之国家，由卿再造。”〔释〕再造，再生也。汉苏章为冀州刺史，有故人任清河太守，章行部按其奸赃。乃请太守，设酒陈平生之好。太守喜曰：“人皆有一天，我独有二天。”章曰：“今日饮酒者，私恩也；明日案事者，公法也。”遂正其罪，州境肃然。④唐杨国忠为相，恃宠恣横，人争附之。或劝进士张彖谒之曰：“见之富贵可图。”彖曰：“君辈以杨右相为泰山，吾以为冰山耳。若皎日出，君辈得无失所恃乎？”遂隐嵩山。陆厥《与沈约书》：“一人之思，迟速天悬；一家之文，工拙壤隔。”〔释〕壤，地也。事之相悬绝者，如天与地隔绝之远也。○壤，音朗。⑤晨星，早晨星也，或存或殁，寥落，寥寂冷落也。刘禹锡《送张盥赴举序》：“所谓同年友，当其盛时，连辔举镳，互逐九衢。今来落落，如晨星之相望。”符，合也。《曲礼》：“毋雷同。”人言而附和之曰雷同，如雷之发声，物无不同时应者。

杨柳青木版年画·登云近月

心多过虑，何异杞人忧天；事不量力，不殊夸父追日。① 如夏日之可畏，是谓赵盾；如冬日之可爱，是谓赵衰。②

❸ 齐妇含冤，三年不雨；邹衍下狱，六月飞霜。③ 父仇不共戴天，子道须当爱日。④ 盛世黎民，嬉游

注释：①《列子》：杞人有忧天坠者，身无所寄，废于寝食，有晓之者曰："天，积气耳，奈何而崩坠乎？"其人曰："天果积气，日月星辰不当坠也？"晓之者曰："日月星辰亦积气之有光耀者，虽坠亦不中伤。"其人始释。夸父欲追日影，逐之于旸谷之际。渴欲饮，赴河饮，不足，将走北饮大泽中。未至，渴死，弃其杖，膏肉所浸，生邓林竹，广数千里。②《左》：晋大夫赵盾，衰之子也，为晋正卿。狄相酆舒问于狐射姑曰："赵盾、赵衰孰贤？"对曰："衰，冬日之日，可爱；盾，夏日之日，可畏。"③汉东海孝妇窦氏，养姑甚谨，夫死不嫁。姑曰："我老累汝。"乃自缢死。姑女告妇杀母，妇诬服罪。狱吏于公争之不得，郡守竟杀之。郡旱三年。后郡守至，于公白其冤，曰："咎在是矣。"郡守致祭其墓，乃雨。周邹衍闻燕昭王下士，自梁至燕。燕昭王拥篲前驱，筑碣石宫，师事之。昭王崩，惠王信谗，下衍于狱，冤不能白，仰天而哭，夏月天降霜。④《曲礼》："父之仇不与共戴天，兄弟之仇不反兵，交游之仇不同国。"《扬子》：事父母自知不足者，其舜乎。不可得而久者，事亲之谓也。故曰孝子爱日。〔释〕爱日，又如惜阴。

夸父逐日图　明·蒋应镐

于光天化日之下；太平天子，上召夫景星庆云之祥。①

夏时大禹在位，上天雨金；《春秋》《孝经》既成，赤虹化玉。②

箕好风，毕好雨，比庶人愿欲不同；风从虎，云从龙，比君臣会合不偶。③雨旸时若，系是休征；天地交泰，斯称盛世。④

注释：①黎民，黑发之民。《书》："俞哉！帝光天之下，至于海隅苍生。"《潜夫论》："化国之日舒以长，乱国之日促以短。"舜时景星出，庆云生。一曰德星，形如半月，助月为明。王者政教无私，则景星见。庆云，其云五色。王者德合于山陵，则庆云生。②《史记》：大禹平治水土，功齐天地，是时天雨金三日，雨稻三日三夜。孔子修《春秋》《孝经》既成，告于天，赤虹自天而下，化为黄玉，长三尺，上有刻文。孔子跪而受之。③《书》："庶民惟星。星有好风，星有好雨。"（按）箕，东北之木宿也。风乃土之冲气，以木克土，则飞腾上浮之象自感之。故箕不与风期而好风也。毕，西南之金宿也。雨乃水之精气，以金生水，则蒸汤下降之象自感之。故毕不与雨期而好雨也。《易》："云从龙，风从虎，圣人作而万物睹。"《消暑笔谈》："龙，阳也，然为阳中之阴，故龙之兴云，阳召阴也。虎，阴也，然为阴中之阳，故虎之生风，阴召阳也。"不偶，非适然也。④《书》："曰休征。曰肃，时雨若；曰乂，时旸若。"〔释〕休，美也。征，验也。旸，日出也。若，顺也。《易》："泰，小往大来，吉亨。则是天地交而万物通也，上下交而其志同也。"〔释〕小，小人。大，君子。天地以气交，而万物化生通泰也。上君下臣以心交，而兴道致治其志同也。○旸，音羊。

孔子圣迹图之赤虹化玉　明·佚名

【增】大圜乃天之号，阳德为日之称。① 涿鹿野中之云，彩分华盖；柏梁台上之露，润浥金茎。② 欲知孝子伤心，晨霜践履；每见雄军喜气，晚雪销融。③ 郑公风一往一来，御史雨既沾既足。④ 赤电绕枢而附宝孕，白虹贯日而荆轲歌。⑤ 太子庶子之名，星分前后；旱年潦年之占，雷辨雌雄。⑥

中台为鼎鼐之司，东壁是图书之府。⑦ 鲁阳苦战挥西日，日返

注释：①《文选》："恢恢大圜。"类书："日为阳德，又曰阳景。"②《史记》：黄帝与蚩尤战于涿鹿之野，有五色云气，金枝玉叶，结花葩之象，覆于帝上，因作华盖。汉武帝起柏梁台，作金茎，上有仙人掌擎玉杯承露，和玉屑饮之，可长生。○涿，音捉。茎，音恒。③尹吉甫听信妻言，逐子伯奇。奇自伤无罪，清晨履霜，援琴鼓之，因作《履霜操》。唐李绅镇扬州，章孝标赋《春雪》诗云："朱门到晚难盈尺，尽是三军喜气销。"绅览而奇之。④《会稽录》：射的山南有白鹤山，此鹤为仙人取箭。郑弘尝采薪于此，得一遗箭。顷有人来觅，弘还之。问何所欲，乃曰："患若耶溪载薪为难，愿旦南风，暮北风。"后果然，至今如故，呼为"郑公风"。唐颜真卿为御史，平原有冤狱不决，天大旱。真卿到郡，决狱而雨，时人呼为"御史雨"。⑤《帝王世纪》：黄帝之母附宝，见电光绕北斗枢星，感之而孕，二十四月生帝，日角龙颜。燕荆轲入秦刺秦王，太子丹送于易水，轲为歌曰："风萧萧兮易水寒，壮士一去兮不复还。"精诚感天，白虹贯日。⑥《晋·天文志》：三星，天王正位也。中星曰明堂正位；前星，太子星；后星，庶子星。师旷占：雷初发，其音恪恪恪霹雳者，乃雄雷，旱气也；其依依不大霹雳者，乃雌雷，水气也。⑦三台星，中台为公卿。东壁星，主天下图书。明则人君好文，图书集。张说《恩制赐食于丽正殿书院宴赋得林字》诗："东壁图书府，西园翰墨林。"○鼐，音奈。

11

戈头；诸葛神机祭东风，风回纛下。① 束先生精神毕至，可祷三日之霖；张道士法术颇神，能作五里之雾。② 儿童争日，如盘如汤；辩士论天，有头有足。③ 月离毕而雨候将征，星孛辰而火灾乃见。④

注释：①《淮南子》：鲁阳公与韩构难，战酣，日暮，援戈挥之，日返三舍。周瑜欲破曹，冬月间无东风，瑜患之。诸葛亮乃登坛以祭。瑜视纛皆飘而西，因大惊。○纛，音导。②晋束皙天旱祷雨，雨降。民歌曰："束先生，通神明，请天三日甘雨零。我黍以育，我稷以生。何以酬之，报束长生。"后汉张楷字公超，隐居弘农，学者随之，所居成市。能为五里雾。后华山南有公超雾市。③孔子出游，见两小儿辩日。一曰："日初出如车轮，其中时乃如盘，此远者小，近者大。"一曰："日初出时苍苍凉凉，其中时如探汤，此近者热，而远者凉。"孔子不能决焉。《蜀志》：吴使张温来聘，温问秦宓曰："天有头乎？"宓曰："有，头在西方。"《诗》云：'乃眷西顾。'"温曰："天有耳乎？"宓曰："天处高而听卑，《诗》云：'鹤鸣于九皋，声闻于天。'"温曰："天有足乎？"宓曰："《诗》云：'天步艰难。'若无足，何以能步？"温曰："天有姓乎？"宓曰："姓刘。"温曰："何以知之？"宓曰："天子姓刘，以此知之。"④《诗》："月离于毕，俾滂沱矣。"〔释〕盖毕宿喜雨，故云。《左》：昭公十七年，有星孛于辰。申须曰："诸侯其有火灾乎？"郑神灶曰："郑若用瓘斝玉瓒压之，必不火。"子产曰："天道远，人道迩，非尔所及也。"

张天师断风花雪月图　明·《元曲选插图》

张道陵像　清·任渭长

地舆

dì　yú

新增文十联

〇附《职方纪略》

蓬莱仙岛图　清·袁江

❶ 黄帝画野，始分都邑；夏禹治水，初奠山川。① 宇宙之江山不改，古今之称谓各殊。② 北京原属幽燕，金台是其异号；南京原为建业，金陵又是别名。③ 浙江是武林之区，原为越国；江西是豫章之郡，又曰吴皋。④

福建省属闽中，湖广地名三楚。⑤ 东鲁西鲁，即山东山西之分；东粤西粤，乃广东广西之域。⑥ 河南在华夏之中，故曰中州；陕西即

注释：①《史》：黄帝画野分州，得百里之国万区，遂经土设井，立步制亩，使八家为井，井开四道，而分八宅。井一为邻，邻三为朋，朋三为里，里五为邑，邑十为都，都十为师，师十为州。《书》："禹敷土，随山刊木，奠高山大川。"管子曰："洪水横流，不辨区域，禹自冀之西，分为荆、豫、梁、雍；冀之东，分为兖、青、徐、扬，为九州之地，定其山之高者与其川之大者，以为之纪纲。"②上下四方曰宇，往来古今曰宙。谓宇宙间江山虽不改易，古今称说其名不一也。〇宙，音胄。③附《职方纪略》：北京，古辽东地，今曰北直，别号金台，古燕、冀域。领九府、二十州、一百二十县。首府顺天，别号燕山。乃《禹贡》冀州之域。周曰幽州，汉曰燕国。〇南京，古金陵之域，徐、扬之域。领十四府、十九州、九十六县。首府江宁，别号建康。乃《禹贡》扬州之域。楚威王以其地有天子气，埋金镇之，故名金陵。厥后至吴，自京口徙都于此，曰建业。④附《职方纪略》：浙江有江，其源发自歙县玉山，曲折而东入海，故曰浙江。别号两浙，古会稽地。领十一府、一州、七十六县。首府杭州，别号武林。乃《禹贡》扬州之域。春秋属吴、越。西南有虎林山，因避唐讳，改曰武林。〇江西别号豫章，古柴桑郡地。三面距山，皆沿江、汉。领十三府、一州、七十七县。首府南昌，别号豫章。乃《禹贡》扬州之域。春秋战国为吴、楚之交。⑤附《职方纪略》：福建别号闽中，古闽粤地。领九府、一州、六十县。首府福州，别号三山。乃《禹贡》扬州之域。周七闽地，秦曰闽中。汉封无诸为闽越王，都此。晋曰晋安。〇湖广别号三楚，古荆州。领十五府、十七州、一百九县。首府武昌，别号鄂渚。乃《禹贡》荆州之域。淮以北沛、陈、汝南郡，此西楚也；彭城以东东海、吴、广瑜，此东楚也；九江、江南豫章、长沙，此南楚也，故曰三楚。〇闽，音民。⑥附《职方纪略》：山东别号东鲁，《禹贡》青、兖之域，后为三齐地。领六府、十五州、八十九县。首府济南，别号临淄。〇山西别号西鲁，《禹贡》冀州之域。领五府、十九州、七十八县。首府太原，别号晋阳。〇广东别号东粤，《禹贡》扬州之南境。领十府、九州、七十八县。首府广州，别号羊城。春秋为百粤地，又为南楚。〇广西别号西粤，《禹贡》荆州之域。领十二府、三十七州、四十六县。首府桂林，别号建陵。春秋为百粤地，战国为楚粤之交。

长安之地，原为秦境。^①四川为西蜀，云南为古滇。^②贵州省近蛮方，自古名为黔地。^③

东岳泰山，西岳华山，南岳衡山，北岳恒山，中岳嵩山，此为天下之五岳；饶州之鄱阳，岳州之青草，润州之丹阳，鄂州之洞庭，苏州之太湖，此为天下之五湖。^④

注释：①附《职方纪略》：河南别号中州，《禹贡》兖、豫二州之域。领八府、十二州、九十五县。首府开封，别号汴州。战国曰大梁，五代曰东京。中国曰华夏。○陕西别号关中，《禹贡》雍州之域。领八府、二十二州、一百六县。首府西安，别号京兆。周王畿地，汉武帝立京兆、冯翊、扶风为三辅。北有长安故城，即秦宫跨渭处。②附《职方纪略》：四川别号西蜀，《禹贡》梁州之域。领十府、二十二州、九十二县。首府成都，别号益州。古蜀国，晋曰成都，唐曰锦城。○云南别号古滇，《禹贡》梁州之界。领十九府、二十九州、二十七县。首府云南，别号滇海。古徼外西南蛮所居，唐南诏地。南有滇池，周五百余里，产千叶莲。楚威王命庄蹻略定滇池，会秦击楚，道绝，因自王于滇，号滇国。汉曰益州。武帝朝，彩云见南中，故曰云南。《史记》：滇水源广末狭，有似倒流，故曰滇。○滇，音颠。③附《职方纪略》：贵州别号贵竹，《禹贡》荆、梁二州之南境。领十府、十二州、二十五县。古西南蛮罗施鬼国地。汉属牂牁郡。宋置大万谷落总管府。元改顺元路，隶湖广。明设贵州宣慰使司。永乐间，酋长拒命，削夺其地，开设郡县，号黔阳。○黔，音钳。④泰山，在山东济南府泰安州，又曰天孙，又曰岱宗，为五岳之长。王者受命，恒封禅之。高四十余里，山顶东南岩名曰观，鸡一鸣时，见日始出。○华山，在陕西西安华阴县。上有石池，生千叶莲花，服之羽化。高五千仞，片石壁立如削成。昔李白登华山落雁峰，曰："此山最高，呼吸之气相通帝坐矣。恨不携谢朓惊人诗来，搔首问青天耳！"○衡山，在湖广衡州衡山县，周八百里，名峋嵝山，轩翔耸拔九千余丈。其峰最高者曰祝融，昔祝融葬此，故名。常有铁脚道人夜半登此观日出，仰天大叫曰："云海荡吾心胸。"○恒山，在山西大同府浑源县，《水经》谓之玄岳。高三千九百丈七尺。有太玄泉，神草十九种，服之可度世。○嵩山，在河南府登封县，有三十六峰。有玉女捣帛石，立秋前一日中夜，常闻有杵声。有吹笙声，世传王子晋吹笙处。○鄱阳湖，在江西南康府东南，一名彭蠡，一名扬澜。阔四十里，长三百里，水浸弥漫，西抵南昌，东抵饶州，北流入于江。○青草湖，在湖广岳州府，一名巴丘。北连洞庭，南接汩湘，东纳汨罗之水。南有青草山，故名。○丹阳湖，又名练塘，在镇江。周三百余里，自应天溧阳县，接太平当涂县界。○洞庭湖，在湖广鄂州。相传湖中有巨蚌，夜深展一壳如帆，吞吐明珠，与月争色。○太湖，在苏州，乃《禹贡》之震泽。○鄂，音谔。

❷ 金城汤池，谓城池之巩固；砺山带河，乃封建之誓盟。① 帝都曰京师，故乡曰梓里。② <u>蓬莱弱水</u>，惟飞仙可渡；<u>方壶员峤</u>，乃仙子所居。③

沧海桑田，谓世事之多变；河清海晏，兆天下之升平。④ 水神曰<u>冯夷</u>，又曰阳侯；火神曰<u>祝融</u>，又

注释：①城坚如金则敌不可破，池热如汤则敌不敢近。北齐唐邕有治世才，文宣帝登童子佛寺，问并州城池。或曰："金城汤池。"帝曰："唐邕是金城汤池，此非也。"《汉书》：高祖封功臣，盟曰："黄河如带，泰山如砺，国以永宁，爰及苗裔。"〇巩，音拱。砺，音例。②都者，天子畿内官民聚会之处也。《公羊传》：京师者，天子之居也。《诗》："维桑与梓，必恭敬止。"（按）梓，楸属。古者五亩之宅，树桑、梓二木于墙下，以遗子孙，给蚕食，具器用。③蓬莱，在海中，弱水泛海而来，蓬莱一道士曰："蓬莱弱水三千里，非飞仙不可到。"西海之山，有水无力，不能负芥，故曰弱水。《拾遗记》：渤海东有大壑，中有五山：贷舆、员峤、方壶、瀛洲、蓬莱。台观皆金玉，所居皆仙圣之极。④《韵府》：海上三老人，相遇问年。一曰："吾忆少时与盘古有中外。"一曰："沧海变桑田，吾辄下一筹，今已满十屋矣。"一曰："吾师食蟠桃，弃其核昆仑之下，今与昆仑齐矣。"秦庄襄王三年甲寅，黄河清，是年生汉高祖于丰沛。海晏，安也。〇晏，音燕。

祝融氏大战康回图 清·佚名

冯夷像 明·蒋应镐

yuē huí lù hǎi shén yuē hǎi ruò hǎi yǎn yuē wěi
曰回禄。① 海神曰海若，海眼曰尾
lǘ wàng rén bāo róng yuē hǎi hán xiè rén ēn zé
闾。② 望人包容曰海涵，谢人恩泽
yuē hé rùn wú xì léi zhě yuē jiāng hú sǎn rén
曰河润。③ 无系累者，曰江湖散人；
fù háo qì zhě yuē hú hǎi zhī shì wèn shè qiú tián
负豪气者，曰湖海之士。④ 问舍求田，
yuán wú dà zhì xiān tiān jiē dì fāng shì qí cái
原无大志；掀天揭地，方是奇才。⑤

píng kōng qǐ shì wèi zhī píng dì fēng bō dú
凭空起事，谓之平地风波；独
lì bù yí wèi zhī zhōng liú dǐ zhù hēi zǐ dàn
立不移，谓之中流砥柱。⑥ 黑子弹
wán jí yán zhì xiǎo zhī yì yān hóu yòu bì jiē
丸，极言至小之邑；咽喉右臂，皆
yán yào hài zhī qū dú lì nán chí yuē yī mù
言要害之区。⑦ 独立难持，曰一木
yān néng zhī dà shà yīng xióng zì shì yuē wán ní yì
焉能支大厦；英雄自恃，曰丸泥亦
kě fēng hán guān shì xiān bài ér hòu chéng yuē
可封函关。⑧ 事先败而后成，曰

注释：①《说文》：轩辕之子冯夷，为水官，死为水神，曰冰夷，又曰无夷。《博物志》：华阴人，八月上庚日渡河溺死，天帝署为河伯，故称阳侯。《荒史》：伏羲时，有祝融氏都于鄫，以火为纪，名曰赤帝。《左》：郑子产禳火于水神玄冥、火神回禄。②《博物志》：天地四方，皆海水相通，地在其中，盖无几也。故海曰百谷王，神曰海若。《金华子》：北海县因发地得五铢钱，取之不尽。中一石云：“此是海眼，以钱填之。”众怯，复掩之。《十洲记》：海中沃焦山，即尾闾，一石方圆四万里，海水悉从其下而泄。③《文选》：“汉君天下，涵之如海。”《列女传》：鲁漆室之女，过时未适人，倚柱而哭。邻妇曰：“汝欲嫁乎？”曰：“非也。予忧者，鲁君老，太子幼。”邻妇曰：“此大夫之忧也。”女曰：“不然。昔有客过，系马园中，马逸，践予葵，使予终岁不饱葵。邻妇奔，使予兄追之，逢水溺死，使予终身无兄。予闻河润九里，渐洳三百步。鲁国有患，君臣父子皆被其辱，妇人将安所逃乎？”〇涵，音含。④唐陆龟蒙字鲁望，时乘小舟，载书一束，茶灶、笔床、钓具，往来烟波上，号曰江湖散人。《三国志》：汉陈登字元龙。许汜尝与刘备共论人物，汜曰：“元龙湖海之士，豪气未除。”备曰：“君言豪，宁有事耶？”汜曰：“昔遭乱过下邳，见元龙，无主客之礼，自上大床卧，使客卧下床。”备曰：“君有国士之名，今四海横流，帝王失所，而无救世之意，求田问舍，言无可采，是元龙所讳也，何缘与君语？如我自卧百尺楼，卧君于地，何但上下床之间耶？”⑤问舍，问安居之宅。求田，求取腴美之田。掀揭者，言天地间事，人皆废坠，而我独建竖，乃奇才也。〇掀，音轩。⑥黄山谷诗：“一日风波十二时。”《文苑》：昌国县海中有砥柱屹立中流，望之如人拱立。〇砥，音抵。⑦黑子，痣也。宋赵普对太祖曰：“太原既下，边郡我独当之。不如姑俟削平诸国，则黑子弹丸之地，安所逃乎？”《文苑》：城为弹丸，地犹黑子。《三国志》：刘备率诸将进兵汉中，不利，令发益州兵。孔明问杨洪，洪曰：“汉中，益州咽喉，若无汉中，则无蜀矣，发兵何疑！”张仪说赵王曰：“今楚与秦皆昆弟之国，而韩、梁称东藩之臣，齐进鱼盐之地，是断赵之右臂也，欲求无危得乎？”⑧宋袁粲与刘秉谋诛萧道成，褚渊知之，以告道成，遂使戴僧静攻粲。粲谓其子最曰：“本知一木不能支大厦之崩，但以名义至此。”僧静逾城独进，最以身卫粲，粲谓最曰：“我不失忠臣，汝不失孝子。”父子俱死。百姓哀之，谣曰：“宁为袁粲死，不作褚渊生。”秉父子亦被杀。《后汉书》：王元谓隗嚣曰：“请以一丸泥封函关，此万世一时也。”嚣甚壮其言。〇厦，音下。

"失之东隅，收之桑榆"；事将成而终止，曰"为山九仞，功亏一篑"。① 以蠡测海，喻人之见小；精卫衔石，比人之徒劳。② 跋涉谓行路艰难，康庄谓道途平坦。③

硗地曰不毛之地，美田曰膏腴之田。④ 得物无所用，曰如获石田；为学已大成，曰诞登道岸。⑤ 淄渑之滋味可辨，泾渭之清浊当分。⑥

注释：①汉光武帝《劳冯异书》："始虽垂翅回溪，终能奋翼渑池，可谓失之东隅，收之桑榆。"《书》："不矜细行，终累大德，为山九仞，功亏一篑。"○仞，忍去声。亏，音奎。②《东方朔传》：以管窥天，以蠡测海。〔释〕蠡，蚌壳也。《山海经》：炎帝之女游东海，溺死，化为禽，名曰精卫。尝衔西山木石，以填东海。○蠡，音离。③《诗》："大夫跋涉，我心则忧。"《尔雅》：五达谓之康，六达谓之庄。④《贾山传》：地之硗者，虽有善种，不能生焉。《出师表》："故五月渡泸，深入不毛。"张禹内殖货财，乃富贵，买田至四百顷，皆通泾渭灌溉，极膏腴。○硗，音敲。⑤《左》：吴将伐齐，越子率众以朝焉，王及列士皆有馈赂。吴人皆喜，惟伍子胥惧曰："是豢吴也。"乃谏曰："越在，我，心腹之疾也。壤地同而有欲于我，夫其柔服，求济其欲也，不如早从事焉。得志于齐，犹获石田，无所用也。越不为沼，吴其泯矣。"《诗》："诞先登于岸。"〔释〕岸，指道之极至而言。⑥《梁父悒传》：禹治水功毕，土石黑，数里之中，波若漆，故曰淄。渑水，在临淄，其水味极甘。齐易牙善调滋味，能辨二水。《诗》："泾以渭浊。"(按)泾水出陕西平凉府镇原县笄头山东南，至西安府高陵县入渭。渭水亦出陕西鸟鼠山。泾水清，渭水浊，合流三百里，清浊不杂。○淄，音滋。渑，音成。泾，音京。

杨柳青木版年画·唐王游月

3 <u>泌水</u>乐饥，隐居不仕；<u>东山</u>高卧，谢职求安。① 圣人出则<u>黄河</u>清，太守廉则越石见。② 淳俗曰仁里，恶俗曰互乡。③ 里名胜母，<u>曾子</u>不入；邑号<u>朝歌</u>，<u>墨翟</u>回车。④

击壤而歌，<u>尧帝</u>黎民之自得；让畔而耕，<u>文王</u>百姓之相推。⑤ 费

注释：①《诗》："泌之洋洋，可以乐饥。"晋谢安字安石，少有重名，征辟皆不至，筑室会稽之东山，以山水文籍自娱。人皆曰："安石不出，如苍生何！"严命屡臻，势不获已，始就桓温为司马。○泌，兵媚切。②经曰：黄河五百年一清，圣人出焉。此圣人受命，王者革命之象。福州府城南海边有越王石，尝隐云雾中，太守贪者不得见。惟五代宋虔愿字士恭，为晋安守，节俭爱民，以廉能著，独见之。③淳，质朴也。《论语》："里仁为美。"二十五家为里。仁里，里有仁厚之俗也。《论语》："互乡难与言。"互乡，交相为恶之乡也，今河南商水县。○淳，音纯。互，音护。④《子华子》：水名盗泉，尼父不饮。邑号朝歌，颜回不舍。里名胜母，曾子还辙。亭名柏人，汉高宵征。以其名害义也。而邹阳以朝歌不入为墨子，未知孰是。(按)墨子，宋人，姓翟。其母梦乌而生，因名为乌，以墨为号。今以墨为姓，以翟为名。〔释〕朝歌，以歌不及时。胜母则不孝。○翟，音宅。⑤《史》：尧游于康衢，有老人含哺鼓腹，击壤而歌曰："日出而作，日入而息。凿井而饮，耕田而食。帝力何有于我哉！"虞、芮二国争田，连年不决，相谓曰："西伯仁人也，盍往质之。"入其境，耕者让畔，行者让路。乃叹曰："吾侪小人也。"退而以所争田为闲田。

杨柳青木版年画·东山丝竹

长房有缩地之方，秦始皇有鞭石之法。① 尧有九年之水患，汤有七年之旱灾。② 商鞅不仁而阡陌开，夏桀无道而伊洛竭。③ 道不拾遗，由在上有善政；海不扬波，知中国有圣人。④

注释：①《神仙传》：费长房学术于壶公，公问所欲，曰："欲观尽世界耳。"公与之以缩地鞭，欲至其处，缩之即在目前。《三齐略》：秦始皇欲渡海观日出处，有神人鞭石作桥，石行不速，鞭之流血。○缩，音索。②（按）尧使鲧治水，九载绩用弗成。禹乃嗣兴，三过其门而不入。此乃洪荒一向未平之水。《史记》：汤时，大旱七年。太史占之曰："当以人祷。"汤曰："祷为民耳，若以人，请自当。"遂剪发断爪，身婴白茅，以为牺牲，祷于桑林。大雨数千里。③《蔡泽传》：商鞅为秦孝公决裂阡陌，乃废其经界而坏井田，计亩起科税以病民。《老子》：伊、洛竭而夏亡，河竭而商亡。今川源塞，塞必竭。大国必依山川，山崩川竭，亡之征也。○鞅，音秧。阡陌，音千百。④《家语》：孔子初仕，为鲁中都宰，长幼异食，强弱异任，男女别途，道不拾遗，器不雕饰。周成王时，交趾越裳氏重三译来献白雉，周公曰："德泽不加，君子不享其质，政令不施，君子不臣其人。"译曰："吾受命吾国之黄耇者，曰：'天无烈风淫雨，海不扬波三年矣，意者中国有圣人乎，盍往朝之。'"使者还，迷归途，周公赐以指南车，常为先导。

商汤王桑林祷雨图　明·《帝鉴图说》

【增】神州曰赤县，边地曰穹庐。① 白鹭洲，二水中分吴壮丽；金牛路，五丁凿破蜀空虚。② 瀑布岭头悬，苍碧空中垂白练；君山湖内翠，水晶盘里拥青螺。③ 浩荡吴江，险称天堑；嵯峨秦岭，高谓坤维。④ 雪浪涌鞋山，洗清步武；彩云笼笔岫，绚出文章。⑤

注释：①《地舆志》：昆仑东南方五千里曰神州，中有和美乡，帝王之宅，圣人所居。②李白《登金陵凤凰台》诗："三山半落青天外，二水中分白鹭洲。"《史记》：秦惠王欲吞蜀，诡言牛能粪金，欲献蜀无路。蜀使五丁力士开路，秦得伐蜀。故史诗云："五丁不凿金牛路，秦惠何由得并吞。"③李白《咏庐山瀑布泉》诗："日照香炉生紫烟，遥看瀑布挂前川。飞流直下三千尺，疑是银河落九天。"刘禹锡《望洞庭》诗："湖光秋色两相和，潭面无风镜未磨。遥望洞庭山水翠，白银盘里一青螺。"④《艺文志》：长江之险曰天堑。〔释〕言若天设坑堑，界限域中也。李白《秦岭赋》："为天之枢，为坤之维。"○堑，音堑去声。⑤鞋山，在鄱阳湖中，宋人有诗云："飞琼乘醉出天阊，堕下弓鞋千古存。若使当年添一只，雪花浪里浴双鸳。"涿郡有笔山，宛然若笔。宋人诗云："紫雾凝成应濡墨，彩云笼处便生花。一天星斗晴光岫，绚出文章自一家。"

赤壁图　金·武元直

jīn gǔ yuán zhōng huā huì jù bèi píng quán zhuāng
金谷园中花卉俱备，**平泉庄**

shàng mù shí jiē qí tān zhī xiōng wú rú hǔ bì
上**木石皆奇**。① **滩**之凶无如**虎臂**，

lù zhī xiǎn mò ruò yáng cháng yān shù qíng lán xiāo
路之险莫若**羊肠**。②烟树晴岚，**潇**

xiāng kě jì wǔ xiāng wén lǐ hàn jùn kān kuā qī
湘可纪；武乡文里，**汉郡**堪夸。③七

lǐ tān shì yán guāng lè dì jiǔ zhé bǎn nǎi wáng yáng
里滩是**严光**乐地，九折坂乃王阳

wèi tú jiāng jūn zhēng zhàn zhī chǎng yàn mén zǐ sài
畏途。④将军征战之场，**雁门**紫塞；

xiān zǐ áo yóu zhī jìng xuán pǔ láng fēng
仙子遨游之境，玄圃**阆风**。⑤

注释：①石崇金谷园在洛阳，去洛城六十里。唐李德裕平泉庄花石俱奇，而醉石醒石尤珍重。自作记云："以平泉庄与人者，非吾子弟也。以一木一石与人者，非佳子弟。"○卉，音毁。②《水经注》：江水东流鱼腹县南，又经羊肠虎臂滩，汉杨亮为益州刺史，至此而覆舟。蜀人又名为使君滩。羊肠，狭小之径。③潇湘有八景，谓：山市晴岚、渔村落照、江天暮雪、烟寺晚钟、平沙落雁、远浦归帆、潇湘夜雨、洞庭秋月。《南史》：范柏年，汉中人。宋明帝因与论广州贪泉，适问曰："卿乡中有此水否？"对曰："臣汉中惟有文里、武乡、廉泉、让水。"帝问："卿之居何在？"对曰："臣在廉让之间。"○岚，音兰。④七里滩在浙江，严光隐钓之处。九折坂最险。王阳为益州刺史，至其处，叹曰："奉先人遗体，奈何数乘此险？"后王尊过此处，叱御进，曰："此非王阳所畏处耶？"人谓王阳孝子，王尊忠臣。⑤秦筑长城，其土紫，亦曰紫塞。昆仑山有阆风苑，神仙所居，有玉楼十二，玄室九层，左瑶池，右翠水，环以弱水九重，非飚车羽轮不可到。

阆苑女仙图　五代·阮郜

岁　时

新增文十联

岁朝图　元·佚名

1 爆竹一声除旧，桃符万户更新。①履端是初一元日，人日是初七灵辰。②元日献君以《椒花颂》，为祝遐龄；元日饮人以屠苏酒，可除疠疫。③新岁曰王春，去年曰客岁。④火树银花合，指元宵灯火之辉煌；星桥铁锁开，谓元夕金吾之不禁。⑤

二月朔为中和节，三月三为上巳辰⑥；冬至百六是清明，立春五戊为春社⑦。寒食节是清明前一日，初伏日是夏至第三庚。⑧四月

注释：①《异闻录》：李畋居山中，邻人仲叟家为山魈所祟，畋令旦夕于庭中用竹着火中，鬼乃惊遁，至晓寂然安祐。故后人用爆竹是其遗俗。《山海经》：东海度朔山有大桃树，蟠曲三千里，其卑枝向东北曰鬼门，万鬼出入也。有二神，曰神荼，曰郁垒，主领鬼之害人者，执以饲虎。黄帝法面象之，乃用桃板画二神于门上，以御凶鬼。②《左》：先王之正时也，履端于始，举正于中，归余于终。履端于始，序则不愆；举正于中，民则不惑；归余于终，事则不悖。东方朔《占岁事书》：天地初开，一日鸡，二日狗，三日猪，四日羊，五日牛，六日马，七日人，八日谷。其日晴，主所生之物盛，阴则灾。李峤诗：“七日重人节。”③晋刘臻妻陈氏，元旦献《椒花颂》云：“旋穹周回，三朔肇建。青阳散辉，澄景载焕。标美灵葩，爰采爰献。圣容映之，永寿于万。”唐孙思邈除夕遗里人药，令浸井中，元日取水置酒饮之，不药疫，名屠苏酒。○屠，音徒。疠，疠例。疫，音域。④春秋之世，王者懦弱，人臣几不知有王。故孔子作《春秋》，书曰：“元年春，王正月。”元年乃鲁隐公元年，正月则周王定历之正月也。《传》曰：“系王于春，大一统也。”客岁，即旧岁。⑤唐睿宗元夕作灯树，高二十丈，燃灯五万盏，号为火树。苏味道《上元》诗：“火树银花合，星桥铁锁开。暗尘随马去，明月逐人来。游妓皆秾李，行歌尽《落梅》。金吾不禁夜，玉漏莫相催。”李冰守蜀，作桥，画斗魁七星，名曰星桥。金吾，汉戒夜行之官也。天子出行，执金革以御非常。惟正月十五敕金吾弛禁，前后各一日，谓之放夜。⑥唐德宗以寒食与上巳同时，欲以二月别为令节。李泌请以二月朔为中和节，取居春之中而和缓也。令民以彩囊盛百谷瓜果相遗问，曰献生子；闾里酿宜春酒，以祭勾芒，祈丰年；百官进农书，以示务本。上悦，乃令与上巳、九日为三令节。⑦《岁时记》：冬至一百五日，有疾风暴雨，谓之寒食。（按）寒食前清明一日，则清明去冬至是百有六日。历书以立春后五戊为春社，立秋后五戊为秋社。⑧冬至后百五日谓之寒食节，又谓禁烟节。晋文公出亡，介之推从之。公饥，推割腕股以啖公。公复国，推独无所得，推作龙蛇之歌，隐于绵山。公求之不出，乃燔左右木，推抱木焚死。公哀之，令民禁火一日，故名寒食。《历忌释》：伏者，金气伏藏之日也。四时代谢，皆以相生。立春木代水，水生木。立夏火代木，木生火。立冬水代金，金生水。惟立秋以金代火，金畏火，故至庚日必伏。庚者，金也。从夏至第三庚为初伏，四庚为中伏，立秋后逢庚为三伏。

乃是麦秋，端午却为蒲节。① 六月六日，节名天贶；五月五日，节号天中。② 端阳竞渡，吊屈原之溺水；重九登高，效桓景之避灾。③ 五戊鸡豚宴社，处处饮治聋之酒；七夕牛女渡河，家家穿乞巧之针。④

中秋月朗，明皇亲游于月殿；九日风高，孟嘉帽落于龙山。⑤ 秦人岁终祭神曰腊，故至今以十二月为腊；始皇当年御讳曰政，故至今读正月为征。⑥

注释：①《月令》：孟夏，麦秋至。〔释〕麦熟四月，故曰麦秋。端午日午时，切菖蒲以泛酒中，饮之可辟瘟疫之气，故曰蒲节。②宋真宗大中祥符四年六月六日，天书降，诏以此日为天贶节。〔释〕贶，赐也。《提要录》：五月五日午时为天中节。③楚屈原事怀王，被谗，贬于江南，五月五日投汨罗江而死。楚人伤之，乃于是日造龙舟竞渡以救。又于是日用竹筒贮米祭之。《续齐谐记》：汝南桓景随费长房游，长房曰："九月九日汝家当有灾，急令家人缝囊盛茱萸系臂上，登山饮菊酒，可免。"景从其言，举家登山。晚还，见牛羊鸡犬尽死，长房曰："代矣。"④五戊，立春五戊也。韩诗："愿与同社人，鸡豚宴春社。"李涛《社日寄李文公》诗："社翁今日没心情，为乞治聋酒一瓶。"《天宝遗事》：唐宫中每逢七夕，宫女各执九孔针、五色线，向月穿引，过者为得巧。牛女，注详于《天文》。⑤《逸史》：罗公远有道术，中秋夜侍唐明皇玩月，取拄杖掷之，化为大桥，与至一城阙，远曰："此月宫也。"晋孟嘉为桓温参军，九日游龙山，参僚毕集。风吹落嘉帽，嘉不觉，温敕左右勿言。嘉良久如厕，温令取还之。时孙盛在座，温令孙作文嘲嘉，嘉亦作文答之。⑥岁终合祭诸神之名，夏曰嘉平，殷曰清祀，周曰大蜡，汉因秦曰腊。始皇名政，秦避其讳，改正月读征月。

2 东方之神曰句芒，乘震而司春，甲乙属木，木则旺于春，其色青，故春帝曰青帝。① 南方之神曰祝融，居离而司夏，丙丁属火，火则旺于夏，其色赤，故夏帝曰赤帝。② 西方之神曰蓐收，当兑而司秋，庚辛属金，金则旺于秋，其色白，故秋帝曰白帝。③ 北方之神曰

注释：①日行东方青道曰东陆，盛德在于木位。其日甲乙属木，其神句芒，其帝太暤，乘震执规司春。盖君之主时令者曰帝，臣之佐时令者曰神。②日行南方赤道曰南陆，盛德在于火位。其日丙丁属火，其神祝融，其帝炎帝，居离执衡司夏。③日行西方白道曰西陆，盛德在于金位。其日庚辛属金，其神蓐收，其帝少暤，当兑执矩司秋。○蓐，音肉。

祝融像　明·蒋应镐

玄冥，乘坎而司冬，壬癸属水，水则旺于冬，其色黑，故冬帝曰黑帝。① 中央戊己属土，其色黄，故中央帝曰黄帝。② 夏至一阴生，是以天时渐短；冬至一阳生，是以日暑初长。③ 冬至到而葭灰飞，立秋至而梧叶落。④

上弦谓月圆其半，系初八九；下弦谓月缺其半，系廿二三。⑤ 月光都尽谓之晦，三十日之名；月光复苏谓之朔，初一日之号；月与日对谓之望，十五日之称。⑥

注释：①日行北方黑道曰北陆，盛德在于水位。其日壬癸属水，其神玄冥，其帝颛顼，乘坎执权司冬。②土无定位，无专气，寄旺四时，与木、火、金、水各七十二日。其日戊己属土，其神后土，其帝黄帝。③成周挈壶氏以百刻分昼夜，每时八刻，惟子午二时各一刻，冬至昼漏四十刻，夜漏六十刻。夏至昼六十刻，夜四十刻。春秋二分各五十刻。阴生于午，终于子。夏至为一阴，大暑为二阴，轮至小雪为六阴。阳生于子，终于午。冬至为一阳，轮至小满为六阳。盖小满后累日而进，阳在上者有一分之消，阴在下者有一分之长，是乾卦之初，已有三分之阴，积三十日为夏至，则三十日分足，而一阴始成焉。其日道敛北，与极渐远，故天时渐短。小雪后累日而进，阴在上者有一分之消，阳在下者有一分之长，是坤卦之初，已有三分之阳，积三十日为冬至，则三十日分足，而一阳始生焉。其日道发南，与极渐远，故日暑初长。〔释〕暑，日影也。○暑，音轨。④《律历志》：候气之法，为室，周密布缇缦，室中以木为案，从其方位，加六律管于其上，以葭灰抑其两端，候阳气至则灰飞。金井梧桐，立秋时至，则落一叶。○葭，音加。⑤弦，月半之名也，其形若张弓施弦也。○缺，音阙。廿，音念。⑥晦，灰也。火死为灰，月尽似之，故为月尽之名。朔，苏也。月死复苏，故为月初之名。望，月满之名也。月大十六，月小十五，日在东，月在西，遥相望也。

27

3 初一是死魄，初二旁死魄，初三哉生明，十六始生魄。① 翼日诘朝，皆言明日；穀旦吉旦，悉是良辰。② 片晌即谓片时，日曛乃云日暮。③ 畴昔曩者，俱前日之谓；黎明昧爽，皆将曙之时。④

月有三浣：初旬十日为上浣，

注释：①《书》："惟一月壬辰旁死魄。"又："厥四月哉生明。"又："惟四月哉生魄。"月之质为魄，月之光为魂。初一无光，故曰死魄。十六稍亏光，故曰生魄。②翼，明也。诘朝，平旦也。吉旦，令旦也。《书》："越翼日癸巳。"《左》："诘朝相见。"《诗》："穀旦于差。"○诘，音欠。③晌，即晌午之晌。曛，日入余光也。○晌，音享。曛，音欣。④《赤壁赋》："畴昔之夜，飞鸣而过我者，非子也耶?"《檀弓》："曩者尔心或开予。"《汉纪》："黎明围宛城三匝。"《书》："时甲子昧爽，王朝至于商郊牧野，乃誓。"曙，天晓也。○畴，音酬。曩，乃党切。曙，音树。

岁朝图　明·周文靖

中旬十日为中浣，下旬十日为下浣；学足三余：夜者日之余，冬者岁之余，雨者晴之余。① 以术愚人，曰朝三暮四；为学求益，曰日就月将。② 焚膏继晷，日夜辛勤；俾昼作夜，晨昏颠倒。③ 自愧无成，曰虚延岁月；与人共话，曰少叙寒暄。④ 可憎者人情冷暖；可厌者世态炎凉。⑤ 周末无寒年，因东周之懦弱；秦亡无燠岁，由嬴氏之凶残。⑥

泰阶星平曰泰平，时序调和曰玉烛。⑦ 岁歉曰饥馑之岁，年丰曰大有之年。⑧ 唐德宗之饥年，醉

注释：①唐制，朝臣十日一给俸，为浣沐之资，一月三给，以十日为浣沐之期。《魏略》：董遇好学，谓人曰："学者当以三余：夜者日之余，冬者岁之余，雨者晴之余。"②《列子》：宋有狙公，养狙计食，曰："与若芧，朝三暮四。"众狙怒。公曰："朝四暮三。"众狙悦。其实皆一也。〔释〕芧，栗也。狙，猿属。《诗》："日就月将。"③韩文："焚膏油以继晷。"《诗》："式号式呼，俾昼作夜。"④虚延，空淹也。谓一事无成，空淹时日而已。王献之与兄徽之、操之俱诣谢安。徽之与操之多言俗事，献之叙寒暄而已。客问王氏优劣，安曰："少者佳，吉人之词寡也。"〔释〕暄，日暖也。⑤谓世俗情态，皆羡富嫌贫，趋权附势，冷落贫贱，为可憎可厌。⑥《五行志》：周失之舒，秦失之急，故周衰无寒岁，秦亡无燠年。〔释〕燠，暖也。○懦，音糯。燠，音郁。嬴，音盈。⑦《东方朔传》：六星之符，上阶为天子，中阶为诸侯卿大夫，下阶为士庶人。六星平则世治，斜则世乱。钟山之神曰烛龙，视为昼，瞑为夜，吹为冬，呼为夏，身长千里。天阙西北，无明阳消息，故以龙衔玉烛照天门。世治则火明，乱则火暗。《文脍》："上治则四时调于玉烛。"⑧《尔雅》："谷不熟为饥，蔬不熟为馑。"《喜雨亭记》："其占为有年。"唐太宗之大有年，斗米值一文，外户不闭，行旅不赍粮。

人为瑞；梁惠王之凶岁，野莩殍堪怜。① 丰年玉，荒年穀，言人品之可珍；薪如桂，食如玉，言薪米之腾贵。② 春祈秋报，农夫之常规；夜寐夙兴，吾人之勤事。③ 韶华不再，吾辈须当惜阴；日月其除，志士正宜待旦。④

注释：①《唐书》：德宗播迁，年值饥馑，无酿酒者。偶市有一醉人，人皆聚观，以其为祥瑞。孟子谓梁惠王曰："野有饿莩。"○莩，音殍。②《世说》：庾亮、庾翼并有才能，时称亮为丰年玉，翼为荒年穀。言皆可贵也。《国策》：苏秦之楚三日，乃见王。秦辞行，王曰："曾不少留？"对曰："楚国食贵如玉，薪贵如桂。"○腾，音滕。③《月令》：孟春之月，天子乃以元日祈穀于上帝。季秋之月，大享帝，尝牺牲，告备于天子。《诗》："夙兴夜寐。"〔释〕言早起夜卧，无有少间。④春色曰韶光，若一失去，不复再来。人当少年，亦正如此。史：大禹不宝尺玉而惜寸阴。晋陶侃曰："大禹圣人，乃惜寸阴，吾人尤当惜分阴。"除，去也。言日月将舍我而去，当效周公坐以待旦而急于行也。

博浪飞椎图 清·吴历

【增】寒暑代迁，居诸迭运。① 九秋授御寒之服，自古已然；三月上踏青之鞋，于今不改。② 双柑斗酒，雅称春游；对影三人，仅堪夜饮。③ 五月孤军渡<u>泸水</u>，蜀丞相何等忠勤；上元三鼓夺<u>昆仑</u>，狄将军更多妙算。④ 二月扑蝶之会，洵可乐焉；元正磔鸡之朝，必有取尔。⑤

注释：①《诗》："日居月诸。"居诸，日月也。②《诗》："七月流火，九月授衣。"《岁时记》："唐人上巳日禊饮水滨，谓之踏青。"《卢公仪纪》："三月三日，上踏青鞋。"③《世说》：戴颙字仲若，春日携双柑斗酒，人问其故，答曰："往听黄鹂声，此俗耳针砭，诗肠鼓吹。"李白《夜饮》诗："举杯邀明月，对影成三人。"④诸葛亮《前出师表》："受命以来，夙夜忧虑，恐付托不效，以伤先帝之明。故五月渡泸，深入不毛。"宋狄青宣抚广西，敌保依智高守昆仑关。青至宾州，值上元节，令大张灯烛，首夜宴众将，乐饮彻晓。次夜复饮，二鼓时，青忽称疾，暂起入内，使孙元规暂主席，少服药乃出，数使人劝劳坐客，至晓客未敢退。忽有驰报云："是夜三鼓，狄将军已夺昆仑矣。"⑤《岁时记》：长安二月间，士女相聚，扑蝶为戏，名曰扑蝶会。《晋书》：岁朝杀羊，悬首于门，又磔鸡以副之者。或问伏滔何义，滔答曰："是月土气上升，草木萌动，羊啮百草，鸡啄五谷，故杀之以助生气耳。"磔，裂也。○磔，音矺。

祭泸水汉相班师图　清·《图像三国志》

耿青微服度关图　清·《百将图传》

吴质浮瓜避暑，陂塘九夏为秋；葛仙吐火驱寒，户牖三冬亦暖。①豪吟释子，夜敲咏月之钟；胜赏君王，春击催花之鼓。②清秋汾水，歌传汉武之词；上巳兰亭，事叙右军之记。③人日卧含章檐下，寿阳试学梅妆；中秋过牛渚矶头，谢尚细吹竹笛。④寇公《春色》诗，真可喜也；欧子《秋声赋》，何其凄然。⑤

注释：①吴质夏月间与宾朋避暑，魏文帝与质书云："浮甘瓜于清泉，沉朱李于寒水。"晋葛仙翁于冬月寒时请客，口中吐火，一室如春，坐客皆袒衣。②僧如满《咏月》诗："团团离海角，渐渐出云衢。此夜一轮满，清光何处无。"乃喜极撞钟。《开元遗事》：明皇二月旦日游上苑，呼高力士取羯鼓，临轩纵击，奏一曲，名《春光好》。回顾柳杏皆发，笑谓妃子曰："不唤我作天公乎？"③汉武帝游汾水，秋风起，歌曰："秋风起兮白云飞，草木黄落兮雁南归。"晋永和九年三月三日，王羲之与诸士子宴于会稽之兰亭，为流觞曲水之乐，因作《兰亭记》。④《南史》：武帝寿阳公主，人日卧含章檐下，梅花落额上，成五色，拂之不去，宫中学梅花妆。晋谢尚秋夜泛牛渚，会袁宏在舟中啸咏，谢闻之曰："袁临汝耶？"遂过袁舟，谈论达旦。⑤寇平仲《春色》诗："波渺渺，柳依依，孤村芳草合，斜日杏花飞。轻烟淡霭青山外，却有人家悬酒旗。"欧阳永叔作《秋声赋》。

人物图之葛仙吐火图　明·郭诩

朝 廷

新增文十联

荷宫清夏图　清·姚文瀚

三皇为皇，五帝为帝。① 以德行仁者王，以力假仁者霸。② 天子天下之主，诸侯一国之君。③ 官天下，乃以位让贤；家天下，是以位传子。④ 陛下尊称天子，殿下尊重宗藩。⑤ 皇帝即位曰龙飞，人臣觐君曰虎拜。⑥ 皇帝之言，谓之纶音；皇后之命，乃称懿旨。⑦

椒房是皇后所居，枫宸乃人君所莅。⑧ 天子尊崇，故称元首；臣邻辅翼，故曰股肱。⑨ 龙之种，麟之角，俱誉宗藩；君之储，国之贰，

注释：①双峰胡氏曰：以孔子《易大传》以伏羲、神农、黄帝、尧、舜为五帝，不信《传》而信《经》，其论始定。然三皇之号不可泯也，则亦以天皇、地皇、人皇言之。②《陆贽传》：德合仁者谓之王。以力者，以土地甲兵之力也。赏善诛恶，诸侯朝事，谓之王。兴兵约盟，以信义矫世，谓之霸。③《曲礼》："君天下曰天子。"《洪范》传："天者，君之父。地者，君之母。"诸侯有公、侯、伯、子、男五等。《王制》："天子之田方千里，公、侯田方百里，伯七十里，子、男五十里。不能五十里者不达于天子，附于诸侯，曰附庸。"④《湘山野录》：宋真宗问李仲容何谓官家，对曰："三皇官天下，五帝家天下，兼三、五之德，故曰官家。"⑤应劭曰："王者必有执兵陈于阶陛之下，群臣与至尊言，不敢指斥，故呼在陛下者告之。"殿下，犹陛下之义。宗藩，天子同姓诸侯。○藩，音烦。⑥《易》："飞龙在天，利见大人。"《诗》："虎拜稽首，天子万年。"⑦《礼》："王言如丝，其出如纶。王言如纶，其出如綍。"《曲礼》："天子之妃曰后。"（按）商之前称妃，周始立后，至秦始号皇后。帝命称圣旨，后命称懿旨。⑧《汉官仪》：后宫以椒涂壁，取温暖辟恶气也。帝居引宸，汉殿前多植枫木，故曰枫宸。莅，临也。○枫宸，音风神。⑨《书》："元首明哉，股肱良哉。"又舜曰："臣哉邻哉，邻哉臣哉。"

jiē chēng tài zǐ dì zǐ yuán lì qīng gōng dì yìn
皆称太子。①帝子爰立青宫，帝印

nǎi shì yù xǐ zōng shì zhī pài yǎn yú tiān huáng
乃是玉玺。②宗室之派，演于天潢；

dì zhòu zhī pǔ míng wéi yù dié qián xīng yào cǎi
帝胄之谱，名为玉牒。③前星耀彩，

gòng zhù tài zǐ yǐ qiān qiū sōng yuè xiào líng sān hū
共祝太子以千秋；嵩岳效灵，三呼

tiān zǐ yǐ wàn suì shén qì dà bǎo jiē yán dì
天子以万岁。④神器大宝，皆言帝

wèi fēi pín yìng qiáng zǒng shì gōng é
位；妃嫔媵嫱，总是宫娥。⑤

注释：①《文选》："高帝子孙龙之种，文王公族麟之角。"《诗》："麟之角，振振公族。"北魏高允曰："国之储贰，四海属心。"②《神异经》：东方有宫，青石为墙。门有银榜，曰"天地长男之宫"。故太子所立宫曰青宫，又曰储闱。玉玺者，印也。三代以前无玺，秦始皇得蓝田玉刻之，李斯篆文曰："受命于天，既寿永昌。"○玺，音洗。③魏曹冏表："王孙公子，流派天潢。宜亲宗室，强干弱枝。"又称宗室曰玉干金枝。韩文："明德镂白玉之牒。"〔释〕牒，册也。○派，音湃。潢，音皇。胄，音宙。④《天文志》：心三星，天王正位也。中星天子位，前星太子位，后星庶子位。唐明皇为太子时，八月五日生辰，宴百官于花萼楼，张说等表请是日为千秋令节，布告天下，咸令宴乐。史：汉武帝登嵩山，帝与左右咸闻呼万岁者三。⑤《文中子》：证天命以正帝位，以明神器有归。《易》："天地之大德曰生，圣人之大宝曰位。"《周礼》："天子后立六宫，一宫三夫人、九嫔、二十七世妇、八十一御妻，一宫凡百二十人。"《白虎通》：夏、殷以前，后妃之制其文甚略，大率皆称妃，故黄帝、帝喾俱有四妃。至周立后，正嫡曰后，次曰妃。《公羊传》：诸侯一取九女，二国媵之。○嫔媵嫱，音嫔孕戕。

历朝贤后故事之孝事周姜 清·焦秉贞

35

姜后脱簪而待罪，世称哲后；马后练服以鸣俭，共仰贤妃。① 唐放勋德配昊天，遂动华封之三祝；汉太子恩覃少海，乃兴乐府之四歌。②

注释：①《列女传》：周宣王尝晏起，姜后脱簪珥，待罪于永巷，使傅母通言于王曰："姜不才，致君乐色而忘德，失礼而晏起，其罪在姜。"王曰："寡人不德，非夫人罪也。"遂勤于政事。《汉书》：明帝明德马皇后，马援之女也，曰："吾为天下母，而身服大练，食不求甘，欲率下也。"②《通鉴》：尧帝巡狩于华，华封人祝曰："愿圣人多福多寿多男子。"放，至也。勋，功也。言尧之功无所不至也。本史臣赞尧之辞，而孟子因以为尧号焉。《文选》："恩覃少海之波，象著前星之耀。"《汉书》：明帝为太子时，乐人作歌四章，贺太子之德：一曰日重光，二曰月重轮，三曰星重辉，四曰海重润。○覃，音潭。

历朝贤后故事之身衣练服　清·焦秉贞

【增】德奉三无，功安九有。① 陈桥驿军兵欲变，独日重轮；春陵城圣哲挺生，一禾九穗。② 祥钟汉代，禁中卧柳生枝；瑞蔼宋廷，榻下灵芝生叶。③ 设鼓悬钟，千古仰夏王之乐善；释旄结袜，万年钦西伯之尊贤。④ 信天命攸归，驰王骤帝；知人心爱戴，冠道履仁。⑤

注释：①宋儒表："德奉三无，功安九有。"〔释〕三无，谓天无私覆，地无私载，日月无私照。九有，九州。②《宋书》：周使赵太祖帅师征汉，宿陈桥驿。石守信等共谋，欲立太祖为帝，军士遂以黄袍加身。"独日重轮"，见《天文》。《东观汉纪》：光武父钦生帝于春陵，是岁嘉禾一茎九穗，钦以为异，于是名帝曰秀。③汉昭帝时，上林有柳树卧于地，一朝起立，生枝叶。有虫食其叶成文，曰："公孙病已立。"即汉宣帝也。宋仁宗母卧榻下生灵芝四十二叶。后生仁宗，有天下四十二年。④《史记》：禹之治天下也，悬钟、鼓、铎、磬、鞀，曰："教以义者击钟，启以忧者击磬，论以道者击鼓，告以事者振铎，有讼狱者摇鞀。"《韩非子》：文王伐崇，袜系解，自结之。太公曰："何为也？"王曰："上皆其师，中皆其友，下皆其使也。今皆先君之人，无可使者。"○旄，音毛。⑤班固《白虎通》："三皇步，五帝骤；三王驰，五霸骤。"王充《论衡》："人君冠道德，履纯仁。"

宋太祖陈桥拥立图　清·《绘图二十四史通俗演义》

帝尧用心，哀孺子又哀妇人；武王伐暴，廉货财还廉女色。① 六宫无丽服，玄宗罢织锦之坊；万姓有余粮，周祖建绘农之阁。② 仁宗味淡而撤蟹，晋武尚朴而焚裘。③ 汉文除肉刑，仁昭法外；武王分宝玉，恩溢伦中。④ 更知唐主颂成功，舞扬《七德》；且仰汉高颁令典，约法三章。⑤

注释： ①《庄子》：舜问于尧曰："天王之用心何如？"尧曰："吾不敖无告，不废穷民，苦死者，嘉孺子，而哀妇人，此吾所以用心也。"《史记》：武王克商，上堂见玉，曰："此诸侯之玉，取而归之诸侯。"天下曰："武王廉于财矣。"入室见女，曰："此诸侯之女，取而归之诸侯。"天下曰："武王廉于色矣。"②《唐书》：玄宗初年，诏后妃以下，皆无得服珠玉锦绣。于是罢两京织锦之坊。《五代史》：周世宗留心农事，尝画农夫蚕女状于阁中。欲均定境内田租，诏散骑常侍艾颖等三十四人，分行诸郡，均定田租。③《宋书》：仁宗食新蟹，有二十八枚，问左右曰："费钱几何？"对曰："二十八千。"帝曰："一下箸费二十八千，朕不忍也。"遂命撤去不食。《晋书》：程据献雉头裘，武帝命焚之于殿前，诏天下无得献异服。④《汉纪》：三代以前有肉刑，文帝诏除之，以髡钳代黥，笞三百代劓，笞五百代斩趾。《书经》：武王分宝玉于伯叔之国，时庸展亲。〔释〕展，重也。⑤《唐书》：《秦王破阵之乐》，名《七德舞》。《史记》：秦法苛刻，沛公乃约法三章：杀人者死，伤人者及盗抵罪，余悉除秦法。

汉高祖入关约法图　明·《帝鉴图说》

wén　　chén

文　臣

新增文十三联
〇附《文武食禄须知》

题竹图　明·杜堇

1 帝王有出震向离之象，大臣有补天浴日之功。① 三公上应三台，郎官上应列宿。② 宰相位居台铉，吏部职掌铨衡。③ 吏部天官大冢宰，户部地官大司徒，礼部春官大宗伯，兵部夏官大司马，刑部秋官大司寇，工部冬官大司空。④

注释：①《易》："帝出乎震，相见乎离。"《宋史》：赵鼎上疏曰："张浚出使川陕，国势百倍于今。浚有补天浴日之功，陛下有砺山带河之誓，君臣相信，古今无二。"②《天文志》："魁下六星，两两而比曰三台，在人为三公。"（按）周官以太师、太保、太傅为三公。前汉以大司马、大司徒、大司空为三公。《汉纪》："馆陶公主为子求郎，明帝不许，谓群臣曰：'郎官上应列宿，苟非其人，民受其殃。'"③台，三台星也。铉，贯耳以举鼎者。贤之用舍，君王之举措耳。举之台铉，如星之台，鼎之铉也。潘岳《西征赋》："纳弓旌于台铉。"铨衡，所以量度人物者。成周凡邦国三岁，稽群吏之事行而进退其爵禄，曰铨选，即今吏部。○铉，音弦。铨，音诠。④称吏部尚书曰大冢宰，又曰天卿，曰太师。其侍郎曰少宰。名曰天官者，以其总御众官，犹天道统理万物也。称户部尚书曰大司徒，又曰地卿，曰农师。其侍郎曰少司徒。曰地官者，以其安抚万民，犹地长养万物也。称礼部尚书曰大宗伯，又曰春卿。其侍郎曰少宗伯。曰春官者，礼文繁缛，象春发生。天子立宗伯，使掌邦典礼。称兵部尚书曰大司马，又曰夏卿，曰司戎太常伯。其侍郎曰少司马。曰夏官者，兵威震赫，象夏长盛。天子立司马，使掌邦政。称刑部尚书曰大司寇，又曰秋卿，曰士师。其侍郎曰少司寇。曰秋官者，刑罚严厉，象秋肃杀。称工部尚书曰大司空，又曰冬卿。其侍郎曰少司空。曰冬官者，奠民攸居，象冬敛藏。

三公坐论图 清·《钦定书经图说》

六卿分职图 清·《钦定书经图说》

2

sī xiàn zhōng chéng，dū yù shǐ zhī hào；nèi
司宪中丞，都御史之号；内
hàn xué shì，hàn lín yuàn zhī chēng。① tiān shǐ yù
翰学士，翰林院之称。①天使誉
chēng xíng rén，sī chéng zūn chēng jì jiǔ。② chēng dū
称行人，司成尊称祭酒。②称都
táng yuē dà fǔ tái，chēng xún àn yuē dà zhù shǐ。③
堂曰大抚台，称巡按曰大柱史。③
fāng bó fān hóu，zuǒ yòu bù zhèng zhī hào；xiàn tái
方伯藩侯，左右布政之号；宪台
lián xiàn，tí xíng àn chá zhī chēng。④ zōng shī chēng
廉宪，提刑按察之称。④宗师称
wéi dà wén héng，fù shǐ chēng wéi dà xiàn fù。⑤
为大文衡，副使称为大宪副。⑤
jùn hóu bāng bó，zhī fǔ míng zūn；jùn chéng èr
郡侯邦伯，知府名尊；郡丞贰

注释：①称巡抚都御史曰大中丞，曰大司宪，曰开府，曰副相。称翰林曰大内翰，曰大学士，又曰太史，曰词臣，曰国史，曰中秘，曰翰撰。②称行人曰天使，又曰皇华，曰上介。称祭酒曰大司成，又曰国雍。（按）祭酒之义，古人饮酒，必使长者先祭，始为饮食之人。祭酒为国监之师表，凡释奠必先使之主祭，故曰祭酒。③抚台者，以为钦差巡抚也，又曰大都宪。称巡抚曰大柱史，又曰侍御，曰总马，曰执法大夫，曰绣衣使者。④布政，掌通省户版赋役之数。方伯藩侯者，即古屏藩之诸侯，一方之牧伯也。又称大方岳、大岳牧、大节度。按察，掌通省刑名按劾之事。宪台廉宪者，以其为执法之官也。又称大总宪、大观察，又曰天牧、臬司。⑤文衡，谓主持文运之衡也。又称大文宗。宪副，谓其为廉宪之副也。又称大经略、大中宪。

待漏图　清·冯宁

侯，同知誉美。①

郡宰别驾，乃称通判；司李豸史，赞美推官。②刺史州牧，乃知州之两号；豸史台谏，即知县之尊称。③乡宦曰乡绅，农官是田畯。④钧座台座，皆称仕宦；帐下麾下，并美武官。⑤秩官既分九品，命妇亦有七阶。⑥

注释：①秦灭诸侯，以其地为郡，郡置一守，其地广大等于方伯诸侯。唐改郡为州，改太守为刺史。开元复旧。又称曰黄堂，曰五马大夫。同知，今清军厅是也。秦制，每郡置一丞，为郡守之副贰，又称曰刺郡，曰司马大夫。②通判，即今督粮厅，称曰监郡郡赞治，即郡宰也。隋炀帝置郡赞治，即郡宰也。汉制，通判从刺史行郡，别乘一佐车，谓之别驾，亦谓半刺史。推官，即今理刑厅，称曰李府，曰豸史，曰司师，曰司刑大夫。③《周礼》："司刺掌三刺，……一刺讯群臣，再刺讯郡吏，三刺讯万民。"刺史，汉官名也。《曲礼》："九州之长入天子之国曰牧。"取养物之义。又称知州曰黄堂鹰史，曰大台谏。宋制，凡知县两任考满称最，得升御史，又称曰明府，曰邑侯，曰邑宰。④古之仕者，身衣朝服，束以大带。乡绅，一乡中之束大带者也。《诗话》：《周礼》无田畯之职，盖六遂中郊、里、鄙、酂、县、遂之长，高者为大夫，卑者为士，通称田畯。〇畯，音俊。⑤《诗》："尹氏大师，维周之氐，秉国之钧。"台，三台也。帐，帷也。大将行军则张帷居之，故称帐下。麾，旗也。兵卒进退以此指麾，故麾下。《史记》：麾下将士。〇麾，音灰。⑥秩，序也。〇附《文武食禄须知》：文官：正一品，初授特进荣禄大夫，升授特进光禄大夫，加授特进光禄大夫，左右柱国，月俸米八十四石。从一品，初授荣禄大夫，升授光禄大夫，加授光禄大夫，相国，月俸米七十二石。正二品，初授资善大夫，升授资政大夫，加授资德大夫，正治上卿，月俸米六十一石。从二品，初授中奉大夫，升授通奉大夫，加授正奉大夫，正治卿，月俸米四十八石。正三品，初授嘉议大夫，升授通议大夫，加授正议大夫，资治尹，月俸米三十五石。从三品，初授亚中大夫，升授正中大夫，加授大中大夫，资治少卿，月俸米三十二石。正四品，初授中顺大夫，升授中宪大夫，加授中议大夫，资治尹，月俸米二十四石。从四品，初授朝列大夫，升授朝议大夫，加授朝请大夫，资治少尹，月俸米二十石。正五品，初授奉议大夫，升授奉政大夫，加授奉政大夫，修政庶尹，月俸米十六石。从五品，初授奉训大夫，升授奉直大夫，协正庶尹，月俸米十四石。正六品，初授承直郎，升授承德郎，月俸米十石。从六品，初授承务郎，升授儒林郎，儒士出身，宣德郎，吏员才干出身，月俸米八石。正七品，初授承事郎，儒士出身，宣议郎，吏员才干出身，月俸米七石五斗。从七品，初授从仕郎，升授征仕郎，月俸米七石。正八品，初授迪功郎，升授修职郎，月俸米六石五斗。从八品，初授迪功佐郎，升授修职佐郎，月俸米六石。正九品，初授将仕郎，升授登仕郎，月俸米五石五斗。从九品，初授将仕佐郎，升授登仕佐郎，月俸米五石。未入流，月俸米三石。〇武官：正、从一品，与文官同。正二品，初授骠骑将军，升授金吾将军，加授龙虎将军，上护军。从二品，初授镇国将军，升授定国将军，加授奉国将军，护国。正三品，初授昭勇将军，升授昭毅将军，加授昭武将军，上轻车都尉。从三品，初授怀远将军，升授定远将军，加授安远将军，轻车都尉。正四品，初授明威将军，升授宣威将军，加授广威将军，骑都尉。从四品，初授宣武将军，升授显武将军，加授信武将军，骑都尉。正五品，初授武德将军，升授武节将军，加授武毅将军，加飞骑尉。正六品，初授昭信校尉，升授承信校尉，加云骑尉。从六品，初授忠显校尉，升授忠武校尉，加武骑尉。正七品，初授忠显校尉，升授忠勇校尉。从七品，初授毅武校尉，升授修武校尉。正八品，初授进义校尉，升授保义校尉。从八品，初授进义副尉，升授保义副尉。月俸米俱与文官同。〇命妇，受诰命之妇。凡为官者，母、妻皆授诰命。阶，级也。

一品曰夫人，二品亦夫人，三品曰淑人，四品曰恭人，五品曰宜人，六品曰安人，七品曰孺人。① 妇人受封曰金花诰，状元报捷曰紫泥封。② 唐玄宗以金瓯覆宰相之名，宋真宗以美珠钳谏臣之口。③

注释： ①夫，扶也。淑，善也。恭，敬也。宜，当也。安，和也。孺，稚也。各有取义，不敢强解。此七阶也，与品级封赠同。父殁母存加太字。②《唐明皇退朝录》：官诰院救郡夫人，使金花罗纸，七张锦彩，赐以汤沐邑，乃奉亲之荣也。《卢氏杂记》：唐进士及第，以泥金帖报喜信。③唐玄宗将命相，先书宰相名，以金瓯覆之。会太子入，谓："此宰相名，汝自意之谁乎？"太子曰："非崔琳、卢从愿乎？"帝曰："然。"盖二人早有重望，故知之。王钦若劝宋真宗封禅，上曰："王且得毋可乎？"钦若曰："臣谕以圣意，宜无不可。"乃乘间为旦言，旦从之。上召旦饮，甚欢，赐以尊酒，曰："此酒极佳，归与妻孥共之。"及归发封，则皆美珠。旦自后不敢异议。〇瓯，音讴。

唐玄宗　明·佚名

宋真宗　清·佚名

3 金马玉堂，羡翰林之声价；朱幡皂盖，仰郡守之威仪。① 台辅曰紫阁明公，知府曰黄堂太守。② 府尹之禄二千石，太守之马五花骢。③ 代天巡狩，赞称巡按；指日高升，预贺官僚。④ 初到任曰下车，告致仕曰解组。⑤ 藩垣屏翰，方伯犹古诸侯之国；墨绶铜章，令尹即古子男之邦。⑥

太监掌阍门之禁令，故名阉宦；朝臣皆搢笏于绅间，故曰搢绅。⑦ 萧曹相汉高，曾为刀笔吏；汲

注释：①金马门，宦者署也，在未央宫。汉武帝得大宛马，以铜铸像，立于署门，因名金马。宋太宗时，苏易简累官翰林，上飞白书"玉堂之署"四字赐之。又称翰林曰兰省，曰秘阁。《汉官仪》："太守朱幡皂盖，五马行春，承宠也。"○幡，音翻。皂，音曹上声。②台辅，三公也。曰紫阁，曰紫阁。古诗："平明登紫阁，日晏下彤闱。"黄堂，犹天子之黄闼，三公之黄阁，给事舍人之黄扉也。③府尹，京府之尹也。称曰师表，曰大京兆。《汉书》：宣帝曰："庶民所以安其田里而无愁怨者，政平讼理也。与我共此者，其唯良二千石乎？"《礼》："天子六马，左右骖。三公九卿驷马，左骖。"汉制，九卿则二千石，亦右骖。太守驷马而已，其加秩中二千石，乃右骖，故以五马为太守美称。○骢，音聪。④古者天子巡行诸侯之守土，察其政事。后以巡按代之，故曰代天。指日，谓升迁之日可指而定也。⑤后汉刘宠为会稽守，及内征，有五六叟叟百钱以送宠，曰："明府下车以来，犬不夜吠，民不见宠。今闻弃去，故自扶送。"欧阳修《致仕表》："俾其解组公庭，还车故里。"⑥《诗》："价人维藩，大师维垣。大邦维屏，大宗维翰。"绶者，印之组也。章者，刊印之文也。古有金印、银印、铜印之别，其刻曰某官之印。《左雄传》：今之墨绶，犹古之诸侯。岑参《送李舍人出宰》诗："县花迎墨绶，关柳拂铜章。"今俗称县令曰令尹。⑦《周礼》："阍人，掌守宫中门之禁。"阍门，禁门也。凡朝臣皆搢笏于绅，而后乘马，独张九龄体弱，常使人持之，因为笏囊，自九龄始。○阍，音奄。搢笏，音进忽。

黯相汉武，真是社稷臣。① 召伯布
文王之政，尝舍甘棠之下，后人思
其遗爱，不忍伐其树；孔明有王佐
之才，尝隐草庐之中，先主慕其芳
名，乃三顾其庐。② 鱼头参政，鲁宗
道秉性骨鲠；伴食宰相，卢怀慎居
位无能。③ 王德用，人称黑王相公；
赵清献，世号铁面御史。④

注释：①汉史：萧何、曹参为沛史，率沛子弟归高祖，立为沛公。乃起兵，拜何为相。史迁赞曰："萧何、曹参，起秦刀笔吏。"汲黯字长孺，面折人过，多病。庄助为请休假，武帝曰："汲黯何如人？"助曰："使黯任职居官，无以愈人。其辅少主，守城深坚，招之不来，麾之不去。虽自谓贲、育，亦不能夺之矣。"上曰："然，古有社稷臣，如黯近之矣。"②（按）召公奭，周同姓，食采于召，谓之召康公，又称召伯。尝布政南国，偶舍甘棠树下。及卒，后人思之，为之赋《甘棠》诗："蔽芾甘棠，勿剪勿伐，召伯所芨。"诸葛亮字孔明，避乱耕南阳，自比管仲、乐毅，好为《梁父吟》。徐庶曰："孔明，卧龙也。"先主三顾茅庐，乃见。③《归田录》：宋鲁宗道为参政，刚正嫉恶，遇事敢言，时贵戚用事者莫不惮之，人目为"鱼头参政"。唐卢怀慎为人清俭，与姚崇同相玄宗，自以才不及崇，每事推让，不敢自专，人议之为"伴食宰相"。○鲠，音梗。④《宋史》：王德用习知军中情伪，以恩扶下，未尝亲督攻战，而名闻四方，虽妇人女子，亦呼为"黑王相公"。赵抃谥清献，宋仁宗时为殿中侍御史，弹劾不避权幸，声凛京师，咸目为"铁面御史"。

刘玄德三顾草庐图　清·《图像三国志》

召伯甘棠图　明·《程氏墨苑》

4

汉刘宽责民，蒲鞭示辱；项仲山洁己，饮马投钱。① 李善感直言不讳，竞称鸣凤朝阳；汉张纲弹劾无私，直斥豺狼当道。② 民爱邓侯之政，挽之不留；人嫌谢令之贪，推之不去。③ 廉范守蜀郡，民歌五袴；张堪守渔阳，麦穗两歧。④ 鲁恭为中牟令，桑下有驯雉之异；郭伋

注释：①汉刘宽为南阳太守，历典三郡。为人温仁多恕，吏人有过，但用蒲鞭罚之，示辱而已。《世说》：安陵人项仲山，清节不妄取，每饮马渭水，必投钱三文，郝子廉亦然。②唐李善感为监察御史，帝欲封五岳，善感力谏。盖自褚遂良、韩瑗死后，中外忌讳凡二十年。及善感始谏，天下谓之鸣凤朝阳。《诗》："凤凰鸣矣，于彼高冈。梧桐生矣，于彼朝阳。"汉张纲为御史，按行风俗，埋其车轮于洛阳都亭，曰："豺狼当道，安问狐狸！"遂入朝，劾奏大将军梁冀兄弟不法。○劾，音核。③《吴录》：晋邓攸为吴郡太守，为人清廉，离郡之日，百姓攀其船，不得进。夜中乃遁去。先任谢令守此，民苦其贪。吴人歌曰："纽如打五鼓，鸡鸣天欲曙。邓侯挽不留，谢令推不去。"④汉廉范为蜀郡太守。旧制禁民夜作，以防火灾。范乃毁削先令，严使储水而已。民以为便，歌曰："廉叔度，来何暮！不禁火，民安作。昔无襦，今五袴。"汉张堪为渔阳太守，开稻田八千余顷，劝民耕嫁，以致殷富。民歌曰："桑无附枝，麦穗两歧。"

人物山水图之鲁恭驯雉图 清·任熊

为并州守，童儿有竹马之迎。①

鲜于子骏，宁非一路福星；司马温公，真是万家生佛。②鸾凤不栖枳棘，美仇香之为主簿；河阳遍种桃花，乃潘岳之为县官。③刘昆宰江陵，昔日反风灭火；龚遂守渤海，令民卖刀买牛。④此皆德政可歌，是以令名攸著。

注释：①汉鲁恭为中牟令，蝗不入境。河南尹袁安遣使往察之，值恭息桑阴下，雉雏驯扰。使者谓小儿曰："何不捕之？"儿曰："雉将雏，不可。"使者以告袁安曰："恭为政有三异：蝗不入境；化及禽兽；童子有仁心，不捕将雏之雉。"遂表荐恭为大司徒。汉郭伋初为并州守，素结恩德。后行部到西河，童儿数百骑竹马，迎拜道次。征为大中大夫。②宋鲜于子骏名洗，为京中转运使。司马光语人曰："以洗之贤，不宜使居外。顾齐鲁之区，凋残已甚，须洗往救之，此一路福星也。"司马光为相，封温国公，德惠及人，咸称之为"万家生佛"。③汉仇香初任蒲亭长，有陈元者，母讼其不孝。香曰："守寡养孤，奈何致子于法？"母感悟去。香因亲至其家，谕元以大义，卒成孝子。邑令王涣署为主簿，谓毋少鹰鹯，不如鸾凤。"涣曰："枳棘非鸾凤所栖"乃以月俸为资，使入太学，其名大振。《晋书》：潘岳字安仁，为河阳尹，民有遭负者，令植桃一株，官为之输。及任满去，一县皆花，人号花县。④汉刘昆为江陵令，有火灾，昆向火叩头，反风灭火。汉渤海郡岁饥盗起，宣帝敕龚遂为守，往抚缉之。遂至郡界，传令勿捕盗。盗喜，竟佩剑带刀来迎。遂劝其卖刀买犊，卖剑买牛，力务农本，改过迁善。○龚，音恭。渤，音孛。

卖剑买牛图　清·《马骀画宝》

桃枣荫街图　清·《圣谕像解》

【增】太守称为紫马，邑宰地号雷封。①槐位棘垣，三公及孤卿异秩；棱官紧职，拾遗与御史别称。②给事谓之夕郎，黄门批敕；翰林名为仙掖，紫禁宣麻。③饱卿睡卿，名号自别；铨部祠部，政事攸分。④俗美化醇，尹翁归去思蜀郡；名高望重，汲长孺卧治淮阳。⑤

注释：①《晋书》：谢灵运出守永嘉，人语曰："骑紫马者，太守也。"今称太守曰紫马。《初学记》：雷震百里。古者制县，地止百里，故曰雷封。②《周礼·秋官》："朝士掌建邦外朝之法。面三槐，三公位焉；左九棘，孤卿位焉。"〔释〕棘，取其心赤外刺义。《汉官仪》：御史执法称棱官。《西京杂记》：拾遗最紧，以其在北省之次，献可替否，故名紧职。○棱，冷平声。③《汉官仪》：黄门属黄门令，日暮人对青琐门拜，谓之夕郎。《东轩事录》：翰林清要，谓之仙掖。《唐书》：太宗用黄麻纸写诏敕文。玄宗别置学士院掌内命，凡拜免将相，皆用白麻。〔释〕拜，受官也。免，罢官也。④苏长公诗注："卫尉为暖卿，宗正为冷卿，光禄为饱卿，鸿胪为睡卿。晋有六曹尚书。隋改吏部为铨部，户曰版部，兵曰武部，礼曰祠部，刑曰宪部，工曰起部。至唐武德三年复旧。⑤《汉·循吏传》：黄霸治颍川，龚遂治渤海，尹翁归治蜀郡，召信臣治南阳，所居民富，所去见思，生有荣号，死有奉祀。《汉书》：武帝拜汲黯为淮阳太守，黯谢不受。上曰："君薄淮阳耶？顾淮阳吏民不相得，吾欲得君之重，卧而治之。"

谢灵运像

汲黯像

张魏公作冲天羽翼，李长吉为瑞世琼瑶。①士仰直声，汉世喜多二鲍；民歌善政，江东闻有三岑。②棠棣理政多能，刘氏兄弟守南郡；桥梓治县有谱，傅家父子宰山阴。③政简刑清，姜谟号太平官府；身修行洁，裴侠称独立使君。④袁尚书学问深

注释：①《翰苑新书》：《朱晦庵集》云：张魏公除礼部侍郎，召对便殿，上慰劳宣谕曰："朕将有为，正欲一飞冲天而无羽翼，卿为朕留意，当专任用。"唐史：李贺字长吉，为承旨，韩昌黎美之曰："瑞世之琼瑶也。"②汉鲍永、鲍恢为御史，抗直，贵戚敛手，时号"二鲍"。《唐史》：岑羲为金坛令，弟仲翔为长洲令，仲休为溧水令，皆有治绩，世号"三岑"。宰相宗楚客语本道巡察御史曰："毋违江东三岑。"○岑，音涔。③《南史》：刘之遴除南郡太守，有惠爱及民。遴死，弟之亨代，亦仁爱。吏民爱之，因呼曰大南郡、小南郡。南宋傅僧祐、子傅琰相继为山阴令尹，父子并著奇绩，人称其父子有治县谱。④《唐书》：姜谟为秦州刺史，吏民喜曰："不意今日见太平官府。"《周书》：裴侠守河北，入朝，周太祖命独立，曰："裴侠清慎奉公，为天下最，有如侠者，与之俱立。"众默然，时号为"独立使君"。

裴侠桑东图　清·《孝经传说图解》

仁惠民富图　明·《瑞世良英》

宏，不愧魏朝杜预；寇丞相事功彪炳，真为宋代谢安。①

熙宁三舍人，乃一朝硕彦；庆历四谏士，实千古良臣。②宰相必用读书人，舍窦可象谁当鼎轴；状元曾是渴睡汉，惟吕文穆乃占魁名。③谁云公种生公，或谓相门有相。④

注释：①《北史》：后魏肃宗举觞谓群臣曰："袁尚书，朕之杜预，故以杯属元凯。"侍坐者莫不仰羡。（按）晋杜预字元凯。预为尚书，损益万几，不可胜数，号曰："杜武库"。《宋史》：寇公澶渊之役，契丹不得志而归。时人以其功比晋之谢安。②宋李定附王安石，除御史，知制诰宋敏求、苏颂、李大临封还制书，执奏不已，并落职。世称为熙宁三舍人。《东都事略》：仁宗朝，余靖、欧阳修、王素、蔡襄共为谏官，皆善于其职，号"庆历四谏"。③《宋史》：太祖践位，诏无得用旧代年号，建元乾德。一日，见宫人有镜，曰乾德四年铸，臣下无一谕者。问于窦仪，仪曰："此宫人必蜀女也，蜀主有乾德年号。"太祖叹曰："宰相须用读书人。"《归田录》：吕蒙正未达时，作诗云："挑尽寒灯梦不成。"胡旦笑曰："一渴睡汉耳。"次年吕及第，因寄声于胡曰："渴睡汉今中状元。"胡大惭。④晋王况云："公门有公，卿门有卿。"《梁书》：王训召见，帝曰："可谓相门出相。"

窦仪像

吕蒙正像

wǔ　　zhí

武　职 新增文十二联

张飞像

1 韩柳欧苏，固文人之最著；起翦颇牧，乃武将之多奇。① 范仲淹胸中具数万甲兵，楚项羽江东有八千子弟。② 孙膑吴起，将略堪夸；穰苴尉缭，兵机莫测。③

注释：①唐韩愈字退之，南阳人。七岁知书，日记数百言。梦人与丹篆一卷，吞之，旁一人拊掌而笑，觉胸中如物噎。后见孟郊，乃梦中笑者。及长，通六经百家之学。○唐柳宗元字子厚，河东人。幼有奇名，登进士，为御史。坐贬永州司马，又徙柳州刺史。及卒，柳人立庙于罗池。○宋欧阳修字永叔，庐陵人。游随州，得韩文公遗稿，苦心探赜，至忘寝食。登进士，为直谏，出知滁州，复为翰林学士。自号六一居士。○宋苏洵字明允，眉山人。年二十七，始发愤为学，通六经百家之说。长子轼，次子辙，同举进士，名擅天下。神宗叹曰"天下奇才"。○白起善用兵。攻赵，行反间计，罢廉颇兵权，斩赵兵四十万，坑于长平。○王翦事秦始皇为上将，举兵灭六国，佐秦以定天下。○赵廉颇事惠王为上将，用兵如神，每食斗米斤肉。○赵李牧事襄王为上将，灭襜褴，破东胡，降林胡，破匈奴，破秦，封武安君。②宋范仲淹字希文。赵元昊寇延州，仁宗以仲淹兼知延州。既至，阅兵蓄锐，戒毋轻动。夏人相戒曰："小范老子胸中有数万甲兵，不比大范老子可欺也。"○项羽名籍，年二十四岁起兵，杀会稽守殷通，夺其印绶，收吴中子弟八千人，渡江而西。③齐孙膑与庞涓同师鬼谷，后因有隙，领兵攻魏，用减灶计。涓曰："入境三日，逃者过半矣。"膑故意佯退，涓追至马陵，日暮，见大树横路，举火照之，见书曰："庞涓死此树下。"万弩齐发，因自刎。○魏吴起，文侯使为西河守，与士卒同衣食，分劳苦，以故北却三晋，西伐强秦。著兵书六卷。齐晏子言于景公曰："穰苴文能附众，武能威敌，愿君试之。"公召与语，大悦，因以为将。著有兵书，世谓《司马法》。○魏尉缭，鬼谷之高弟，与弟子隐于夷山。惠王聘之，陈兵书二十四篇。○穰苴，音壤疽。缭，音了。

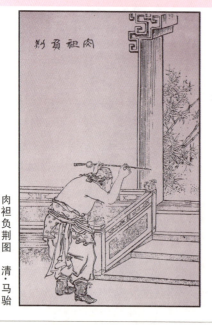

肉袒负荆图 清·马骀

穰苴斩监图 清·马骀

2 姜太公有《六韬》，黄石公有《三略》。① 韩信将兵，多多益善；毛遂讥众，碌碌无奇。②

大将曰干城，武士曰武弁。③ 都督称为大镇国，总兵称为大总戎。④ 都阃即是都司，参戎即是参将。⑤ 千户有户侯之仰，百户有百宰之称。⑥ 以车为户曰辕门，显揭战功为露布。⑦ 下杀上谓之弑，上伐下谓之征。⑧

交锋为对垒，求和曰求成。⑨ 战胜而回，谓之凯旋；战败而走，

注释：①姜太公字子牙，文王遇于渭阳，载之以归。《六韬》者，谓《文》《武》《龙》《虎》《豹》《犬》。《三略》者，谓《上略》《中略》《下略》也，亦太公所著。黄石公推演之，以授张子房。〇韬，音滔。②汉高祖谓韩信曰："如我能将兵几何？"信曰："陛下可将十万。""如君何如？"信曰："臣多多益善。"赵毛遂为平原君门下士。秦攻赵，赵王使平原君求救于楚。平原君选门下文武备具者二十人，只得十九人，毛遂自荐以备数。君许之，以俱往。及至楚，楚王久不决，遂按剑而前，曰："秦夺楚之鄢郢，烧夷陵，辱王之先人，此楚国之耻，赵之所羞也。今合纵为楚，非为赵也。"楚王始许盟。遂以手招十九人上殿，曰："公等碌碌，所谓因人成事者也。"③《诗》："赳赳武夫，公侯干城。"弁者，巾也。士为众卒之头目，犹巾为一身之首服也。④称五府都督曰大镇国，又曰上将，曰元戎，曰大都尉。称外总兵曰大总戎，又曰元帅，曰总制。⑤称都司曰大都阃，曰大总兵。称参将曰大参戎，又曰副总戎。⑥称千户曰大户侯，曰千夫长。今千总是也。称百户曰大百宰，曰百夫长。今把总是也。⑦王者出行于外，次车为藩，复仰两乘，车辕相向以表门，故曰辕门。《隋志》：后魏每征伐战胜，欲天下闻之，乃书其功于旃上，名曰露布。⑧弑，伺也。伺间而复得其便。征，正也。伐下所以正其罪也。⑨《宋史》：毕再遇常与金人对垒，数有其功。《左》：楚武王侵随，使薳章求成焉。〇垒，音雷上声。

谓之奔北。① 为君泄恨曰敌忾，为国救难曰勤王。② 胆破心寒，比敌人慑服之状；风声鹤唳，惊士卒败北之魂。③ 汉冯异当论功，独立大树下，不夸己绩；汉文帝尝劳军，亲幸细柳营，按辔徐行。④ 苻坚自夸将广，投鞭可以断流；毛遂自

注释：①《礼》："王师大献则令奏凯乐。"《见闻录》："凯风，天地之怒气散矣。奏凯乐，人之怒气已焉。"李卫公曰："奔北不追。"〔释〕兵以败走为北。②宋魏杞使金，见金主，具言人有敌忾，金之君臣，环听拱竦。骆宾王《讨武氏檄》："共立勤王之助。"○泄，音屑。忾，音慨。③宋韩稚圭与范仲淹力欲收复西夏，边士谣曰："军中有一韩，西贼闻之心胆寒。军中有一范，西贼闻之惊破胆。"东晋，秦苻坚寇晋，谢玄、谢石大破之，秦兵之奔走者，闻风声鹤唳，皆以为晋兵。④汉冯异为光武偏将军，诸将并坐论功，异独立大树下，因号为"大树将军"。汉文帝至周亚夫细柳营劳军，门士请曰："将军约，军中不得驰骤。"上乃按辔徐行。至营，以军礼见，上叹曰："此真将军也。"

冯异荒亭进粥图　清·《百将图传》

周亚夫细柳式车图　清·《百将图传》

荐才奇，处囊便当脱颖。^①

③ 羞与哙等伍，韩信降作淮阴；无面见江东，项羽羞归故里。^②韩信受胯下之辱，张良有进履之谦。^③卫青为牧猪之奴，樊哙为屠狗之辈。^④求士莫求全，毋以二卵弃干城之将；用人如用木，毋以寸朽弃连抱之材。^⑤总之，君子身可小可大，丈夫志能屈能伸。^⑥自古英雄，难以枚举；欲详将略，须读《武经》。^⑦

注释：①苻坚将大举南伐，苻融谏曰："福德在吴，伐之必有天殃。且彼据长江之险，民为之用，殆未可伐也。"坚曰："吾百万之众，投鞭于江，足断其流，何险之足恃。"至淝水，为谢玄所败。毛遂为平原君门下士，遂自荐，以备二十人之数。君曰："士处世，如锥处囊中，其末立见。先生处门下三年，未有所闻焉。"遂曰："使臣得处囊中，将脱颖而出，非但末见而已。"②史：韩信，淮阴人，佐汉高得天下。上见信威势盛于朝廷，遂用陈平之计，擒信归朝，降为淮阴侯。信羞与绛、灌同列，称病不朝。尝过樊哙，哙迎送称臣，信笑曰："生乃与哙等为伍耶！"史：项羽为汉兵所迫，至乌江，亭长引："江东虽小，亦足以王，请急渡。"羽曰："昔与江东八千子弟渡江而西，今无一人还，有何颜面见江东父老乎！"遂自刎。③《韩信传》：信幼好佩剑，淮阴屠中少年有侮信者，辱之曰："信能死，刺我。不能死，出我胯下。"信熟视之，俯出胯下。后信封王，召少年为楚中尉。史：张良游下邳，有一老人，堕其履于圯下，顾谓良曰："孺子取履！"良愕然，乃强忍下取。老人曰："履我！"良跪以进，老人以足受。老人曰："孺子可教矣！"授书一编，且曰："读此书可为帝王师。"○胯，音夸上声。④汉史：卫青少孤贫，其父使牧猪羊，兄弟皆奴畜之。有钳徒相之曰："此子官至封侯。"及壮从军，征伐匈奴，武帝拜为大将军，关内侯。汉史：樊哙，沛人。少时家贫，以屠狗为业。⑤史：子思将荐荀㮧于卫侯，曰："其材可将五百乘。"公曰："吾知其可将，然㮧也尝为吏，赋于民，而食人二鸡子，故弗用也。"思曰："夫圣人之官人也，犹匠之用木，取其所长，弃其所短。故杞梓连抱，有数尺之朽，良匠不弃。今君处战国之世，选爪牙之士，而以二卵弃干城之将，此不可使闻于邻国也。"○卵，音鸾上声。⑥老聃曰："君子得时则驾，不得时则蓬累而行。"此君子之身可小可大也。孟子曰："穷则独善其身，达则兼善天下。"此丈夫之志能屈能伸也。⑦《武经》，七子之书也。所言皆为将之略，如孙子诡谲奥深，穷幽极渺；吴子醇正简要，恳己近情；司马穰苴缜密谨严，详核周至；姜太公规模阔大，本末兼赅；黄石公机权敏捷，智术渊宏；尉缭子敦本务实，峻法明刑；李卫公辨析精微，考据典确是也。

【增】《书》曰桓桓武士，《诗》云矫矫虎臣。① 黄骢少年，登先陷阵；白马长史，殿后摧锋。② 天子遣赵将军，真得御边之策；路人问霍去病，速收绝漠之勋。③ 北敌势方强，娄师德八遇八克；南蛮心未服，诸葛亮七纵七擒。④ 卫将军一举而朔

注释：①《尚书》："尚桓桓，如虎如貔，如熊如罴。"〔释〕桓桓，威武貌。《诗》："矫矫虎臣，在泮献馘。" ②周裴果勇冠诸军，常乘骢马，衣青袍，登先陷阵，时号"黄骢少年"。汉史：公孙瓒为辽东属国长史，常与善射之士乘白马，为左右翼，乌桓语曰："且止，避白马长史。" ③汉赵充国击羌，上问用兵几何，答曰："百闻不如一见，愿驰至金城，图上方略。"梁曹景宗破魏军还，武帝于华光殿开宴联句，令沈约分韵。景宗请韵，韵已尽，止惟竞、病二韵。景宗云："去时儿女悲，归来笳鼓竞。借问行路人，何如霍去病。"帝奇之。（按）霍去病，汉武之将也。 ④《唐书》：武后募壮士讨吐蕃，娄师德戴红抹额应诏。后遇边敌，与战，凡八战八克。《蜀志》：孟获为南蛮之首，孔明欲服其心，七纵七擒。获泣曰："丞相天威也，南人不复反矣。"

霍去病渡河受款图　清·《百将图传》

薛仁贵天山三箭图　清·《百将图传》

庭空，伏剑洗刘家日月；薛总管三箭而天山定，弯弓造李氏乾坤。①

韩信用木罂渡军，机谋巨测；田单以火牛出阵，势焰谁当。② 太史慈乃猿臂英雄，班定远实虎头豪杰。③ 力强迈众，敬德避槊而复夺槊；胆略过人，张辽出阵而复入

注释：①汉武帝用卫青为大将军征边，边人远遁，故谓朔庭空。《唐书》：太宗时，九姓为乱，薛仁贵为总管御之，三箭杀魁首三人，敌慑服，皆降。军中歌曰："将军三箭定天山，壮士长歌入汉关。"②《史记》：韩信击魏，魏王盛兵蒲坂，以塞临晋。信为疑兵，陈船欲渡临晋，而伏兵从夏阳以木罂渡军，袭夏阳，擒王豹，魏地悉平。《史记》：燕骑劫攻齐，田单以创残之夫，乘城约降。因伺其少懈，以牛数千头，画龙文，束刃于角，燕火于尾，牛奔敌阵，死者甚众，遂复齐七十余城。○罂，音英。③《吴志》：太史慈，猿臂善射，吴将之特也。《汉书》：班超有奇相，相者曰："君虎头燕颔，飞而食肉，当封侯万里。"后超以三十六人平西域诸国，乃封定远侯。

田单火牛破敌图 清·《百将图传》

班超投笔封侯图 清·《百将图传》

阵。^①狄天使可例云长，高敖曹堪比项籍。^②紫髯会稽，振耀吴军武烈；黄须骁骑，奋扬曹氏威声。^③

鸦军雷军雁子军，鬼神褫魄；飞将锐将熊虎将，草木知名。^④圻父王之爪牙，诗旨真可味也；将军国之心膂，人言其不谬乎。^⑤

注释：①《唐书》：尉迟敬德骁勇，善避矟，贼虽群刺之不能伤，又能夺贼矟还刺之。上问曰："避矟与夺矟孰难？"曰："夺矟难。"试与齐王敌，王三失矟，乃服。《魏志》：张辽守合肥，为孙权所围，领数十人溃围而出。余众号呼曰："将军弃我乎？"复入围，拔出余众。○矟，音卖。矟，音朔。②宋狄青，人呼狄天使，节镇泾原。上欲一见之，诏令入朝。会寇逼平凉，乃令往御，俾图像以进。上观其仪表，叹曰："朕之关、张也。"《北史》：齐高昂，字敖曹。父以其昂藏敖曹，故名。为高欢将，善弓马，人比之项籍。③《吴志》：张辽问吴降人曰："向有紫髯将军，便马善射，是谁？"曰："孙会稽。"辽叹服。汉乌桓反，曹操以子彰为骁骑将，击之大胜。操喜，捋彰须曰："黄须儿，大奇也。"④五代李克用将兵，贼惮之曰："鸦军至矣。"〔释〕鸦军，皆衣黑者。唐郑略节度凤翔，募兵五百，号疾雷军，所向披靡。五代梁朱瑾募兵，黥双雁于颊，号雁子军。唐单雄信极勇，事李密，号飞将。马璘武艺绝伦，为中兴锐将。周瑜《与孙权书》："刘备以枭雄之姿，又得关、张为熊虎将，有饮马长江之志。"○褫，音耻。⑤《诗》："圻父，予王之爪牙。"〔释〕圻父，掌封疆之臣。汉李广斩霸陵尉，上书自陈，上报曰："将军国之心膂。"○膂，音吕。

张辽合肥陷阵图 清·《百将图传》

单雄信断袖割袍图 清·《元曲选》

卷
二

祖孙父子

新增文十二联

雪庭堆狮图　清·佚名

① 何谓五伦：君臣、父子、兄弟、夫妇、朋友。① 何谓九族：高、曾、祖、考、己身、子、孙、曾、玄。② 始祖曰鼻祖，远孙曰耳孙。③ 父子创造，曰肯构肯堂；父子俱贤，曰是父是子。④ 祖称王父，父曰严君。⑤ 父母俱存，谓之椿萱并茂；子孙发达，谓之兰桂腾芳。⑥

桥木高而仰，似父之道；梓木低而俯，如子之卑。⑦ 不痴不聋，不作阿家阿翁；得亲顺亲，方可为人为子。⑧ 盖父愆，名为干蛊；育义

注释：①舜使契为司徒，教以人伦：父子有亲，君臣有义，夫妇有别，长幼有序，朋友有信。②自高祖至玄孙，凡九族，亦云九派。《尔雅》："子之子为孙，孙之子为曾孙，曾孙之子为玄孙，玄孙之子为来孙，来孙之子为昆孙，昆孙之子为仍孙，仍孙之子为云孙，云孙之子为耳孙。"③扬子《方言》：凡人怀胎，鼻先受形，故谓鼻祖。《汉惠纪》：耳孙，言高祖甚远，但耳闻之也。④《书》："若考作室，既底法，厥子乃弗肯堂，矧肯构？"《扬子》：石奋，石建，父子之美。无是父，无是子；无是子，无是父。⑤《尔雅》：父之考曰王父，父之妣曰王母。《易》："家人有严君焉，父母之谓也。"⑥《庄子》：山中有椿树，以八千岁为春，八千岁为秋。故称父椿庭。《博物志》：萱草食之，令人好欢乐，忘忧思，谓忘忧草。妇人有孕，佩此花，则生男，亦名宜男草。故称母萱堂。谢玄以芝兰喻子侄。窦钧五子，号"五桂"。顾荣曰："桂子兰孙，为家之宝。"○腾，音滕。⑦《世说》：伯禽与康叔见周公，三见三笞之。伯禽莫知其故，问于商子。商子曰："南山之阳，有木名桥，南山之阴，有木名梓，何不往观？"二子往，见桥木高而仰，梓木低而俯，还告商子。商子曰："桥者，父道也。梓者，子道也。"⑧唐郭子仪子名暧，尚升平公主，琴瑟不调。暧曰："汝倚父为天子耶？吾父薄天子而不为耳。"公主入奏，代宗曰："此非汝所知，彼诚如是。彼欲为天子，天下岂汝家所有也。"慰谕令归。仪囚暧待罪，上曰："不痴不聋，不作阿家阿翁。儿女闺帏之言勿听。"《孟子》："不得乎亲，不可以为人；不顺乎亲，不可以为子。"○家，音姑。

子，乃曰螟蛉。① 生子当如孙仲谋，曹操羡孙权之语；生子须如李亚子，朱温叹存勖之词。② 菽水承欢，贫士养亲之乐；义方是训，父亲教子之严。③ 绍箕裘，子承父业；恢先绪，子振家声。④

注释：①《易》："干父之蛊。"《诗》："螟蛉有子，蜾蠃负之。"〔释〕螟蛉，青虫。蜾蠃，细腰蜂。无雌，运土作房，负螟蛉置于其中，祝曰："似我似我。"七日而化为己子。○蛊，音古。②曹操见孙权军伍整齐，叹曰："生子当如孙仲谋！如刘景升儿子，豚犬耳。"五代李存勖小名亚子，破梁夹寨，梁祖叹曰："生子须如李亚子，吾儿豚犬耳。"○勖，音旭。③《檀弓》：子路曰："伤哉，贫也！生无以为养，死无以为礼也。"孔子曰："啜菽饮水尽其欢，斯之谓孝矣。敛手足形，还葬而无椁，称其财，斯之谓礼。贫何伤乎？"《左》：卫庄公之子州吁，嬖人之子，有宠而好兵，公弗禁。石碏谏曰："爱子教之以义方，弗纳于邪。"④《礼》："良冶之子，必学为裘。良弓之子，必学为箕。"恢，大也。先绪，先人之业也。

孙权决计破曹操　清·《图像三国志》

孙权遗书退老瞒　清·《图像三国志》

具庆下，父母皆存；重庆下，祖父俱在。① 燕翼诒谋，乃称裕后之祖；克绳祖武，是称象贤之孙。② 称人有令子，曰麟趾呈祥；称宦有贤郎，曰凤毛济美。③

注释：①具庆者，父母在堂，皆可欢也。若母亡父在，曰严侍下。父亡母在，曰慈侍下。父母俱亡，曰永感下。②《诗》："诒厥孙谋，以燕翼子。"《诗》："绳其祖武。"《书》："殷王元子，惟稽古崇德象贤，统承先王。"③《诗》："麟之趾，振振公子。"〔释〕比文王后妃德修于身，皆化于善也。宋谢凤有才名，子超宗，作《殷淑妃诔》。孝武叹赏曰："超宗殊有凤毛。"

历朝贤后故事之麟趾贻休　清·焦秉贞

② 弑父自立，隋杨广之天性何
存；杀子媚君，齐易牙之人心奚
在。① 分甘以娱目，王羲之弄孙自
乐；问安惟点颔，郭子仪厥孙最
多。② 和丸教子，仲郢母之贤；戏彩
娱亲，老莱子之孝。③

毛义捧檄，为亲之存；伯俞泣
杖，因母之老。④ 慈母望子，倚门倚

注释：①《隋史》：文帝之子杨广，乘上寝疾，尽遣后宫出就别室，俄而上崩。中外颇有议论。《史记》：易牙名巫，善调味。齐桓公北伐中山还，叹曰："天下异味皆尝，但未得食人肉耳。"巫归，断儿两手以啖公，所言多从。②王羲之书：牵诸子，抱弱孙，一味之甘，割而分之，以娱目前。唐郭子仪八子七婿，皆显官。孙数十，每问安，仪不能尽辨，但点颔而已。③《高士传》：老莱子，楚人。行年七十有三，其亲尚存，言不称老。尝著五色斑烂衣，作婴儿戏；为亲取食堂上，佯跌卧地，为儿啼；时取鸡雏弄于亲侧，以取亲悦。○郢，音颖。④汉毛义以孝行称，府檄至，以义守安阳，义捧檄而喜，张奉薄之。及义母亡，遂不仕。奉叹曰："义往日之喜为亲也。"汉韩伯俞至孝，有过，母笞之，忽然下泣。母曰："往者杖汝，悦受之，今何以泣？"俞曰："往日杖痛，知母康健。今母力衰，不能使痛，是以泣。"○捧，芳勇切。

毛义捧檄图　清·《孝经传说图解》

伯俞泣杖图　清·《孝经传说图解》

闾；游子思亲，陟岵陟屺。①爱无差等，曰兄子如邻子；分有相同，曰吾翁即若翁。②长男为主器，令子可克家。③子光前曰充闾，子过父曰跨灶。④宁馨英畏，皆是羡人之儿；国器掌珠，悉是称人之子。⑤可爱者子孙之多，若螽斯之蛰蛰；堪羡者后人之盛，如瓜瓞之绵绵。⑥

注释：①《史记》：王孙贾事齐湣王，齐为燕破，湣王奔莒。齐将淖齿作乱弑之，贾失王之处。其母曰："汝朝出而晚来，则吾倚门而望。汝暮出而不还，吾倚闾而望。"《诗》："陟彼岵兮，瞻望父兮。陟彼屺兮，瞻望母兮。"○岵，胡上声。屺，音起。②孟子曰："夫夷子信以为人之亲其兄之子，为若亲其邻之赤子乎？"《史记》：项羽围汉高祖于荥阳。王之父太公，从间道求王，为羽所获。羽使人告汉王曰："今不急下，吾烹太公。"王曰："吾与若俱北面受命怀王，约为兄弟，吾翁即若翁。"③《易》："革物者莫若鼎，故受之以鼎。主器者莫若长子，故受之以震。"《易》："子克家。"唐郑余庆子涵，为右补阙，直言不讳。宪宗谓余庆曰："涵，卿之令子，而朕之直臣也，可更相贺。"④晋贾充始生，其父曰："后当有充闾之庆。"因名充，字公闾。《字汇》：灶，马足迹也。驹行每越老马之迹，故子胜父曰跨灶。吴崇《贺生子》诗："寄语王浑防跨灶，阿戎清赏只须臾。"⑤晋王衍少时，山涛见其丰姿如瑶林琼树，既出，目而送之，曰："何物老妪，生此宁馨儿。然误天下苍生者，未必非此人。"晋桓温生，温峤见之曰："此儿有奇骨，可使之啼。"及闻其声，曰："真英物也。"英畏者，言英俊可畏也。隋高孝基见房玄龄，曰："仆阅人多矣，未有如此郎者，当为国器。"杜甫《寄汉中王》诗："掌中贪见一珠新。"○馨，音新。⑥《诗》："螽斯羽，揖揖兮，宜尔子孙，蛰蛰兮。"《诗》："绵绵瓜瓞。"○螽，音中。蛰，直尺切。瓞，音经。

老莱子戏彩娱亲图　清·王素

【增】经遗世训，<u>韦玄成</u>乐有贤父兄；书擅时名，<u>王羲之</u>却是佳子弟。①

<u>敬则</u>应得鸣鼓角，母觇子荣；<u>宗武</u>更勿带罗囊，父规儿怠。②宋之问能分父绝，作述重光；<u>狄兼谟</u>绰有祖风，后先辉映。③焚裘伏剑，<u>罗母</u>与<u>陵母</u>俱贤；跃鲤杀鸡，<u>姜生</u>与<u>茅生</u>

注释：①汉韦贡字长孺，子玄成，俱以明经位至丞相。人语曰："遗子黄金满籝，不如教子一经。"晋王羲之自幼能文章，且善隶书草书，深为从伯敦所器，尝谓羲之曰："汝是吾家佳子弟，当不减阮主簿。"（按）阮，即阮裕。②北齐王敬则尝谓人曰："敬则应得鸣鼓角。"人笑之曰："汝子得为人吹鼓角可矣。"后果封侯，给鼓吹。杜甫《示子宗武》诗："觅句新知律，摊书解满床。试吟青玉案，莫带紫罗囊。"○觇，占平声。③唐宋之问父令文，富文辞，且工书，有力绝人，世谓之三绝。后之问以文章名，弟之悌以骁勇闻，之逊精草隶书，世谓皆得父之一绝。《唐书》：狄仁杰孙兼谟，有祖风，迁御史中丞。帝曰："卿狄梁公后，能不坠家声。"

姜诗跃鲤图　清·《孝经传说图解》

茅容杀鸡图　清·《孝经传说图解》

並孝。① 灵运子孙多是凤，岂是阿
私；僧虔后嗣半为龙，原非自侈。②
马援得璘能耀武，毕竟孙贤；
祁奚举午不避亲，皆因子肖。③ 触讋
犹怜少子，乞清要于君前；萧仿喜
见曾孙，效传呼于阶下。④ 王霸则曾

注释：①《晋书》：桓玄既破殷荆州，罗企生遂见杀。讣闻于母，母泣曰："忠臣也，死复何恨！"桓玄先曾以羔裘赠罗母，母哭毕，即自焚裘。②《汉书》：王陵以兵属汉，项羽取陵母军中，欲以招陵。陵母私向使者曰："愿为老妾语陵，汉王长者，吾儿毋以老妾故生二心。"遂伏剑死。陵卒从汉。〇姜诗事母孝，母爱饮江水，忽舍旁涌出江水，而双鲤跃出。〇郭泰留寓茅容家，容杀鸡作馔，泰意为己设。既而供母，自以果蔬与客同饮。泰起拜曰："卿贤乎哉！"因劝令学，卒以成德。②苏东坡《答马忠玉》诗："灵运子孙多是凤，荀明兄弟孰非龙。"王僧虔《戒子书》："吾门中优者为龙凤，劣者为虎豹。失荫之后，岂龙虎之谓哉？正宜各自努力耳。"③马璘，后汉马援之裔孙。尝读援传，至"大丈夫死于边，以马革裹尸"，慨然曰："令吾祖勋业坠地下乎？"遂奋发而为名将。《左》：祁奚请老，晋侯问其所嗣，曰："午也可。"④《战国策》：赵左师触讋见太后，曰："老臣贱息舒祺最少，臣窃怜之，愿补黑衣之数。"太后："丈夫亦爱少子乎？"对曰："甚于妇人。"五代周萧愿，梁宰相顾之子。曾祖微（仿），唐时入相，愿为儿戏，效传呼之声。微语客曰："我不以得相为喜，所幸寿考，又见曾孙。"〇讋，詹入声。

马援聚米为山图　清·《百将图传》

王霸冰合滹沱图　清·《百将图传》

惭贵客，<u>张凭</u>则戏说佳儿。^①<u>李峤</u>贻讥，<u>甘罗</u>堪羡。^②公才公望，喜说云仍；率祖率亲，宁云委蜕。^③<u>杜氏</u>之宝田斯在，<u>薛家</u>之磐石犹存。^④词辨既见渊源，强项亦征风烈。^⑤

注释：①《逸民传》：王霸少立高节，与令狐子伯为友。后子伯为楚相，令子奉书于霸。霸子方耕于野，投耒而归，见令狐，俯仰不能仰视，霸目之有愧容。客去，妻曰："子伯之贵，孰与君之高，奈何忘宿志而惭儿女子乎？"霸笑曰："有是哉！"《世说》：张苍梧是张凭之祖，尝语凭父曰："我不如汝。"凭父不解，苍梧曰："汝有佳儿。"凭时年数岁，敛手曰："阿翁讵宜以子戏父？"○惭，音谗。②《松窗杂录》：苏瓌、李峤俱童年，入见。上命诵《书》，题应曰："木从绳则正，后从谏则圣。"峤子曰："斫朝涉之胫，剖贤人之心。"上曰："苏瓌有子，李峤无儿。"《史记》：吕不韦言于始皇曰："昔甘茂之孙甘罗，一少年耳，然自是名家之子孙。"③《南史》：王俭作宰相，宾客盈门，见其孙暕，年数岁而风神竦拔，曰："公才公望，复在此乎。"《礼》："自仁率亲，等而上之至于祖，名曰轻。自义率祖，顺而下之至于祢，名曰重。一轻一重，其义然也。"《庄子》："子孙非吾有，天地之委蜕也。"○蜕，音退。④《合璧》：宋四川杜孟游太学，因蔡京用事，幡然而归，曰："忠孝吾家之宝，经史吾家之田。"时人号为"宝田杜氏"。《唐书》：薛元超转中书舍人，省中有磐石，祖道衡为侍郎时，常据以草制。元超每见石思祖，辄泫然流涕。⑤《合璧事类》：员儌九岁升坐，词辨注射。帝异之，曰："半千孙固当然。"《汉书》：灵帝谓杨震孙奇曰："卿强项，真杨震子孙，有祖风烈。"

俊甘罗童年取高位图　清·《东周列国志》

杨震像

xiōng dì
兄 弟 新增文十一联

汉和帝亲爱图　元·王恽

tiān xià wú bù shì dǐ fù mǔ　shì jiān zuì nán
天下无不是底父母，世间最难
dé zhě xiōng dì　xū yí tóng qì zhī guāng　wú shāng shǒu
得者兄弟。①须贻同气之光，毋伤手
zú zhī yǎ　yù kūn jīn yǒu　xiàn xiōng dì zhī jù
足之雅。②玉昆金友，羡兄弟之俱
xián　bó xūn zhòng chí　wèi shēng qì zhī xiāng yìng　xiōng
贤；伯埙仲篪，谓声气之相应。③兄
dì jì xī　wèi zhī huā è xiāng huī　xiōng dì lián fāng
弟既翕，谓之花萼相辉；兄弟联芳，
wèi zhī táng dì jìng xiù　huàn nàn xiāng gù　sì jí líng
谓之棠棣竞秀。④患难相顾，似鹡鸰
zhī zài yuán　shǒu zú fēn lí　rú yàn háng zhī zhé yì
之在原；手足分离，如雁行之折翼。⑤

注释：①宋罗仲素论舜尽事亲之道曰："只为天下无不是底父母。"陈了翁闻而喜之。《北宋书·循吏传》：苏琼迁南清河太守，乙普明兄弟争田，积年不断，各相援据，乃至百人。琼召而谕之曰："天下难得者兄弟，易求者田地。倘得田地失兄弟心，如何？"因而泣下。普明兄弟叩头乞外更思，分异十年，遂还同住。②同气者，谓同属父母血气所生也。《吊古战场文》："谁无兄弟，如足如手。"③宋王铨与弟锡，皆丰姿，孝行齐名，人曰："铨锡二王，玉昆金友。"《诗》："伯氏吹埙，仲氏吹篪。"〔释〕埙、篪，皆乐器也。○埙，音暄。④唐玄宗素友爱，为长枕大被，与兄弟同寝，设五幄帐，与诸王同处。题其西楼曰"花萼相辉之楼"。《诗》："棠棣之华，鄂不韡韡。"⑤《诗》："鹡鸰在原，兄弟急难。"《礼》："兄之齿雁行。"○鹡鸰，音即陵。

唐元宗友悌图　元·王恽

元方季方俱盛德，祖太丘称为难弟难兄；宋郊宋祁俱中元，当时人号为大宋小宋。①荀氏兄弟，得八龙之佳誉；河东伯仲，有三凤之美名。②东征破斧，周公大义灭亲；遇贼争死，赵孝以身代弟。③煮豆燃萁，谓其相害；斗粟尺布，讥

注释：①汉陈寔为太丘令，长子元方，次子季方。元子长文与季子孝先争论其父优劣，质于其祖。太丘曰："元方难为兄，季方难为弟。"《宋史》：宋郊与弟祁，少时遇胡僧相曰："小宋他日当魁天下，大宋亦不失科甲。"及后兄弟并及第，祁中状元。及谢恩，章宪太后曰："弟可先兄乎？"亦赐状元。②汉荀淑莅事明理，称为神君。其子俭、绲、靖、焘、汪、爽、肃、敷八人，并有才名，人谓"荀氏八龙"。唐薛收与从兄元敬、族兄德音齐名，世称"河东三凤"。③《诗》："既破我斧，又缺我斨，周公东征，四国是皇。"（按）武王克商，使弟管叔鲜、蔡叔度监纣子武庚之国，而二叔以武庚叛。故周公东征，三年乃得二叔而诛之。汉赵礼当王莽末年，为贼所执，欲杀而食之。礼叩头曰："母未得食，乞命少时，归家供讫，即来就死。"兄孝闻之，自缚于贼所，曰："礼瘦，不如孝肥，愿代弟命。"礼曰："礼本遇贼，何得杀兄？"贼义之，俱放。

虎头寨马武仗义图
明·《元曲选·赵礼让肥》

宜秋山赵礼让肥图
明·《元曲选·赵礼让肥》

qí bù róng
其不容。^①

xiōng dì xì qiáng jí xiōng dì zhī dòu
兄弟阋墙，即兄弟之斗

hěn tiān shēng yǔ yì wèi xiōng dì zhī xiāng qīn
狠；天生羽翼，谓兄弟之相亲。^②

jiāng jiā dà bèi yǐ tóng mián sòng jūn zhuó ài
姜家大被以同眠，宋君灼艾

ér fēn tòng tián shì fēn cái hū cuì tíng qián zhī
而分痛。^③田氏分财，忽瘁庭前之

jīng shù yí qí ràng guó gòng cǎi shǒu yáng zhī jué
荆树；夷齐让国，共采首阳之蕨

wēi suī yuē ān níng zhī rì bù rú yǒu shēng qí
薇。^④虽曰安宁之日，不如友生；其

shí fán jīn zhī rén mò rú xiōng dì
实凡今之人，莫如兄弟。^⑤

注释：①《世说》：曹丕欲害弟植，令七步成诗，不成，定行大法。植即吟曰："煮豆燃豆萁，豆在釜中泣。本是同根生，相煎何太急。"丕感而释之。汉文帝之弟淮南厉王长谋反，废置蜀郡，不食而死。民歌曰："一尺布，尚可缝，一斗粟，尚可舂，兄弟二人不相容。"〇其，音居。②《诗》："兄弟阋于墙，外御其侮。"唐玄宗《赐五王书》：魏文帝诗云："西山一何高，高高殊无极。上有两金童，不饮亦不食。赐我一丸药，光辉有五色。服之三五日，身体生羽翼。"朕每言宁如我兄弟天生之羽翼乎？〇阋，音隙。③汉姜肱与弟仲海、季江甚友爱，虽各娶，不忍别寝，作大被而共寝。宋太祖友爱，弟匡义疾，灼艾，太祖灼艾分痛。④隋田真、田广、田庆兄弟重义，欲分财，堂前紫荆，议分三株，晓即憔悴。由是不复分，荆花复茂。伯夷、叔齐，孤竹君之子。其父将死，遗命立叔齐。父卒，齐让夷，夷曰："父命为尊。"齐曰："天伦为重。"遂各逃去。武王灭商，天下宗周，夷、齐耻之，不食周粟，隐于首阳山，采薇而食，因饿死。⑤《诗》："丧乱既平，既安且宁。虽有兄弟，不如友生。"《诗》："棠棣之华，鄂不韡韡。凡今之人，莫如兄弟。"

兄弟同卧起图
清·周慕桥

【增】《诗》歌绰绰，圣训怡怡。①羯末封胡，俱称彦秀；醍酥酪乳，并属珍奇。②陆机陆云，名共暄于洛邑；季心季布，气并盖于关中。③刘孝胜之绶方青，马季常之眉本白。④文采则眉山轼辙，才名则秦氏晔通。⑤欲成弟名，虽择肥美而何咎；中分财产，宁取荒顿以为安。⑥一家之桐木称荣，千里之龙驹谁匹。⑦上留田何如廉让江，闭

注释：①《诗》："此令兄弟，绰绰有裕。"《论语》："兄弟怡怡。"②《晋书》：谢氏尤彦秀者，称封胡羯末。封谓谢韶，胡谓谢朗，羯一作竭，谓谢玄，末谓谢渊，皆其小字也。韶、朗、渊皆早卒，惟玄以功名终。《世说》：谢道韫曰："一门叔父，则有阿大中郎。群从兄弟，则有封胡羯末。"《唐书》：穆赞兄弟皆和粹，世以珍味目之。赞少俗，然有格，为酪；质美而多文，为酥；员为醍醐；赏为乳腐。言家法之称之。○醍酥，音体乎。③《晋书》：陆机与弟云，华亭人。晋灭吴，弟兄俱入洛，并以才名著称一时。《汉书》：季心以勇，季布以诺，闻关中。○梁刘孝胜《家园别阳羡始兴》诗："四鸟怨离群，三荆悦同处。如今腰艾绶，东南各殊举。"《蜀志》：马良字季常，眉间有白毫。兄弟五人，并有才名。乡里俗谚曰："马氏五常，白眉最良。"⑤《宋史》：苏洵子轼字子瞻，辙字子由，眉州眉山人。兄弟同登进士科，又同策制举，文采粲然，救一时碟裂诡异之弊，时号大苏小苏。《唐书》：秦景通与弟晔，皆有才名，精《汉书》，号大秦君小秦君。⑥《白帖》：许武，第五伦举为孝廉。武以二弟普、晏未显，欲成之，乃谓曰："礼有别居。"乃剖财为三，自取肥田、强奴婢。乡人皆称二弟义让。普、晏等已得举，武乃会宗族，泣曰："吾盗声位，二弟未立，所以自取人讥。今理产所增三倍于前，悉推二弟，一无所留。"《小学》：薛包好学术，弟求分财异居，包不能止。乃中分其财，奴婢引其老病者，曰："与我共事久，若不能使也。"田庐取其荒顿者，曰："吾少时所治，意所恋也。"器物取其朽败者，曰："我服食久，身口所安也。"⑦《合璧》：韩子华兄弟皆为宰相，所居第有梧桐，京师称桐木韩家，又别康公。其一家之中，呼子华为三相公，持国为五相公。《北史》：卢思道小字释奴，从弟昌衡小字龙子，宗中俱称英妙，时人语曰："卢家千里，释奴龙子。"《晋书》：陆云神悟速成，五六岁与兄机齐名。人奇之曰："此儿若非龙驹，即是凤雏。"

户挞亦当唾面受。① 推田相让，知延寿之化行；洒泪息争，感苏琼之言厚。② 三孔既推鼎立，五张亦号明经。③ 爱敬宜法温公，恭让当师延寿。④

注释：①古乐府有《上留田》，言不恤兄弟也。《交州记》："李祖仁兄弟十人，并慈孝廉让，因名其江曰廉让江。"《后汉书》：缪肜兄弟四人，皆同财业。及各娶妻，诸妇遂求分异，又数有斗争之言。肜深怀忿叹，乃掩户自挞，曰："缪肜，汝修身谨行，学圣人之法，将以齐整风俗，奈何不能正其家乎？"弟及诸妇闻之，悉叩头谢罪，遂更为敦睦之行。《唐书》：娄师德弟守代州，辞之官。师德教之耐事，弟曰："人有唾面，洁之乃已。"师德曰："洁之是违其怒，正使自干耳。"②《汉书》：韩延寿为左冯翊，行县至高陵，有昆弟讼田。延寿伤曰："骨肉相讼，是教化不至。"乃闭门自思过。于是讼者相责让，肉祖，愿以田相和，终死不争。《北史》：苏琼为南清河太守，有乙普明兄弟争田，讼于官，连年不决。琼召普明弟，谕之曰："天下难得者兄弟，易求者田地。假令得田地失兄弟心，如何？"因而下泪，普明兄弟叩头谢罪。③《诗话》：孔文仲经甫、孔武仲常甫、孔平仲义甫兄弟，俱以才名播天下。黄鲁直有诗云："二苏上连璧，三孔分立鼎。天不坠斯文，俱来集台省。"《合璧》：张知謇兄弟五人，知玄、知晦、知泰、知默，皆明经登高第。④《小学》：司马温公与其兄伯康友爱尤笃。伯康年将八十，公奉之如慈父，保之如婴儿。每食少顷则问曰："得无饥乎？"天少冷，则拊其背曰："衣得无薄乎？"《北史》：杨播字延庆，弟椿字延寿，津字罗汉。家世纯厚，并敦义让，昆季相事，有如父子。播则毅、椿、津恭谦，兄弟旦则聚于厅堂，终日相对，未尝入内。有一美味，不集不食。厅堂间往往帏幔隔障，为寝息之所，时就休偃，还共谈笑。

夺田还弟图　清·《圣谕像解》

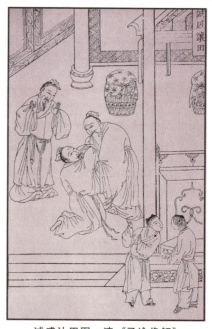

诚感让田图　清·《圣谕像解》

夫　妇

新增文八联

高士图　五代·卫贤

1 孤阴则不生，独阳则不长，故天地配以阴阳；男以女为室，女以男为家，故人生偶以夫妇。① 阴阳和而后雨泽降，夫妇和而后家道成。② 夫谓妻曰拙荆，又曰内子；妻称夫曰藁砧，又曰良人。③ 贺人娶妻，曰荣谐伉俪；留物与妻，曰归遗细君。④

受室即是娶妻，纳宠谓人娶妾。⑤ 正妻谓之嫡，众妾谓之庶。⑥ 称人妻曰尊夫人，称人妾曰如夫

注释：①礼：男娶女嫁，而阴卑不能自专，就阳而成之。故传曰：男三十而娶，女二十而嫁。阳数奇，阴数偶，合为五十，应大衍之数，生万物也。阴气能生物，有阴无阳亦不能生。阳气能长物，有阳无阴亦不能长。必阴阳配合，方能生长。②《易》辞曰："密云不雨。"盖必阴阳相和而雨方降。不可以云之盛，遂为有雨；云不盛，遂为无雨也。人之夫妇不能和合，而欲家道之成也，亦罕。③拙而无能，以荆为钗，皆谦言妻也。嫡妻曰内子。《古乐府》："藁砧今何在，山上复见山。"〔释〕藁砧，今之打柴石。《诗》："今夕何夕，见此良人。"○藁砧，音姑斟。④《左》：齐侯请继室于晋，韩宣子使叔向对曰："寡君未有伉俪，君有辱命，惠莫大焉。"《汉书》：武帝将以肉赐从臣，东方朔先割以归，有司奏之，上令自责。朔曰："受赐不待诏，何无礼也；拔剑割肉，一何壮也；割之不多，一何廉也；归遗细君，又何仁也。"〔释〕细君，谦词也。⑤《左》：齐僖公欲以文姜妻郑太子忽，忽固辞。人问其故，忽曰："人各有偶，齐大国，非吾偶也。受室而归，是以私婚也。"《礼》：妻者，齐也，与夫敌体也。妾，接也，承接于夫也。○宠，爱也。⑥嫡，敌也，妾之子称曰嫡母。庶，多也，嫡之子称曰庶母。

◎ 夫妇

人。^①结发系是初婚，续弦乃是再娶。^②妇人重婚曰再醮，男子无偶曰鳏居。^③如鼓瑟琴，夫妻好合之谓；琴瑟不调，夫妻反目之词。^④牝鸡司晨，比妇人之主事；河东狮吼，讥男子之畏妻。^⑤杀妻求将，吴起何其忍心；蒸梨出妻，曾子善于孝道。^⑥

注释：①《左》：齐桓公好内，多内宠，内嬖如夫人者六。②苏武诗："结发为夫妻，恩爱两不疑。"《汉书》：武帝令勾弋夫人赵氏弹琴，弦忽断，赵泣曰："断弦者，凶兆。"帝曰："可续。"以外国所进鸾血作胶续之。③《礼》："父醮子，命之迎妇。"(按)再醮始自汉光武姊湖阳公主。《孟子》："老而无妻曰鳏。"○鳏，音关。④《诗》："妻子好合，如鼓瑟琴。"《易》："夫妻反目，不能正室也。"⑤《书》："牝鸡司晨，惟家之索。"〔释〕牝，雌也。司晨，报晓也。陈季常饱参禅学，其妻柳氏妒悍，客至或闻诟骂声。东坡戏之曰："谁似龙丘居士贤，谈空说法夜不眠。忽闻河东狮子吼，拄杖落手心茫然。"⑥《史》：吴起仕鲁，齐伐鲁，鲁欲拜起为将。起妻齐女，鲁疑不果。起遂杀妻示信，求为之将。《家语》：曾参事母至孝，其妻蒸梨不熟，因出之。

吴起杀妻求将图　清·《东周列国志》

京兆画眉图　清·钱吉生

张敞为妻画眉，媚态可哂；董氏对夫封发，贞节堪夸。① 冀郤缺夫妻，相敬如宾；陈仲子夫妇，灌园食力。② 不弃糟糠，宋弘回光武之语；举案齐眉，梁鸿配孟光之贤。③ 苏蕙织回文，乐昌分破镜，是夫妇之生离；张瞻炊白梦，庄子鼓盆歌，是夫妇之死别。④

注释：①汉张敞为京兆尹，夫妻相敬如宾，尝为妻画眉。唐贾直言坐事贬岭南，与妻董氏决曰："生死不可期，吾去汝可嫁。"妻不答，引绳束发，封以帛，使直言书曰："非君手不解。"直言贬二十年乃还，书帛宛然。及以汤沐，发堕无余。②《左》：臼季出使他国，过冀邑，见郤缺耕于野，妻馈食，相敬如宾。季言于晋文公曰："能敬必有德，德以治民。君请用之。"公以缺为下军大夫。於陵陈仲子，齐人也。楚王遣使持金百镒，聘以为相。夫妻相逃去，为人灌园，自食其力以终身。④郤，音隙。③汉光武姊湖阳公主新寡，帝与论群臣，以微观其意。主曰："宋弘威仪，群臣莫及。"试图之，令主坐屏风后，帝召弘问曰："富易交，贵易妻，人情乎？"弘曰："贫贱之交不可忘，糟糠之妻不下堂。"帝顾谓主曰："事不谐矣。"汉孟光貌丑而黑，力能举石臼，德行高雅，择对不嫁，年三十矣。父问其故，答曰："欲节操如梁鸿者。"鸿闻，遂娶之。每进食，举案齐眉。④窦滔戍流沙，妻苏蕙善文词，织锦作回文诗劝归，五彩鲜丽，纵横反覆，词极凄惋，名《璇玑图》。陈太子舍人徐德言，尚乐昌公主。陈政衰，谓主曰："国破，汝必入权豪家，倘情缘未断，尚冀相见乎。"乃破镜各分其半，约他日以元宵日卖于都市。《杂俎》：江淮王生善卜，贾客张瞻将归，梦炊臼中，问王生。生曰："君归不见妻矣。臼中炊，无釜也，釜与妇同音。"及归，妻果卒。庄子妻死，惠子吊之，庄子箕踞，鼓盆而歌。

相敬如宾图　清·《圣谕像解》

举案齐眉图　清·《圣谕像解》

◎ 夫妇

2　鲍<ruby>鲍<rt>bào</rt></ruby><ruby>宣<rt>xuān</rt></ruby><ruby>之<rt>zhī</rt></ruby><ruby>妻<rt>qī</rt></ruby>，<ruby>提<rt>tí</rt></ruby><ruby>瓮<rt>wèng</rt></ruby><ruby>出<rt>chū</rt></ruby><ruby>汲<rt>jí</rt></ruby>，<ruby>雅<rt>yǎ</rt></ruby><ruby>得<rt>dé</rt></ruby><ruby>顺<rt>shùn</rt></ruby><ruby>从<rt>cóng</rt></ruby><ruby>之<rt>zhī</rt></ruby><ruby>道<rt>dào</rt></ruby>；<ruby>齐<rt>qí</rt></ruby><ruby>御<rt>yù</rt></ruby><ruby>之<rt>zhī</rt></ruby><ruby>妻<rt>qī</rt></ruby>，<ruby>窥<rt>kuī</rt></ruby><ruby>御<rt>yù</rt></ruby><ruby>激<rt>jī</rt></ruby><ruby>夫<rt>fū</rt></ruby>，<ruby>可<rt>kě</rt></ruby><ruby>称<rt>chēng</rt></ruby><ruby>内<rt>nèi</rt></ruby><ruby>助<rt>zhù</rt></ruby><ruby>之<rt>zhī</rt></ruby><ruby>贤<rt>xián</rt></ruby>。①<ruby>可<rt>kě</rt></ruby><ruby>怪<rt>guài</rt></ruby><ruby>者<rt>zhě</rt></ruby><ruby>买<rt>mǎi</rt></ruby><ruby>臣<rt>chén</rt></ruby><ruby>之<rt>zhī</rt></ruby><ruby>妻<rt>qī</rt></ruby>，<ruby>因<rt>yīn</rt></ruby><ruby>贫<rt>pín</rt></ruby><ruby>求<rt>qiú</rt></ruby><ruby>去<rt>qù</rt></ruby>，<ruby>不<rt>bù</rt></ruby><ruby>思<rt>sī</rt></ruby><ruby>覆<rt>fù</rt></ruby><ruby>水<rt>shuǐ</rt></ruby><ruby>难<rt>nán</rt></ruby><ruby>收<rt>shōu</rt></ruby>；<ruby>可<rt>kě</rt></ruby><ruby>丑<rt>chǒu</rt></ruby><ruby>者<rt>zhě</rt></ruby><ruby>相<rt>xiàng</rt></ruby><ruby>如<rt>rú</rt></ruby><ruby>之<rt>zhī</rt></ruby><ruby>妻<rt>qī</rt></ruby>，<ruby>夤<rt>yín</rt></ruby><ruby>夜<rt>yè</rt></ruby><ruby>私<rt>sī</rt></ruby><ruby>奔<rt>bēn</rt></ruby>，<ruby>但<rt>dàn</rt></ruby><ruby>识<rt>shí</rt></ruby><ruby>丝<rt>sī</rt></ruby><ruby>桐<rt>tóng</rt></ruby><ruby>有<rt>yǒu</rt></ruby><ruby>意<rt>yì</rt></ruby>。②<ruby>要<rt>yào</rt></ruby><ruby>知<rt>zhī</rt></ruby><ruby>身<rt>shēn</rt></ruby><ruby>修<rt>xiū</rt></ruby><ruby>而<rt>ér</rt></ruby><ruby>后<rt>hòu</rt></ruby><ruby>家<rt>jiā</rt></ruby><ruby>齐<rt>qí</rt></ruby>，<ruby>夫<rt>fū</rt></ruby><ruby>义<rt>yì</rt></ruby><ruby>自<rt>zì</rt></ruby><ruby>然<rt>rán</rt></ruby><ruby>妇<rt>fù</rt></ruby><ruby>顺<rt>shùn</rt></ruby>。

注释：①汉鲍宣就学于桓少君父，父奇其清苦，以少君妻之，嫁赀甚厚。宣谓之曰："汝生富骄，吾贫贱，不敢当。"少君即更布衣，共挽鹿车，归乡里。拜姑礼毕，提瓮出汲，以修妇道。齐晏子为相，其御者之妻，窥见其夫扬扬自得。既而夫归，责之曰："晏子长不满六尺，身相齐国，名显诸侯，其志尝有以自下。子长八尺，乃为人仆御，扬扬若此，宜乎卑且贱也，妾耻之。"其夫后自抑损，晏子怪而问之，御以实对，晏子荐以为大夫。○瓮，翁去声。激，音戟。②汉史：朱买臣家贫，负薪读书，其妻求去。臣曰："吾至五十必富贵。"妻怒曰："从君终饿死。"臣不能留，竟去。后臣为会稽守，妻求复合。臣曰："能收覆水，方许复合。"妻遂自缢死。汉司马相如与临邛令王吉善，有富人卓王孙，召令并相如饮。酒酣，吉请相如鼓琴。时王孙女文君新寡，知琴音，相如操《凤求凰》曲挑之。文君心悦，夜奔相如。相如乃与驰归成都，解所服鹔鹴裘贳酒，与文君为欢。○夤，音寅。

齐相御妻图　明·仇英

【增】《诗》称偕老,《易》著家人。① 或穿墉以窥宾,或断机而勖学。② 贾大夫之射雉,未足欢娱;百里奚之烹雌,何嫌寂寞。③ 仍求故剑,宣帝不忘许后于多年;忽着新衣,桓冲顿化成心于一旦。④ 吴隐

注释:①《诗》:"君子偕老。"又:"及尔偕老。"《易》:"家人,利女贞。"②《世说》:山公与嵇、阮契合金兰,山妻韩氏觉公与二人异于常交,谓公曰:"负羁之妻亦亲观狐、赵,意欲窥之可乎?"他日,二人来饮,公留宿,具酒食。夜穿墉以视之,达旦忘返。公入曰:"二人何如?"妻曰:"君才殊不如,正当以度量相友耳。"公曰:"伊辈亦常以我度为胜。"《鸡跖集》:乐羊子远寻师,学一年来归,妻跪问故,曰:"久行怀思,无他异也。"妻乃引刀趋机曰:"君子寻师,中道而归,何异断斯织乎?"羊子乃发愤,卒业。③《左》:贾大夫恶,娶妻而美,三年不言不笑。御以如皋,射雉获之,其妻始笑而言。《风俗通》:百里奚为秦相,堂上作乐,所赁浣妇自言知音,呼之援琴,抚弦而歌曰:"百里奚,五羊皮。临别时,烹伏雌,炊扊扅,今富贵,忘我为!"百里奚因寻问之,乃其妻也。④《汉书》:宣帝初聘许广汉女,即位后,求微时故剑。大臣知指,乃立许后。《世说》:桓冲不好着新衣。浴后,妇故送新衣与冲,大怒,催使持去。妇传语云:"衣不经新,何由而故?"冲大笑,着之。

断机劝学图　清·《圣谕像解》

诏求故剑图　清·《圣谕像解》

之得淑女，宁惜负薪；司马懿有贤妻，勿辞执爨。①

募死士以拒敌，谁同杨氏之坚持；提数骑以拔围，孰比邵姬之勇往。②李益设防妻之计，常撒冷灰；志坚撝送妇之词，任撩新发。③苟《内则》之无忝，自中馈之称能。④

注释：①《合璧》：吴隐之为晋陵太守，妻自负薪。入为左卫将军，冬月无被。常浣衣，乃披絮，勤苦同于士庶。《晋书》：初司马懿辞仕，以风痹不能起居。曝书遇雨，懿起收，家惟一婢见之。妻张氏惧言泄，乃杀之，而自执爨焉。②《合璧》：建中末，李希烈谋袭陈州。李侃为项城令，以城小欲逃归。杨氏曰："县不守，则地皆贼地也，仓廪府库皆其积也，百姓皆其战士也。请募死士。"贼遂去，迁侃为太平令。《白帖》：刘遐妻邵续女，骁果有父风。遐为石季伦所围，妻单将数骑，拔出刘遐于万人之中。③《合璧》：杨志坚居贫，其妻索书求去。志坚有书送之云："荆钗任意撩新发，鸾镜从他别画眉。此去更同行路客，相逢即是下山时。"其妻持诗诣州刺史颜鲁公，求别适。公判妻笞二十，任自改嫁；志坚秀才饷粟帛，仍署随军。闻者悦服。○撝，音鸥。④《易》："女正乎内，男正乎外。"《内则》，《礼记》篇名，妇道备焉。《易》："无攸遂，在中馈，贞吉。"《女史箴》："施衿结褵，虔恭中馈。"

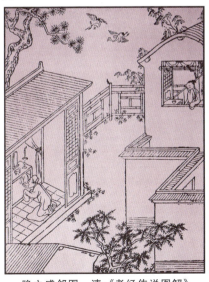

隐之感邻图　清·《孝经传说图解》

司马懿像　清·《图像三国志》

shū zhí

叔 侄

新增文六联

采菊登高图　清·冷枚

❶ 曰诸父、曰亚父,皆叔伯之辈;曰犹子、曰比儿,俱侄儿之称。① 阿大中郎,道韫雅称叔父;吾家龙文,杨素比美侄儿。② 乌衣诸郎君,江东称王谢之子弟;吾家千里驹,苻坚羡苻朗为侄儿。③ 竹林叔侄之称,兰玉子侄之誉。④

注释:①《诗》:"既有肥牸,以速诸父。"《记》:"伯叔,亚父也。"〔释〕亚,次也。《檀弓》:"兄弟之子犹子也。"比,并也,谓侄与儿并也。②晋谢奕之女道韫,适王凝之,不乐而还。叔父谢安曰:"王郎,逸少子,不恶,汝何恨也?"答曰:"一门叔父,则有阿大、中郎;群从兄弟,则有封胡羯末。不意天壤之间,乃有王郎!"〔释〕中郎,指谢女。北齐史:杨愔幼聪慧绝人,六岁授史书。叔杨素奇之,曰:"此儿驹齿未落,已是吾家龙文。更十年,当求之千里之外。"〔释〕龙文,龙马也。③晋王、谢弟子多居乌衣巷,一时贵盛,人称曰乌衣子弟。晋苻朗,乃叔从兄子也。坚尝目之曰:"吾家千里驹也。"④晋阮籍、阮咸、嵇康、山涛、向秀、王戎、刘伶有竹林之乐,时号"竹林七贤"。二阮是叔侄,故称叔侄曰贤竹林。晋谢玄为叔父安所器,因戒约子弟曰:"子弟亦何豫人事,而欲使其佳?"玄曰:"如芝兰玉树,欲使其生于庭阶。"

杨柳青木版年画·谢庭咏絮

❷
存侄弃儿，悲<u>伯道</u>之无后；视
叔犹父，羡<u>公绰</u>之居官。① <u>卢迈</u>无
儿，以侄而主身之后；<u>张范</u>遇贼，以
子而代侄之生。②

注释：①晋邓伯道当赵石勒作乱，担儿与其侄绥同逃。伯道谓妻曰："吾儿与绥，不能两全。吾弟早亡，惟有此子，理不可绝。宁弃己子，后复有生。"妻泣从之，乃弃己子。其妻不复孕，卒至无嗣。谢太傅哀之曰："天道无知，使伯道无儿。"唐柳公绰身处富贵，而事叔如父。公绰卒，其子仲郢事叔公权如父。为京兆尹时，出遇公权，下马端笏而立。②《孔帖》：卢迈进中书侍郎，再娶无子。或劝蓄姬媵，迈曰："兄弟之子犹子也，可以主后。"魏张范子陵及侄戬，俱为贼所执。范求还子，贼以子还，范曰："吾怜侄小，请以子代之。"贼义之，俱还焉。

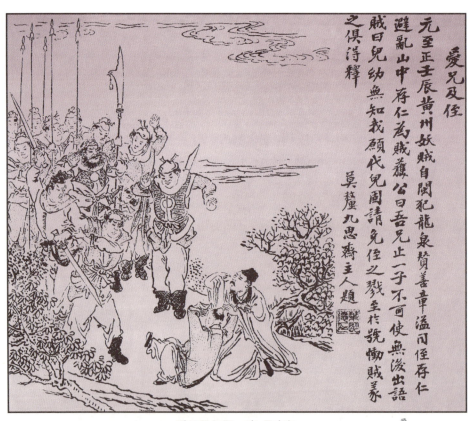

爱兄及侄图 清·吴友如

【增】谢密能成佳器，刘孺可号明珠。①或献泛湖之图，或称招隐之寺。②陆家精饭，何损素风；杨氏铜盘，独逾诸子。③谢安石东山之费，阮仲容北道之贫。④可为都督，王浑预评犹子之词；必破吾门，宗炳先料比儿之语。⑤愚者宜归葱肆，贤者得返金刀。⑥

注释：①《南史》：谢密字弘微。童幼时精神端审，时然后言。叔父混见而异之，曰："此儿深中夙敏，方成佳器，有子如此足矣。"《梁书》：刘孺七岁能属文，叔父瑱常置座侧，谓宾客曰："此吾家明珠。"②《倦游录》：陈恭公判亳州，生日，亲戚多献老人星图，侄世修独献《范蠡游五湖图》，公即日纳节。《因话录》：李约与叔锜坐，赞招隐寺标致。锜曰："何殊州中？"对曰："约所赏疏野耳。若远山将翠幙遮，古松用彩物裹，腥膻涴鹿跑泉，音乐乱山鸟声，实不如叔父大厅。"锜笑。③《晋书》：谢安尝诣陆纳，纳兄子俶密作食供之，纳设茶果，俶具精饭。食罢，纳大怒，杖四十，曰："不能光我叔父，而乃秽我素风。"《北史》：杨愔幼时，庭有柰树，实落，群儿争之，愔不动独坐。季父暐大磋异之，谓客曰："此儿恬裕，有我家风。"宅内有茂竹，遂于林边别葺一室，命独处其中，常用铜盘具盛馔以饭之。因以督厉诸子曰："汝辈但如遵彦谨慎，自得竹林别室、铜盘重肉之食。"④晋谢安石于东山营墅，楼馆林木甚盛，每携中外子侄往来游集，肴馔亦屡费百金。世颇以此为讥，而安石不以屑意。《世说》：阮咸与叔籍为竹林之游。诸阮居道南，咸居道北，南阮富，北阮贫。⑤《晋书》：王浑从子彭祖，司空沈贱孽子也。少时不为亲党所知，浑谓弟深等曰："卿等莫轻彭祖，此儿平世不减方州牧伯，乱世可为都督三公。"后果为幽冀都督。《宋书》：宗炳问兄子悫所志，曰："愿乘长风破万里浪。"炳曰："汝不富贵，必破吾门。"⑥《南史》：吕僧珍出身甚微，以贩葱为业。逮贵，兄子求官，珍曰："汝等自有常分，但当速归葱肆。"《晋书》：慕容德之诸子，为苻氏所杀。兄子超生十岁，而祖母公孙氏卒，临终授以金刀，曰："若天下太平，汝得东归，可即以此刀还汝叔父。"

东山丝竹图 清·周慕桥

shī　　　　shēng

师　生 <small>新增文八联</small>

临宋人画图　明·仇英

1 马融设绛帐，前授生徒，后列女乐；孔子居杏坛，贤人七十，弟子三千。① 称教馆曰设帐，又曰振铎；谦教馆曰糊口，又曰舌耕。② 师曰西宾，师席曰函丈；学曰家塾，学俸曰束脩。③ 桃李在公门，称人弟子之多；苜蓿长阑干，奉师饮食之薄。④

注释：①汉马融为世通儒，从游者以千计。堂设绛纱帐，前列生徒，后列女乐。孔子周游列国，而道不行。老乃卒业杏坛，其从游子弟三千人，身通六艺者七十二人。②《书》："每岁仲春，遒人以木铎徇于路。"《左》：郑伯曰："寡人有弟，不能和协，而使糊口于四方。"汉贾逵从刘歆受《左氏春秋》，名闻当世，从学甚众，积粟盈仓。人曰："逵非力耕，乃舌耕也。"③古人以东为主位，西为客位。故称主人曰东主，而尊师傅曰西宾。《礼》："凡讲说之间则布席，席间函丈。"《记》："古之教者，家有塾，党有庠，乡有序，国有学。"《论语》："自行束脩以上，吾未尝无诲焉。"○塾，音熟。④《唐书》：狄仁杰荐张柬之、桓彦范，卒为名臣。或谓杰曰："桃李尽在公门。"唐薛令之为东宫侍读，时官署简澹，作诗云："盘中无所有，苜蓿长阑干。"〔释〕苜蓿，豌豆也。○苜蓿，音目宿。

孔子圣迹图之杏坛礼乐　明·佚名

2 冰生于水而寒于水,比学生过于先生;青出于蓝而胜于蓝,谓弟子优于师傅。① 未得及门,曰宫墙外望;称得秘授,曰衣钵真传。② 人称杨震为关西夫子,世称贺循为当世儒宗。③ 负笈千里,苏章从师之殷;立雪程门,游杨敬师之至。④ 弟子称师之善教,曰如坐春风之中;学业感师之造成,曰仰沾时雨之化。⑤

注释:①《荀子》:"青出于蓝而胜于蓝,冰生于水而寒于水。"②《论语》:"夫子之墙数仞,不得其门而入。"《五代史》:范质举进士,主试和凝爱其文,以十三名登第,谓质曰:"君文宜冠多士,屈居十三,欲君传老夫衣钵也。"未几,凝入相,后质亦拜相。③汉杨震明经博学,从游者千人,诸儒称之曰"关西夫子"。晋元帝初即位,以贺循为当世儒宗。④《文苑》:汉苏章负笈从师,不远千里。《语录》:游酢、杨时师事程颐于洛。一日二子侍侧,先生瞑目,二子不敢去。及出,门外雪深三尺。⑤宋朱光庭见明道先生程颢于汝川,归语人曰:"光庭在春风中坐了一月。"时雨者,谓及时之雨,下降于物,则播种封植耳。教化之妙,亦犹是也。

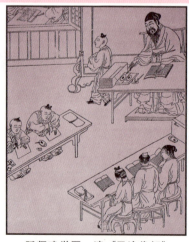

延师建学图　清·《圣谕像解》

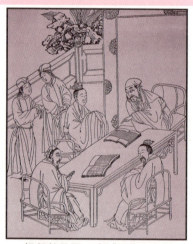

择师教导图　清·《圣谕像解》

【增】民生在三，师术有四。① 执经问义，事若严君；鼓箧担囊，不辞曲士。② 史居左，经居右，士得真修；道已南，《易》已东，人沾教泽。③ 赐宴月池之上，翼赞堪夸；诵书帷帐之中，烽烟奚避。④ 忠臣录，孝子录，纲常互振；经义斋，治事

注释：①《国语》：栾子曰："人生于三，事之如一：父生之，师教之，君食之。"崔鸿《后秦录》：姚泓曰："在三之义，不可不重。"亲拜淳于岐于床下。孙卿子曰："师术有四：尊严而惮也，耆艾而信也，诵说不凌也，知微而论也。"②《李栖筠传》：河南褚冲、吴何员等，超拜学官，为之师表，执经问义，远迩趋慕，至徒数百人。《魏书》：常爽门徒七百余人，京师学业，翕然复兴。立训甚严，有劝罚之科，诸弟子事之若严君焉。《学记》："入学鼓箧，孙其业也。"〔释〕始入学，击鼓警众，乃发箧以出其所习之业也。《合璧》："吴商学通五经百氏，四方学者，担囊负笈，不可胜数。"柳宗元《与太学诸生书》："俞扁之门，不拒病夫；绳墨之侧，不拒曲木；师儒之席，不拒曲士。"③ 横渠教授门徒，左史右经，朝弦暮诵。杨龟山从学程明道，杨归，程送之出门。程谓客曰："吾道南矣。"汉丁宽受《易》于田何。宽学成，及归，何谓门人曰："《易》已东矣。"④《合璧》：唐高祖镇太原，引张复胤为客，以经授秦王。太宗即位，赐宴月池，帝从容曰："今日弟子何如？"胤曰："昔孔子门人三千，达者无子男之位。臣翼赞一人，乃王天下，计臣之功，过于先圣。"帝为之笑。《东观汉记》：张奂出使外国，休屠及朔方乌桓并同反叛，遂烧度辽将军门，烟火相望。兵将大恐，各欲亡去。奂安坐帷帐中，与弟子诵书自若，军士稍赖以安。

柳宗元像

唐太宗像

斋，体用兼全。①

　　东家之外更无丘，道德由文章炫出；北斗以南应有杰，事功从学术做来。②边孝先便便大腹，曾见嘲于弟子；韩退之表表高标，宜共仰于吾儒。③应生独举官衔，岂事先生之礼；李固不矜父爵，乃称弟子之良。④

注释：①曾南丰集古忠臣为一录，孝子为一录，教授弟子，曰："忠孝，纲常最大者，汝曹其知之。"宋胡瑗立经义斋、治事斋，教授苏湖，从学者既知文学，又能政事云。②汉邴原游学，诣孙崧。崧曰："君乡里郑君，学者师模也。君乃舍之，所谓以郑为东家丘也。"原曰："人各有志，所向不同。君谓郑为东家丘，以仆为西家愚父耶？"崧辞谢焉。唐狄仁杰曾以明经训世。人谓曰："杰，北斗以南一人而已。"③边韶字孝先，大腹，好昼眠。弟子笑曰："边孝先，腹便便，五经笥，但好眠。"韩退之辟佛教，不读非圣之书。学者仰之如泰山北斗，皆称韩夫子。④汝南应劭自赞于郑玄曰："故泰山太守应仲远北面称弟子何如？"玄笑曰："仲尼之门，分以四科，回、赐之徒，不称官衔。"劭有惭色。汉李固，邰子也。尝改姓名，杖策驱驴，负笈从师。每到太学，必密入公府，定省父母，不令同业诸生知为邰子。

韩愈像

李固像

péng yǒu bīn zhǔ

朋友宾主 新增文十二联

携琴访友图　明·佚名

1 取善辅仁，皆资朋友；往来交际，迭为主宾。① 尔我同心曰金兰，朋友相资曰丽泽。② 东家曰东主，师傅曰西宾。③ 父所交游，尊为父执；己所共事，谓之同袍。④ 心志相孚为莫逆，老幼相交曰忘年。⑤

注释：①曾子曰："君子以文会友，以友辅仁。"《孟子》："舜尚见帝，帝馆甥于贰室，亦飨舜，迭为宾主。"②《易》："二人同心，其利断金。同心之言，其臭如兰。"《易》："丽泽兑，君子以朋友讲习。"③如淳曰："君臣位南北面，宾主位东西面。"④《记》："见父之执，不谓之进不敢进，不谓之退不敢退，不问不敢对，此孝子之行也。"《诗》："岂曰无衣，与子同袍。"⑤琴牢与子桑户、孟之反三人为友，相视而笑，莫逆于心。汉祢衡有逸才，年未二十，孔融五十，作尔汝忘年交。

投剑定交图 清·《圣谕像解》

不负至交图 清·《圣谕像解》

wěn jǐng jiāo xiàng rú yǔ lián pō zǒng jiǎo
刎颈交，相如与廉颇；总角
hǎo sūn cè yǔ zhōu yú jiāo qī xiāng tóu chén zhòng
好，孙策与周瑜。① 胶漆相投，陈重
zhī yǔ léi yì jī shǔ zhī yuē yuán bó zhī yǔ jù
之与雷义；鸡黍之约，元伯之与巨
qīng yǔ shàn rén jiāo rú rù zhī lán zhī shì jiǔ
卿。② 与善人交，如入芝兰之室，久
ér bù wén qí xiāng yǔ è rén jiāo rú rù bào yú
而不闻其香；与恶人交，如入鲍鱼
zhī sì jiǔ ér bù wén qí chòu gān dǎn xiāng zhào
之肆，久而不闻其臭。③ 肝胆相照，
sī wéi fù xīn zhī yǒu yì qì bù fú wèi zhī kǒu
斯为腹心之友；意气不孚，谓之口

注释：①廉颇与蔺相如同事赵，蔺位居颇上，颇怒，欲辱之。蔺每忍避，人皆耻之。蔺曰："秦不敢加兵于赵，以吾二人在也。吾所为，先国家后私仇也。"颇闻知，肉袒负荆请罪。卒为刎颈之交。孙策曰："周公瑾与孤有总角之好，骨肉之分。"○刎，上上声。②汉雷义举茂才，欲让陈重，刺史不许。义遂佯狂披发，走不应命。后同举孝廉，同拜尚书郎。人语曰："胶漆自谓坚，不如雷与陈。"张元伯与范巨卿二人友善，同游太学。告归，巨卿约二年当过拜尊亲。至期，元伯白母具鸡黍待之。母曰："二年之别，千里约言，何期之审也？"元伯曰："巨卿信士，必不违约。"巨卿果至，升堂拜母，尽欢而别。③《家语》：孔子曰："与善人交，如入芝兰之室，久而不闻其香，即与之化矣。与不善人交，如入鲍鱼之肆，久而不闻其臭，亦与之化矣。"

负荆谢罪图　清·《圣谕像解》

三江口周郎纵火图　清·《图像三国志》

头之交。^①彼此不合，谓之参商；尔我相仇，如同冰炭。^②民之失德，干糇以愆；他山之石，可以攻玉。^③

落月屋梁，相思颜色；暮云春树，想望丰仪。^④王阳在位，贡禹弹冠以待荐；杜伯非罪，左儒宁死不徇君。^⑤分首判袂，叙别之辞；拥篲扫门，迎迓之敬。^⑥

注释：①唐杜审言与李峤、崔融、苏味道友善，世号"心腹四友"。孟郊诗："面结口头交，肚里生荆棘。"②参商，注详《天文》。苏辙疏："君子小人，势同冰炭，同处必争。"③《诗》："民之失德，乾糇以愆。"又："他山之石，可以攻玉。"〇糇，音侯。④杜甫《梦李白》诗："落月满屋梁，犹疑见颜色。"杜甫《怀李白》诗："渭北春天树，江东日暮云。"⑤汉贡禹与王阳友善，阳为益州刺史，禹乃弹冠相庆，俟其荐己。周宣王臣杜伯，非其罪，王欲杀之。伯之友左儒争之于王，王怒，儒曰："臣宁明君之过，以正杜伯无罪。"王杀杜伯，左儒死之。⑥杜甫诗："直到绵州更分首。"唐萧凤使玉门关，弟萧频劝酒，谓兄曰："醉中分袂庶不悲。"魏文侯拥篲扫门，以迓朋友，握手欢如平生。〔释〕篲，竹扫帚。

人物山水图之徐稚磨镜图 清·任熊

2 陆凯折梅逢驿使，聊寄江南一枝春；王维折柳赠行人，遂唱《阳关三叠》曲。① 频来无忌，乃云入幕之宾；不请自来，谓之不速之客。②

醴酒不设，楚王戊待士之意怠；投辖于井，汉陈遵留客之心诚。③ 蔡邕倒屣以迎宾，周公握发

注释：①晋陆凯与范晔为友，偶遇谢乎至长安下公文，路经陇头，折梅一枝，口占一绝以寄晔，云："折梅逢驿使，寄与陇头人。江南无所有，聊赠一枝春。"王维《送故友元二使安西》诗："渭城朝雨浥轻尘，客舍青青柳色新。劝君更尽一杯酒，西出阳关无故人。"②晋郗超为桓温参谋，谢安、王坦之诣温论事，温令超卧帐中，听其言。风动帐开，安笑曰："郗生可谓入幕之宾矣。"《易》："有不速之客三人来，敬之终吉。"③楚元王与穆生交善，生不嗜酒，王每宴，尝设醴待之。及王戊即位，当设宴，忘设醴焉。生曰："可以去矣！醴酒不设，王之意怠矣。"汉陈遵每大饮，宾客满堂，辄关门，取客车辖投井中。

倾盖赠帛图
清·《圣庙祀典图考》

聊寄江南一枝春图
明·《新刻艺林尺一明珠》

而待士。① 陈蕃器重徐稚，下榻相延；孔子道遇程生，倾盖而语。② 伯牙绝弦失子期，更无知音之辈；管宁割席拒华歆，谓非同志之人。③ 分金多与，鲍叔独知管仲之贫；绨袍垂爱，须贾深怜范叔之窘。④ 要知主宾联以情，须尽东南之美；朋友合以义，当展切偲之诚。⑤

注释：①汉蔡邕宾客填门，闻王粲至，邕倒屣迎之。粲年少短小，一座皆惊。邕曰："此王公孙有异才，吾不如也。"成王封周公之子伯禽于鲁，周公戒之曰："子毋以鲁国骄士，吾尝一饭三吐哺，一沐三握发，以延天下之贤士。"○邕，音雍。屣，音徙。②汉陈蕃为豫章守，性方峻，杜门谢客。惟邑隐士徐稚，蕃慕其贤，特设一榻以礼之，去则悬之于壁。孔子之郑，遇程子于途，倾盖而语终日，甚相亲也。③《列子》：周伯牙鼓琴，钟子期善听。伯牙志在高山，子期曰："巍巍乎若高山。"志在流水，子期曰："洋洋乎若流水。"子期死，伯牙以为世无知音，遂绝弦，不复鼓琴。汉管宁与华歆为友，尝共园锄菜，见地有金，宁挥锄不顾，歆捉而掷之。又一日，同席肄业，有乘轩过者，歆往观之。宁曰："富贵当自致，窥他人乎？"遂割席分坐，与之绝。○歆，虚今切。④《国语》：管仲曰："吾始困时，尝与鲍叔贾，分财多自与，不以我为贪，知我贫也。"范雎字叔，初事魏，从须贾使齐。齐王闻雎口辨，赐之金。贾疑雎以魏国私事告齐。贾归，告相魏齐。齐怒，笞击，雎诈死，置于厕中。魏人郑安平救之，变姓名，与秦使王稽偕入秦，稽荐于昭王，王以雎为相。闻魏使贾至，雎乃微行，敝衣间步之邸见贾。惊问曰："范叔，吾以汝死矣，汝今尚在，今何事？"雎曰："臣为人佣赁。"贾哀之曰："范叔一寒至此。"乃取绨袍赠之。⑤《滕王阁序》："台隍枕夷夏之交，宾主尽东南之美。"《论语》："朋友切切偲偲。"

义重分金图　　清·《圣谕像解》

须贾大夫诮范叔图　　明·《元曲选》

【增】仲尼老子，可谓通家；管子叔牙，足称知己。① 伯桃并粮于共事，甘殒流离；子舆裹饭于同侪，不忘贫贱。② 铃锤道义，向嵇偶锻于柳中；游戏文章，元白衔杯于花下。③ 程普见容于周瑜，若饮醇醪自醉；周乘得亲于黄宪，不披绵纩犹温。④ 贵贱相忘，素犬丹鸡定约；

注释：①《汉书》：孔融年十岁，谒李膺曰："我是李君通家子弟。"膺问由，融答曰："先君孔子，与李老君同德比义，而相师友。则融与君累世通家。"《韩诗外传》：鲍叔有疾，管仲为之不食，谓宵戚曰："生我者父母，知我者鲍子。鲍死，天下莫吾知矣，虽为之死，亦何伤哉！"②春秋时，羊角哀、左伯桃闻楚王贤，往事之。道遇雨雪，计不能全。乃并衣粮与哀，自入空柳中死。人称为"死友"。《庄子》：子舆与子桑友，霖雨十日，裹饭往食之，见桑鼓琴歌曰："父耶母耶？天乎人乎？"舆曰："子之歌何故若是？"曰："吾思夫使我至此极者。"③晋嵇康与向秀友善，二人善锻。康宅边有大柳树，甚茂，夏月与向居其下，相偶而锻焉。白居易与元稹友善，尝于花前小酌，作诗寄元云："花时同醉破春愁，醉把花枝当酒筹。忽忆故人天际去，计程今日到梁州。"○铃，音拊。嵇，同稽。锻，音段。④程普以年长，数侮周瑜，瑜折节容下，终不与较。普后自敬服，曾曰："与周瑜交，如饮醇醪，不觉自醉。"汉周子居常云："吾时月不见黄叔度，则鄙吝之心复生矣。一见黄叔度，令人不绵自暖。"

人物山水图之嵇康锻铁图　清·任熊

死生与共，乌牛白马盟心。①

面前便失人，刘巴不与张飞语；事后方思友，周颛还廙王导悲。②吕安动遐思，千里命寻嵇之驾；子猷怀雅兴，三更泛访戴之舟。③尹敏班彪，宁日面友；山涛阮籍，是谓神交。④孔融座中常满，必

注释：①《侯鲭录》：越人定交，筑坛，杀丹鸡白犬，歃血而盟曰："卿乘车，我戴笠，他日相逢下车揖。我步行，卿乘马，他日相逢马当下。"后汉刘备、关羽、张飞桃园结义，白马祭天，乌牛祭地。②《海录》：刘巴不与张飞语，诸葛亮问之，巴曰："大丈夫处世，当友四海英雄，如何与兵子共语？"《晋史》：王敦反，王导入待罪，谓周颛曰："伯仁，吾以百口累卿。"颛不答。颛上表明导之无罪，导不知，憾之。及颛遇害，导不救，杀之。及料检中书故事，乃见颛救己之表，泣曰："吾虽不杀伯仁，伯仁由我而死，幽冥之下，负此良友。"○颛，音以。廙，音觌。③晋吕安服嵇康高致，每一相思，千里命驾访之。《世说》：王子献居山阴，夜大雪，眠觉，开室四望皎然，忽忆戴安道。时戴在剡，即便夜乘小船就之。经宿方至，造门而返。人问其故，王曰："吾本乘兴而来，兴尽而返，何必见安道也。"④汉尹敏与班彪相厚，每谈论，常晏暮不食，昼即至瞑，夜则达旦。晋阮籍、嵇康，并高才远识，少有契者。山涛初不相识，一与会晤，便为神交。

雪夜访戴图　明·周文靖

然有礼招徕；毛仲堂上全无，定是
乏才感召。① 式饮式食，敢曰无鱼；
必敬必恭，何尝叱狗。②

韩魏公堂前有士，风流态度，得
赠女奴；李文定门下何人，新巧诗联，
乃逢天子。③ 熊飞清渭逢何暮，无任凄
怆；客有可人期不来，岂胜慨叹。④

注释：①后汉孔融为北海太守，后居家，爱才乐士，叹曰："座上客常满，樽中酒不空，吾无忧矣。"《唐书》：王毛仲谓玄宗曰："臣未有佳客。"上曰："知汝所不能致者，宋璟也。"明日，令宰臣悉诣王宅。璟日中方至，饮不尽卮，称腹痛而去。○徕，音来。②《列女传》：田文食客数千，厨中有三列：上客食肉，中客食鱼，下客食菜。《曲礼》："尊客之前不叱狗。"③韩魏公镇中山，有门客夜逾墙，宿娼家。公知，作《种竹》诗云："殷勤洗濯加培植，莫遣狂枝乱出墙。"客诗云："主人若也怜高节，莫为狂枝增斧斤。"公赠一女奴。宋王奇为李文定客。文定薨，章圣临奠，见屏间诗云："雁声不到歌台上，秋色偏欺客路中。"上悦，即召见，许赴殿试。王有谢诗云："不拜春官为座主，亲逢天子作门生。"④赵平叔客涞水军，郡守召置门下。数年后，赵以学士守涞水。继者名其堂为"豹隐"。石曼卿诗："熊飞清渭逢何暮，龙卧南阳去不还。年少客游今郡守，蔚然疑在立谈间。"陈师道诗："书当快意读易尽，客有可人期不来。世事相逢每如此，好怀百岁几时开。"

韩魏公断借尸还魂图　明·《元曲选插图》

韩魏公为菊花之神图　清·周慕桥

婚　姻

hūn　　yīn

新增文七联

风尘三侠图　清·任颐

1 良缘由夙缔，佳偶自天成。① 蹇修与柯人，皆是媒妁之号；冰人与掌判，悉是传言之人。② 礼须六礼之周，好合二姓之好。③ 女嫁曰于归，男婚曰完娶。④ 婚姻论财，夷虏之道；同姓不婚，周礼则然。⑤ 女家受聘礼，谓之许缨；新妇谒祖先，谓之庙见。⑥

文定纳采，皆为行聘之名；女嫁男婚，谓了子平之愿。⑦ 聘仪曰雁币，卜妻曰凤占。⑧ 成婚之日曰星期，传命之人曰月老。⑨ 下采即是纳币，合卺系是交杯。⑩ 执巾栉，

注释：①夙，早也。缔，结也。佳，美也。偶，配也。○缔，音帝。②《楚辞》："解佩纕以结言兮，吾令蹇修以为理。"《诗》："伐柯如何，匪斧不克。娶妻如何，匪媒不得。"晋令狐策梦立冰上，与冰下人语，索纮占曰："冰上人与冰下人语，为阳语阴，媒介事也，当为人作媒。"《礼》："媒氏掌万民之判，令男三十而娶，女二十而嫁也。③六礼：一曰纳采，二曰问名，三曰纳吉，四曰纳征，亦曰纳帛，五曰请期，六曰亲迎。鲁哀公问于孔子曰："大昏，冕而亲迎，不已重乎？"子曰："合二姓之好，以为天下宗庙社稷主，君何谓已重焉？"〔释〕昏，同"婚"。④《诗》："之子于归。"⑤《文中子》："婚姻论财，夷虏之道也，君子不入其乡。古者男女之族各择德焉，不以财为礼。"周礼，周公制，同姓不婚，教亲也。《礼》："女子许嫁，则系以缨，示有所系属也。"娶妇三月，庙见，然后执妇功也。⑦《诗》："文定厥祥。"《逸民传》：汉向长字子平，读《易》至《损》《益》卦，叹曰："吾已知富不如贫，贵不如贱，但未知死何如生耳。"乃为男女嫁娶毕，敕断家事。曰："吾愿毕矣。"遂游五岳名山，不知所终。⑧雁，取其不再偶，飞有行列。《左》：陈敬仲奔齐，齐侯使之为工正。陈大夫懿氏欲妻敬仲，其妻卜之曰："吉。"其繇曰："凤凰于飞，和鸣锵锵。"⑨《诗》："绸缪束薪，三星在天。今夕何夕，见此良人。"月老，注详下。⑩婚礼：婿往妇家亲迎，执雁入，揖让升堂，再拜奠雁。既奠，出，御轮而先归，俟于门外。妇至，揖以入，共牢而食，合卺而酳。所以合体同尊卑，以亲之也。〔释〕以酒曰酳。○卺，音谨。

奉箕帚，皆女家自谦之词；娴姆训，习《内则》，皆男家称女之说。① 绿窗是贫女之室，红楼是富女之居。② 桃夭谓婚姻之及时，摽梅谓婚期之已过。③

2 御沟题叶，于祐始得宫娥；绣幕牵丝，元振幸获美女。④ 汉武对景帝论妇，欲将金屋贮娇；韦固

注释：①巾栉，注详下。单父人吕叔平善相，见刘季叹曰："仆阅人多矣，无如季相。仆有弱女，愿为箕箒妾。古者妇人五十无子，出，不复嫁，能以妇道教人者为姆。《内则》，《礼记》篇名，其中多载妇道。○栉，音职。帚，周上声。娴姆，音闲母。②白乐天诗："绿窗贫家女，衣上无珍珠。红楼富家女，金缕绣罗襦。"③《诗》："桃之夭夭，灼灼其华。之子于归，宜其室家。"《诗》："摽有梅，其实七兮。求我庶士，迨其吉兮。"④唐僖宗时，宫女韩翠蘋题诗于红叶上，放于御沟。士人于祐拾之，复题一叶，亦放之于沟，韩亦拾之。后丞相韩泳为之作伐，礼成，泳谓曰："子二人可谢媒。"翠曰："一联诗句随流水，十载幽思满素怀。今日却成鸾凤友，方知红叶是良媒。"泳大笑。唐郭元振为京州都督，美丰姿。宰相张嘉贞欲纳为婿，曰："吾有五女，各执一丝于幕后，子牵之，得者为妇。"振牵一红丝，得第三女，有姿色。

红叶题诗图　清·周慕桥

与月老论婚，始知赤绳系足。① 朱陈一村而结好，秦晋两国以成婚。② 蓝田种玉，雍伯之缘；室窗选婿，林甫之女。③ 架鹊桥以渡河，牛女相会；射雀屏而中目，唐高得妻。④ 至若礼重亲迎，所以正人伦之始；《诗》首好逑，所以崇王化之原。⑤

注释：①汉武帝幼时，景帝曰："儿欲得妇否？"曰："欲。"景帝之姊长公主指其女曰："阿娇好否？"曰："若得阿娇，当以金屋贮之。"唐韦固求婚，旅次见老人倚布囊向月检书，固问何书，答曰："天下婚牍。"又问囊中何物，曰："赤绳子，以系人夫妇之足。虽仇家异域，此绳一系，终不可逭也。"②《事文类聚》：朱陈两姓，世为婚姻。《左》：晋惠公负秦约，为秦所获，以太子圉为质于秦，秦穆公以宗女怀嬴妻之。圉久遂逃归，后为怀公。及圉叔重耳至秦，穆公纳女五人，怀嬴与焉。③《搜神记》：杨雍伯致义浆以给行人，有一人怀中取出菜子一升，与之曰："种此生好玉，并得好妇。"雍种之。后求北平徐氏女，徐曰："若得白璧一双，当为婚。"雍至种处，得白璧五双，以聘徐氏女。天子闻而异之，拜为大夫。名其地曰玉田。唐李林甫有六女，于堂壁开一横窗，蒙以绛纱，凡子弟进谒者，令女于窗下自择。④牛女，注详《天文》。唐窦毅有一女，曰："此女有奇相，不妄许人。"因画一孔雀于屏间，令求婚者射二矢，约有中目者，以女妻之。唐高祖射中二目，因妻焉。⑤王吉疏：夫妇，人伦之大纲。《诗》："窈窕淑女，君子好逑。"

雍伯种玉图　清·《孝经传说图解》

世结婚姻图　清·《圣谕像解》

【增】鱼水合欢，情何款密；丝萝有托，意甚绸缪。① 牵乌羊以为礼，自是古风；选碧鹨以成婚，正为佳匹。② 因亲作配，温峤曾下镜台；从简去华，仲淹欲焚罗帐。③ 刘景择婿杜广，厥卒何惭；挚恂定配马融，门徒

注释：①《管子》：桓公欲求甯戚，戚曰："浩浩者水，育育者鱼，未有室家，安召我为。"〔释〕鱼水，喻家。甯戚有伉丽之思。《诗》："茑与女萝，施于松柏。"〔释〕比婚姻缠绵者。②宋孔淳之性高尚，与征士王敬弘为友。弘以女适淳子，牵乌羊豕壶为礼。人怪其薄，答曰："此田父之礼也。"唐韦诜选裴宽为婿，成礼之日，其族聚观之。宽时衣碧，瘠而长，族人见之，呼为"碧鹨雀"。③《世说》：晋温峤姑有女，属峤觅婿。峤有自婚意，曰："佳婿虽有，但如峤比云何？"姑曰："何敢希汝比也。"复一日，峤报云："已得婿矣，门第不减峤。"因下玉镜台一枚。姑喜。既婚交礼，姑女以纱扇蔽面，笑曰："我固疑是老奴。"宋范文正公之子娶妇将归，或传以罗为帐幔者。公闻之不悦，曰："吾家素清俭，安得乱吾家法。若有持来，吾当火之于庭焉。"

温太真玉镜台图　明·《元曲选·玉镜台》

王府尹水墨宴图　明·《元曲选·玉镜台》

yǒu xìng。① yì zhòng ēn shēn，chǔ nǔ yīn hūn bào
有幸。①义重恩深，楚女因婚报
dé；qíng fú yì qì，hàn jūn zhǐ fù lián yīn
德；情孚意契，汉君指腹连姻。②
pín fá lián yí，wú yǐn zhī bì mài quǎn
贫乏奁仪，吴隐之婢卖犬；
xù jiē xián shì，shū yuán zhī nǔ chéng lóng jùn
婿皆贤士，叔元之女乘龙。③俊
yì péi háng，lán qiáo dǎo cán yù chǔ，fēng liú xiāo
逸裴航，蓝桥捣残玉杵；风流萧
shǐ，qín lóu chuī chè qióng xiāo
史，秦楼吹彻琼箫。④

注释：①唐刘景为刺史，杜广为其厩卒，一日与语，大奇之，归谓妻曰："吾为女求夫二十年，不意厩中有麒骥。"遂妻以女。后汉挚恂不应征聘，教授南山，马融往从之。恂大奇其才，以女妻之。②《左》：吴师入郢，楚子取其妹季芈以出。楚昭王奔郧，楚大夫钟建负季芈以从。王将嫁季芈，辞曰："所以为女子，远丈夫也。钟建尝负我矣。"以妻钟建，以为乐尹。后汉贾复与五校战，大破之，复伤矢。光武大惊曰："失吾名将。闻其妇有孕，生女我子娶之，生男我女嫁之，不令忧妻子也。"复后寻愈。③《世说补》：谢石请吴隐之为卫将军主簿。隐之将嫁女，谢知其贫素，遗女必当率薄，乃令移厨帐助其经营。使者至，方见一婢牵犬卖之，此外萧然无办。魏黄尚与李膺俱为司徒，并娶太尉桓叔元女，人谓"叔元两女俱乘龙"。杜子美诗："门阑多喜色，女婿近乘龙。"④唐裴航遇云翘夫人，与诗云："一饮琼浆百感生，玄霜捣尽见云英。蓝桥便是神仙路，何必崎岖上玉京。"后过蓝桥，见一老妪，求浆，妪令云英擎一瓯饮之，遂得娶成仙云。《列仙传》：萧史善吹箫，秦穆公以女弄玉配之。夫妇吹箫引凤至，乃乘凤仙去。穆公为之作凤台。○航，音杭。捣，刀上声。杵，音处。

云英　清·吴友如

女子

nǚ zǐ

新增文十五联

春闺倦读图　清·冷枚

1 男子禀乾之刚，女子配坤之顺。①贤后称女中尧舜，烈女称女中丈夫。②曰闺秀，曰淑媛，皆称贤女；曰阃范，曰懿德，并美佳人。③妇主中馈，烹治饮食之名；女子归宁，回家省亲之谓。④何谓三从，从父从夫从子；何谓四德，妇德妇言妇工妇容。⑤

注释：①注详《夫妇》。②宋哲宗十岁即位，高太后垂帘听政，绝私恩，罢新法，任用司马光，窜黜吕惠卿等。天下称为女中尧舜。《孟子》："富贵不能淫，贫贱不能移，威武不能屈，此之谓大丈夫。"③晋谢道韫适王凝之，张玄妹适顾氏。有济尼者游二家，或问优劣，答曰："王夫人神情散朗，有林下之风。顾家妇清心玉映，是闺中之秀。"淑，善也。媛，美女之称。闺，门槛也，内室也，借指妇女。范，典范之谓。懿，美也。德，温柔之性。○媛，音员。④《易》："无攸遂，在中馈。"《诗》："归宁父母。"⑤孔子曰："妇人，伏于人也。无专制之义，有三从之道：在家从父，出嫁从夫，夫死从子。"《礼》："古者妇人先嫁三月，教以妇德、妇工、妇言、妇容。"

历朝贤后故事之葛覃亲采 清·焦秉贞

2 周家母仪，太王有周姜，王季有太妊，文王有太姒；三代亡国，夏桀以妹喜，商纣以妲己，周幽以褒姒。① 兰蕙质，柳絮才，皆女人之美誉；冰雪心，柏舟操，悉孀妇之清声。② 女貌娇娆，谓之尤物；妇容

注释：①母仪，国母为妇人之仪表也。《列女传》：太姜，太王之妃，生太伯、仲雍、季历。率导诸子，以至成童，靡有过失。太王谋事必咨于太姜，迁徙必预。太妊，季历之妃，及有娠，目不视恶色，耳不听恶声，口不出傲言，能以胎教而生文王。太姒，文王后妃。史：夏桀伐有施氏，有施以妹喜女焉。喜有宠，所言皆从。为酒池，一鼓而牛饮者三千人，喜以为乐。纣伐有苏氏，有苏以妲己女焉，行至馆驿，夜为狐所魅。入朝有宠，其言是从，置炮烙之刑。武王伐之，纣登鹿台，身衣宝玉，自焚而死。斩妲己。夏末，有神化为二龙，夏后氏杀之，藏其漦于椟。迨周厉王时发视之，化为玄鼋，童女遭之，孕而生女，及长为褒姒。褒人拘于狱，入是女于王，王宠姒。性不喜笑，王百计诱之而不能笑。因举烽火，诸侯悉至，褒姒大笑。后犬戎伐王，王举烽火，兵乃不来，犬戎遂杀王于骊山下。②鲍照赋："东都妙姬，南国丽人。兰心蕙质，玉貌绛唇。"晋谢奕之女道韫，有才辨，与叔安宴于家。俄而下雪，安曰："大雪纷纷何所似？"道韫之兄朗曰："撒盐空中差可拟。"道韫曰："未若柳絮因风起。"蒋顺怡妻周氏，因顺怡死，舅姑欲嫁之。周氏作诗云："瑶池古冰雪，为妾作心肝。"卫世子名余，早死，妻共姜守义，父母欲嫁之，故作诗自誓云："泛彼柏舟，在彼中河，髧彼两髦，实维我仪。"

褒姒 清·马骀

小蛮 清·马骀

妩媚，实可倾城。^①潘妃步朵朵莲花，小蛮腰纤纤杨柳。^②

张丽华发光可鉴，吴绛仙秀色可餐。^③丽娟气馥如兰，呵处结成香雾；太真泪红于血，滴时更结红冰。^④孟光力大，石臼可擎；飞燕身轻，掌上可舞。^⑤

注释：①《左》：叔向欲娶于申公巫臣氏，其母曰："汝何用此为哉？夫有尤物，足以移人，苟非德义，则必祸及。"叔向惧，不敢娶。汉李延年妹，姿色殊美。延年侍于武帝，酒酣，歌曰："北方有佳人，绝世而独立。一顾倾人城，再顾倾人国。宁不知倾城与倾国，佳人难再得。"帝闻之，乃召入宫。○娆，音饶。②齐东昏侯凿金为莲花贴地，令潘妃行其上，曰步步生莲花。白乐天二妾，樊素善歌，小蛮善舞，故诗云："樱桃樊素口，杨柳小蛮腰。"○纤，音暹。③张丽华，陈后主宠妃也，发长七尺，其光可鉴。隋炀帝每视幸妃绛仙，谓内侍曰："古人谓秀色可餐，若绛仙者，可以疗饥矣。"④汉光武宫人丽娟，年十四，玉肤柔软，吹气若兰。杨贵妃字太真，初承玄宗恩召入宫时，别父，泣泪下，皆成红冰。○馥，音福。⑤孟光，注详《夫妇》。赵飞燕入阳阿主家，学歌舞。汉成帝微行，闻其乐而悦之，因召入宫，大幸。上所种环佩竹于临池，服其实，肌滑体轻。上令飞燕服之，能于掌上起舞。

潘妃 清·吴友如

3

至若缇萦上书而救父，卢氏冒刃而卫姑，此女之孝者。① 侃母截发以延宾，村媪杀鸡而谢客，此女之贤者。②

韩玖英恐贼秽而自投于秽，陈仲妻恐陨德而宁陨于崖，此女之烈者。③ 王凝妻被牵，断臂投地；

注释：①汉淳于意无子，有五女。获罪当刑，意怒曰："生女不生男，缓急无可使。"少女缇萦伤之，乃随父上书，愿入宫为婢，赎父罪。文帝怜而赦之。唐郑义宗妻卢氏，盗劫其家，家人皆匿窜，惟姑老不能行。卢氏冒刃立姑侧，被贼笞击，几死不避。〇缇，音题。②晋陶侃家贫，适范逵过访，母湛氏撤卧荐，到给其马，剪发易肴待之。逵闻而叹曰："非此母不生此子。"因荐侃孝廉，后拜太尉。汉武帝微行，夜至柏谷村，人疑是盗，欲执之。媪曰："客非常人。"乃杀鸡谢之。〇媪，音袄。③唐韩仲成女玖英，恐贼执之致受辱，自投于粪秽之中，以口饮秽，贼乃舍之。唐陈仲妻张叔明妹，与二嫂遇贼，恐其辱，相谓曰："妇人以洁身为高，岂可委身待辱哉！"遂陨崖而死。〇陨，音允。

卢氏冒刃卫姑图　清·吴友如

曹令女誓志，引刀割鼻，此女之节者。①曹大家续完《汉》帙，徐惠妃援笔成文，此女之才者。②戴女之练裳竹笥，孟光之荆钗裙布，此女之贫者。③柳氏秃妃之发，郭氏绝夫之嗣，此女之妒者。④

注释：①五代王凝为虢州司户，卒于官，其妻李氏携子负骸以归。中途投宿，主人不纳，牵其臂而出。李氏大恸，即引斧断其臂。开封府尹闻之，厚恤李氏，笞其主人。夏侯文宁之女，名令女，嫁曹文叔，早寡无子。恐家人嫁己，断发截耳以自誓。后其父迎之以归，劝其改嫁，令女乃引刀割鼻，誓无他志。②汉班固之妹班昭，适曹世叔，早寡。固著《汉书》，未就而卒，和帝诏昭踵成之。数召入宫，令皇后贵人事以师礼，号为曹大家。唐徐孝德之女名惠，八岁援笔成文。太宗闻而奇之，召为才人。〇家，音姑。③汉戴良五女皆贤，择婿不问贵贱，惟贤是与。皆练裳竹笥木履以遣之。〇练，音疏。④唐太宗赐尚书任瑰二美女，其妻柳氏欲烂其发使秃。上闻之，令置二女别宅。晋贾充妇郭氏生子，乳母抚养。子见充喜笑，充就抚之。郭谓充私乳母，鞭杀之。子思乳母而死，充竟绝嗣。〇秃，他谷切。

曹大家授书图　清·金廷标

贾女偷韩寿之香，齐女致祆庙之毁，此女之淫者。① 东施效颦而可厌，无盐刻画以难堪，此女之丑者。② 自古贞淫各异，人生妍丑不同。是故生菩萨，九子母，鸠盘荼，谓妇态之变更可畏；钱树子，一点红，无廉耻，谓青楼之妓女殊名。③ 此固不列于人群，亦可附之以博笑。

注释：①韩寿美丰姿，为贾充掾，充女悦而通焉。时外国进异香，袭人衣，经月不散。晋武帝以赐充，充女偷以与寿。充觉，恐丑露，以女妻寿。《异苑》：北齐有公主，命乳母陈氏抚养。陈氏子与主日弄玉环。后以年长，不许入宫。主约元旦祆庙相会。陈子先至，熟睡。主后至，以昔日所弄玉环投之于怀而去。陈子醒觉，心火忽炽，遂焚其庙。〔释〕祆，胡神也。②《庄子》：西子心病而颦，其里之丑妇见而美之，亦捧心而效颦。（按）苎萝村俱姓施，夹若耶溪水而居。溪西曰西施，家有一女，绝美。东施家有一女，极丑。晋周颛少有重名，庾亮曰："诸君咸以君可方乐广。"颛曰："何乃刻画无盐，唐突西施。"《列女传》：钟离春，齐无盐邑女也，为人极丑无双。〇颦，音贫。③《朝野佥载》：裴炎尝言："人妻有三可畏：少时如生菩萨，中年儿女满前如九子母，及老脂粉凋谢，或青或黑，如鸠盘荼。"《杂录》：许子和入宫，能变新声。安禄山作乱，流落为娼。临卒，谓其阿母曰："钱树子倒矣。"刘郎诗："座上若有一点红，斗筲之器盛于钟。座上若无油木梳，烹龙炰凤都是虚。"〔释〕一点红、油木梳，俱妓名。《教坊记》：苏五奴妻善歌舞，有姿色，有邀迓者，五奴辄随之。观此则无廉耻可知。

【增】蔡女咏吟，曾传笳谱；薛姬裁制，雅号针神。① 蛾眉队里状元，崇嘏文章洒洒；红粉班中博士，兰英才思翩翩。② 城号夫人，牢不可破；军称娘子，锐而难摧。③ 是谁佳冶唾如花，赵家飞燕；若个娉婷颜如玉，秦氏文鸾。④ 徐贤妃却

注释：①蔡琰作《胡笳十八拍》，故云笳谱。《鸡跖集》：魏文帝美人薛灵芸，夜入宫，改名夜来。妙于针工，昏夜不假灯烛，裁制立成，号曰"针神"。②《艺文志》：古今才女，女状元黄崇嘏，女侍中魏元义妻胡氏，女学士孔贵嫔，女校书唐薛涛，女进士宋林妙玉，女博士宋韩兰英。○嘏，音贾。③晋朱序镇襄阳，苻坚遣将围序。序母韩氏登城履行，谓："西北角当先受敌。"遂领百余婢并城中妇女，筑城二十余丈。贼攻西北角，果溃，遂守新城，时号"夫人城"。《唐书》："平阳公主嫁柴绍。初，高祖起兵，绍发家赀，招亡命渡河。主引精兵万余，与秦王会渭北，绍及公主对置幕府，号娘子军。"④赵飞燕与其妹合德共坐，误唾其袖，合德曰："姊唾染衣绀碧，正似石上花。虽令尚方为之，未必能此。"因号之为"石花广袖"。刘长卿《赠文鸾妓》诗："文鸾潇洒美如玉，眉画春山螺黛绿。"○娉，辟去声。婷，音廷。

千秋绝艳图之赵飞燕 明·佚名

民间年画·蔡文姬

天子召，露沁新诗；谢道韫解小郎围，风生雄辩。①

人说骊姬专国色，我云薛女是香珠。②慧姬振铎为严傅，颇称巾帼先生；老妇吹篪当健儿，须谓裙钗将士。③看舞剑而工书字，必是心灵；听弹琴而辨绝弦，无非性敏。④爱欲海，未可沉埋男子躯；温柔乡，岂应老葬君王骨。⑤还讶桃叶女，横波眼最好；更思孙寿娥，堕马髻偏妍。⑥

李子豪雄，红拂顿生敲户念；

注释：①《唐书》：徐孝德有女名慧，八岁能文。太宗闻之，召为才人，号徐贤妃。上一日召贤妃不至，怒之。妃进诗曰："朝来临镜台，妆罢独徘徊。千金买一笑，一召岂能来。"上乃释。晋王凝之弟献之，尝与宾客谈论，词理将屈，嫂道韫遣婢白献之曰："欲为小郎解围。"乃设青绫帐自蔽，申献之前议，客不能屈。②《战国策》："骊姬者，国色也。"〔释〕骊姬，厉王妃也。国色，谓举一国之选。唐元载妾薛瑶英，其幼时身以香丸啖之，至长肌肉悉虚，笑语生香，元载号香珠。③韦逞母宋氏，传父业，乃就宋家立讲堂，书生百余，隔绛纱幔以授业。《伽蓝记》：后魏河间王婢曰朝云。诸羌叛，王令朝云假为老妪吹篪，敌涕泣服降。语曰："快马健儿，不如老妪吹篪。"○帼，国首。④《法书苑》：晋卫夫人看舞剑回环击刺之状，大悟其诀，遂工于书。《世说补》：蔡文姬六岁，蔡邕夜中鼓琴，弦绝，姬曰："第二弦。"父复故断一弦以问之，姬言："第四弦。"并不差谬。父曰："偶得之耳。"姬曰："季札观乐，知兴亡之国；师旷吹律，识南风之不竞。由此观之，何足不知？"⑤佛家有"爱欲海"之说，谓贪恋美色也。《汉书》：成帝宠爱赵合德，目合德为温柔乡，谓曰："吾当老死温柔乡中，不效武帝求白云乡也。"⑥王献之妾名桃叶，献之歌云："桃叶复桃叶，渡江不用楫。"〔释〕谓眼波急也。梁冀妻孙寿善为妖态，作堕马髻，折腰步，龋齿笑，以为媚悦。

寇公费用，蒨桃应有惜缣心。① 诗人老去莺莺在，情意绸缪；公子归来燕燕忙，私惊款洽。② 端端体态果然端，皎皎姿容何等皎。③ 语言偷鹦鹉之舌，声律动人；文章炫凤凰之毛，英华绝俗。④ 可谓笑时花近眼，每看舞罢锦缠头。⑤

注释：①李靖谒见杨素，有一妓执红拂侍侧，目靖久之。靖归逆旅，夜有紫衣戴帽人扣门迳入，脱去衣帽，乃红拂妓也。靖与俱适太原。寇莱公宴，赠歌妓一束绫，意尚未足。寇有妾蒨桃作诗云："一曲清歌一束绫，美人何事意嫌轻。不知织女寒窗下，几度抛梭织得成。"②唐崔氏有女莺莺，与张生通，后弃之。张后过其所，求见，莺莺赋诗绝之。《汉书》：成帝微行，过阳阿主第，见赵飞燕，悦之。故童谣曰："燕燕尾涎涎，张公子，时相见。"帝微行尝与张放行，故云张公子。张子野年老，欲买妾，东坡作诗，有"诗人老去莺莺在，公子归来燕燕忙"之句。③唐崔涯、张祜齐名，每题诗倡肆，誉之则车马盈门，毁之则杯盘失错。嘲李端端曰："黄昏不语不知行，鼻似烟囱耳似铛。爱把象牙梳插鬓，昆仑顶上月初生。"端端乞改之，乃更题曰："觅得骅骝被绣鞍，善和坊里觅端端。扬州近日浑相诧，一朵能行白牡丹。"于是宾客竞集。妓阿软产一女，求名于白乐天，乃曰："此女甚白皙，可呼曰皎皎。"盖白公以种类不明，取古诗"皎皎河汉女"之句以消之云。④薛涛，蜀之名妓，元稹赠诗云："锦江滑腻峨眉秀，幻出文君与薛涛。言语巧偷鹦鹉舌，文章分得凤凰毛。纷纷词客多停笔，个个公侯欲梦刀。别后相思隔烟雾，菖蒲花发五云高。"⑤杜牧赠妓诗："百宝妆腰带，真珠络臂鞲。笑时花近眼，舞罢锦缠头。"

李端端 明·唐寅

wài　qī

外　戚

新增文十二联

约束外家
后汉书曰明德
马太后诏曰前
过濯龙门上见
外家起居者来
如流水马如游
龙常头衣绿褥
颜侍御者不及
远矣因切责之

历朝贤后故事之约束外家　清·焦秉贞

① 帝女乃公侯主婚，故有公主之称；帝婿非正驾之车，乃是驸马之职。①郡主县君，皆宗女之谓；仪宾国宾，皆宗婿之称。②旧好曰通家，好亲曰懿戚。③冰清玉润，丈人女婿同荣；泰水泰山，岳母岳父两号。④新婿曰娇客，贵婿曰乘龙。⑤赘婿曰馆甥，贤婿曰快婿。⑥

注释： ①周制：天子嫁女于诸侯，天子至尊，不自主婚，使公侯同姓者主之，故曰公主。驸马，副也，见非正驾也。东晋以后专以帝婿为驸马。〇驸，音附。②天子同姓诸侯之女，郡县主婚，故曰郡主，曰县君。宗婿，王府之婿。仪宾、国宾，取为宾王家之义。③通家，注详《朋友宾主》。《左》：周襄王将以狄伐郑，富辰谏曰："昔周厉王无道，致伐兄弟之国。召穆公纠合宗族，宴于成周，作《棠棣》之诗。兄弟虽小忿，不废懿亲。"④晋卫玠，妻父乐广皆有重名，人以翁为"冰清"，婿为"玉润"。欧阳永叔曰："泰山有丈人峰，故称妻父为泰山。若称妻母为泰水，不知何义。"⑤东坡诗："妇翁不可挞，王郎非娇客。"乘龙，注详《婚姻》。⑥贾谊曰："秦人家贫，子壮则出赘。"《孟子》："帝馆甥于贰室。"后魏刘延明年十四，就郭瑀学。瑀一日设一席，曰："吾有女，欲觅一快婿，谁坐此者，吾当妻焉。"其弟子五百余人，惟延明奋衣而坐，曰："延明其人也。"瑀遂妻之。

杨玉环　清·吴友如

117

② 凡属东床，俱为半子。①女子号门楣，唐贵妃有光于父母；外甥称宅相，晋魏舒期报于母家。②共叙旧姻，曰原有瓜葛之亲；自谦劣戚，曰忝在葭莩之末。③大乔小乔，皆姨夫之号；连襟连袂，亦姨夫之称。④蒹葭依玉树，自谦借戚属之光；茑萝施乔松，自幸得依附之所。⑤

注释：①晋郗鉴使门生求婿于王导，令就东厢遍观子弟。归曰："王氏诸少并佳。惟一人在东床坦腹，食胡饼，独若不闻。"鉴曰："此佳婿也。"及访之，乃羲之，遂妻以女。刘禹锡文："乃命长嗣，为君半子。"②唐玄宗册立杨贵妃，时谣曰："生女勿悲酸，生男勿喜欢。男不封侯女作妃，君看女却为门楣。"晋魏舒少孤，为外家甯氏所养。甯氏起宅，相宅者曰："当出贵甥。"舒自负曰："当为外家成此宅相。"后舒果为司徒。③晋王导与子悦弈棋争，导曰："相与瓜葛，那得为尔耶？"汉中山靖王对景帝曰："群臣非有葭莩之亲。"〇葭，音嘉。莩，音孚。④《三国志》："周瑜从孙策攻皖，得乔公二女，皆国色。策纳大乔，瑜纳小乔。"李晋卿有二女，其子与王乐道及滕元发相善。晋卿临卒，对家人曰："长女配乐道，次女配元发，得二婿足矣。"二人遂连襟袂，相继入翰林。⑤晋毛曾与夏侯玄并坐，人谓之蒹葭倚玉树。《诗》："茑与女萝，施于松柏。"〔释〕茑，寄生草也。施，延也。〇李白《古意》诗："君为女萝草，妾作兔丝花。百丈托远松，缠绵成一家。"〇茑，音鸟。

二乔　清·吴友如

◎ 外戚

【增】卢李之亲，苏程之戚。① 王茂弘呼何充以麈尾，杨沙哥引崔嫂以油幢。② 林宗贷钱，宁以贫穷为病；彦达分秩，不将富贵自私。③ 直卿果重亲情，相邀会食；潘岳能敦戚谊，每令弹琴。④ 中子执内弟之丧，行冲称外家之宝。⑤ 骑驴以追

注释：①《容斋随笔》：李益、卢纶，大历十才子之杰出者。纶于益为内兄弟。苏东坡《表弟程德孺生日》诗："仗下千官散紫庭，微闻偶语说苏程。长身自昔传甥舅，寿骨遥知是弟兄。"②《合璧》：何充，庐江人，王导妻弟之子。导早为显官，充尝诣导舍，导以麈尾指床，呼充共坐，曰："此是君座也。"后充亦为显官。《白乐天集》：杨汝士镇东川，乐天即其妹婿也。时乐天以太子少傅分洛，戏代内子贺兄嫂诗曰："刘纲与妇共升仙，弄玉随夫亦上天。何似沙哥领崔嫂，碧油幢向东川。"〔释〕沙哥，汝士小字也。③《别传》：郭林宗家贫，游学无资，就姊夫贷钱五千，乃送之成皋，从师受业。并日而食，衣以盖幅自障出入，入则护前，出则掩后。《宋书》：庾彦达为益州刺史，携姊之镇，分禄秩之半，以供膳之。④黄直卿序：北山黄东，招其内弟郑子恭而告之曰："吾从母昆弟，皆叶出也。叶氏昆弟，犹吾从母之昆弟也。凡三姓四家，虽所系不同，自吾外祖父母以来，一本而已。今欲约以岁正月之十日，会于天宁之浮图，各具酒肴，合而饮食之，共为娱乐，抵掌剧谈。于是重亲戚，厚风俗，岂不善欤？"《晋书》：阮瞻读书不甚研究，而默识其要，善弹琴，内弟潘岳每令弹琴，终日达夜，无怍色，不可得而荣辱。⑤《合璧》：文中子有内弟之丧，不饮酒食肉，郡人非之。《世说补》：韦述父姑元行冲，为时儒宗，尝载书数车自随。述入其室观书，不知寝食。行冲异之，试以前世事，熟复详谛，如指掌然，使属文，授纸辄就。行冲曰："外家之宝也。"

猗兰室图 明·文徵明

119

胡婢，仲容不顾居丧；披扇而笑老奴，温峤自为媒妁。①

　　介妇冢妇，不敢并行；先生后生，原为同出。②智能散宝，为侄弃军；兆卜张弧，因姬遣嫁。③聂政非无贤姊，屈平亦有女婆。④莫嫌萧氏之姻，宜学郝家之法。⑤

注释：①《世说》：阮仲容先私姑之鲜卑婢，及居母丧，姑当远移，将婢去。仲容知之，借客驴著重服追之，累骑而返，曰："人种不可失。"温峤，注详《婚姻》。②《内则》："介妇请于冢妇。……介妇毋敢敌耦于冢妇，不敢并行，不敢并命，不敢并坐。"娣姒，犹兄弟也。郑云：同出，谓俱嫁一夫也。事一夫者，以先生为姒，后生为娣。③《汉书》：吕禄姑，樊哙妻也。因其侄弃军，大怒，乃悉出珠玉宝器，散堂上，曰："毋为他人守也。"《左》：初，晋献公筮嫁伯姬于秦，遇归妹之睽，史苏占之曰："不吉。归妹睽孤，寇张之弧。往其从姑。④《史记》：聂政为严仲子杀韩相侠累，因自抉眼出肠以死。韩取尸暴之于市，购之曰："有能言杀侠累者，与千金。"政姊闻之，乃伏尸哭曰："是轵深井里聂政也。妾奈何畏杀身之诛，灭贤弟之名！"乃三跃呼天，遂死于政旁。《离骚》："女婆之婵媛兮，申申其詈予。"〔释〕女婆，屈原之姊也。○婆，音胥。⑤《通鉴》：唐高宗太后以薛颙妻萧氏及颙弟绪妻成氏非贵族，欲出之，曰："我女岂可使与田舍女为妯娌耶！"或曰："萧氏，瑀之侄孙，国家旧姻。"乃止。《世说》：王浑妻钟氏，弟湛妻郝氏，皆有德行。钟琰虽门高，与郝氏相亲爱，郝不以贱下琰，琰不以贵凌郝。时人称钟夫人之礼，郝夫人之法。

齐聂政姊图　明·仇英

老幼寿诞

lǎo yòu shòu dàn

新增文十二联

七星官增寿延彭祖　明·《元曲选插图》

① 不凡之子，必异其生；大德之人，必得其寿。① 称人生日，曰初度之辰；贺人逢旬，曰生申令旦。② 三朝洗儿，曰汤饼之会；周岁试周，曰晬盘之期。③ 男生辰曰悬弧令旦，女生旦曰设帨佳辰。④ 贺人生子，曰嵩岳降神；自谦生女，曰缓急非益。⑤

生子曰弄璋，生女曰弄瓦。⑥ 梦熊梦罴，男子之兆；梦虺梦蛇，女子之祥。⑦ 梦兰叶吉，郑文公妾生穆公之奇；英物称奇，温峤闻声

注释：①《先贤传》：薛勤为功曹，陈蕃年十五，为父赍书诣勤，勤顾察之。明日造焉，蕃父出迎，勤曰："足下有不凡子，吾来候之，不从卿出。"言论尽日而别。《中庸》："故大德者，必得其寿。"②初度者，日行三百六十日则复于初度也。《楚辞》："皇览揆余初度兮，肇锡余以嘉名。"《诗》："嵩高维岳，峻极于天。维岳降神，生甫及申。"〔释〕甫，甫侯。申，申伯。二人皆周贤臣。③刘禹锡《送张盥》诗："尔生始悬弧，我作座上宾。引箸举汤饼，祝辞天麒麟。"晬，生子一岁，男用弓矢纸笔，女用刀尺针线，凡珍宝服玩之物，置儿前，观其所取，以验廉贪智愚，曰晬盘会。④《记》："男生，悬弧于门左；女生，设帨于门右。"⑤嵩岳，注详上。缓急，详注《女子》。⑥《诗》："乃生男子，载寝之床，载衣之裳，载弄之璋。乃生女子，载寝之地，载衣之裼，载弄之瓦。"〔释〕璋，圭璋，弄之以象德器之美。瓦，纺砖也，弄之以象纺织之事。⑦《诗》："维熊维罴，男子之祥。维虺维蛇，女子之祥。"〔释〕熊罴，阳物也。男子具阳刚之质，故梦熊罴。虺蛇，阴物也。女子具阴柔之质，故梦虺蛇。○虺，音毁。

zhī huán gōng zhī yì 　jiāng yuán shēng jì 　lǚ dà rén
知桓公之异。① 姜嫄生稷，履大人

zhī jì ér yǒu shēn 　jiǎn dí shēng xiè 　tūn xuán niǎo zhī
之迹而有娠；简狄生契，吞玄鸟之

luǎn ér xié yùn 　lín tǔ yù shū 　tiān shēng kǒng zǐ
卵而叶孕。② 麟吐玉书，天生孔子

zhī ruì 　yù yàn tóu huái 　mèng yùn zhāng yuè zhī qí
之瑞；玉燕投怀，梦孕张说之奇。③

fú líng tài zǐ 　huái tāi shí sì yuè ér shǐ shēng 　lǎo
弗陵太子，怀胎十四月而始生；老

zǐ dào jūn 　zài yùn bā shí yī nián ér shǐ dàn
子道君，在孕八十一年而始诞。④

注释：①《左》：郑文公妾燕姞，梦天使与兰曰："余为伯鯈，汝祖也，以是为汝子。"既而公见之，与之兰而幸焉，辞曰："妾有子，将不信，敢征兰乎？"公曰："诺。"果生穆公。晋桓温生未期，温峤见之，曰："此儿有奇骨，眼如紫石棱。可试使啼。"及闻声，曰："真英物也。"其父彝以峤所赏，故名温。○叶，音协。②史：姜嫄，有邰氏女，为帝喾之妃。出祀郊禖，见大人迹，履其拇而生稷。以为不祥，弃之于陌，牛马不践，弃之于山，飞鸟相覆。嫄以为神，始收养之，因名曰弃。尧举之为农师。简狄，有娀氏女，为帝喾次妃。祈于郊禖，见玄鸟遗卵而吞之，孕而生契，事唐虞为司徒。○嫄，音元。契，音屑。③孔子名丘，字仲尼。其先宋人也，六世祖孔父嘉为宋督所杀，其子奔鲁。及孙伯夏，生孔子之父叔梁纥，为邹邑大夫。乃求婚于颜氏。颜氏有三女，季女微在，娶之。微在祷于尼丘，乃怀孕而生孔子。其未生时，有麟吐玉书于阙里，其文曰："水精之子，继衰周，为素王。"颜氏异之，以绣绂系麟角，信宿而去。《开元遗事》：唐张说之母，梦玉燕投怀，及孕而生说。④汉武帝妃赵婕妤，孕十四月而生弗陵。上曰："尧生亦然。"乃榜其门曰"尧母门"。后立为太子。老子名聃，字伯阳。母孕八十一年，从胁而生，生即白首，故曰老子。生于李树下，指李为姓。为周守藏吏。

孔子圣迹图之麒麟玉书　明·仇英

123

② 晚年生子，谓之老蚌生珠；暮岁登科，正是龙头属老。① 贺老寿，曰南极星辉；贺女寿，曰中天婺焕。② 松柏节操，美其寿元之耐久；桑榆暮景，自谦老景之无多。③ 瞿铄称人康健，聩眊自谦衰颓。④ 黄发儿齿，有寿之征；龙钟潦倒，年高之状。⑤ 日月逾迈，徒自伤悲；春秋几何，问人寿算。⑥ 称少年曰春秋鼎盛，羡高年曰齿德俱尊。⑦

行年五十，当知四十九年之非；在世百年，哪有三万六千日之乐。⑧

注释：①汉韦元将、仲将兄弟并美，孔融与其父书曰："元将渊才亮茂，济世之器也；仲将文敏笃诚，保家之主也。不意双珠竟出老蚌。"宋梁灏八十二岁状元及第，谢恩诗："也知年少登科好，怎奈龙头属老成。"〇蚌，音棒。②《天文志》：老人星在弧南，一曰南极。丘濬诗："南极星辉映紫宸，大开寿域在兹辰。"婺，女星也。〇婺，音务。③《世说》：顾悦与简文帝同年而发白，上问其故，对曰："陛下松柏之姿，经霜犹茂。臣蒲柳之质，望秋先零。"《淮南子》："日拂于扶桑，是谓晨明。若日晡，则天影上照于桑榆。"〔释〕桑榆，日所入处。〇耐，音奈。④《汉书》：马援事光武，时五溪蛮夷乱，援复请行，年已六十有二，披甲上马，顾盼自若，以示可用。上曰："瞿铄哉是翁也。"遂遣行。〇瞿，厥博切。铄，商人声。聩眊，音会聩。眊，目昏也。眊，目昏也。⑤《事文类聚》：老人发白复黄，齿落复生如小儿齿，眉间有长毫者，皆老寿之征。唐裴晋公未第时，策驴上天津桥，有二老倚柱语曰："适忧蔡州未平，须待此人为相。"仆闻告公，公曰："见我龙钟，故相戏耳。"后果为相。《广韵》：龙钟，竹名。老者如竹枝摇曳，不自禁持。潦者，路之流水也，其颠倒阻滞，如人之遭际迍邅，故云。⑥《书》："日月逾迈，若弗云来。"刘向《新序》：楚丘先生行年七十，往见孟尝君。孟尝君曰："先生老矣，春秋高矣，多遗忘矣，何以教之？"⑦贾谊《治安策》："天子春秋鼎盛。"《孟子》："朝廷莫如爵，乡党莫如齿，辅世长民莫如德。"⑧卫蘧伯玉，庄子称其行年五十而知四十九年之非。李白《襄阳歌》诗："百年三万六千日，一日须倾三百杯。"

bǎi suì yuē shàng shòu　　bā shí yuē zhōng shòu　　liù shí yuē
百 岁 曰 上 寿 , 八 十 曰 中 寿 , 六 十 曰
xià shòu　　bā shí yuē dié　　jiǔ shí yuē mào　　bǎi suì
下 寿 ; 八 十 曰 耋 , 九 十 曰 耄 , 百 岁
yuē qī yí　　tóng zǐ shí suì jiù wài fù　　shí sān
曰 期 颐 。① 童 子 十 岁 就 外 傅 , 十 三
wǔ sháo　　chéng tóng wǔ xiàng　　lǎo zhě liù shí zhàng yú
舞 勺 , 成 童 舞 象 ; 老 者 六 十 杖 于
xiāng　　qī shí zhàng yú guó　　bā shí zhàng yú cháo　　hòu
乡 , 七 十 杖 于 国 , 八 十 杖 于 朝 。② 后
shēng gù wéi kě wèi　　ér gāo nián yóu shì dāng zūn
生 固 为 可 畏 , 而 高 年 尤 是 当 尊 。③

注释：①《庄子》：鲁柳盗跖横行天下，以侵暴诸侯。孔子率颜渊、子贡往说之。盗跖大怒，曰："汝鲁之巧伪人也，摇唇鼓舌，妄生是非。介之推、尾生等，皆窃名轻死，而不念本养寿命者也。人上寿百岁，中寿八十，下寿六十，除病瘦死伤忧患，其中开口而笑者，一月之间，不过四五日而已。"《曲礼》："人生十岁曰幼学；二十曰弱冠；三十曰壮，有室；四十曰强，而仕；五十曰艾，服官政；六十曰耆，指使；七十曰老，而传；八十九十曰耄。七年曰悼，悼与耄虽有罪不加刑焉。百年曰期颐。"②《记》："童子九年，教之数日。十年，出就外傅，居宿于外，学书习礼。十有三年，学乐，诵诗，舞勺。成童，舞象，学射御。"《王制》："五十杖于家，六十杖于乡，七十杖于国，八十杖于朝。九十者，天子欲问焉，则就其室，以珍从。"③《论语》："后生可畏，焉知来者。"《家语》哀公问于孔子曰："二三大夫皆劝寡人隆敬高年，其义可得闻乎？"孔子曰："昔者有虞氏贵德而尚齿，夏后氏贵爵而尚齿，殷人贵富而尚齿，周人贵亲而尚齿。"

询兹黄发图　清·《钦定书经图说》

唐明皇宴京师侍老图　元·王恽

【增】漫道豫章之小，已具梁栋之观。① 项橐童牙作师，却知学富；甘罗孱口为相，勿论年雏。② 列俎豆而习礼仪，孟氏冲年乃尔；执干戈以卫社稷，汪踦小子能然。③ 寇公七岁咏山，已卜具瞻气象；司马五龄击瓮，即占拯溺才猷。④ 步处敏

注释：①南宋袁粲年尚幼，王俭见而美之曰："松柏豫章虽小，有栋梁之用。"②《史记》：秦始皇使张唐往燕，不肯行，甘罗曰："项橐七岁为孔子师，今臣生十三岁矣，君其试臣。"始皇使甘罗于赵，赵王郊迎，割五城以广河间。罗还报，秦以罗为相。故古语云："唐且以华颠相秦，甘罗以童牙说赵。"○橐，音托。孱，音潺。③孟子幼时居墙间，乃为嬉戏葬埋哭泣之事。母迁居于市，孟子即为贸易之事。母迁之学舍旁，孟子与群儿戏列俎豆，习礼仪，母乃大喜。《檀弓》：齐伐鲁，战于郎，鲁童子汪踦死焉。鲁人欲勿殇汪，问于仲尼。仲尼曰："能执干戈以卫社稷，虽欲勿殇也，不亦可乎？"〔释〕谓欲以成人之丧礼葬之。○踦，音纪。④寇准七岁时，咏华山诗云："只有天在上，更无山与齐。举头红日近，回首白云低。"其师览之，谓其父曰："贤郎怎不作宰相。"后果相真宗。宋司马公五岁时，与群儿戏，一儿堕瓮中，群儿惊走。公击碎其瓮，其儿得活。众皆异之。○瓮，翁去声。拯，音整。

杨柳青木版年画·孟母劝学篇

于诗，我道公权过子建；座间言自别，人称谢尚是颜回。①

　　勿谓卢家儿，案上翻残墨汁；尚嘉羊氏子，桑中探出金环。②亩丘人问年不少，绛县老历甲何多。③函谷跨牛，李耳演《道德》五千之秘；渭川跃鲤，子牙钓乾坤八百之秋。④

注释：①《唐书》：柳公权年十二岁，三步能成诗。文宗曰："子建七步，子乃三步耳，子过于子建多矣。"《晋书》：谢尚年八岁，与众客燕饮，客曰："此儿一座之颜回也。"尚答曰："座无尼父，焉别颜回。"客奇之。②卢仝《示子》诗："忽来案上翻墨汁，涂抹新诗如老鸦。"《晋书》：羊祜字叔子，五岁时至园中，令乳母取所玩金环，乳母曰："无此物。"祜乃访邻人李氏东园桑树中得之。主人大惊曰："此余亡儿所失物。"乳母具言之，李氏悲恸。人异之，乃知李氏子，羊祜前身。③《韩诗外传》：齐桓公见亩丘人年老，问曰："尔年几何？"对曰："臣年八十三矣。"公曰："美哉，寿也。"《左》：绛县老人曰："臣生之岁，正月甲子朔，四百有四十五甲子矣。"〔释〕二万六千六百有六旬。④周末，老子跨青牛出函谷关，令尹喜望其紫气，祗候之。老子乃授以《道德经》，凡五千言。文王出猎，梦飞熊。散宜生曰："非虎非彪，非熊非罴，所获者，良佐耳。"猎于渭滨，得太公望，以后车载之而归。

牛背白髯公草际画
阙路紫气送东来
滟滟自西至欲援五千
言有德方旅过
璇子于马骀牧绘图

紫气东来图
清·马骀

磻溪垂钓图
清·马骀

是谁运动老阳，生子却无日影；若个学成玄法，烧丹剩有霞光。① 荣启期能扩襟怀，行歌乐士；疏太傅乞归骸骨，饮饯都门。②

　　猃狁侵周，方叔迈年奏三捷；先零叛汉，充国颓龄请一行。③ 李百药才新而齿则宿，卢蒲嫳发短而心甚长。④

注释：①《韵府》：陈留有富翁，年九十，娶女生男。长男以为非父之子，争财数年，州郡不决。丞相丙吉曰："曾闻真人无影，老阳子亦无影，又不耐寒。"时八月，取同年小儿俱裸体，此儿独啼言寒。又并令日中行，无影，方服。《神仙传》：淮南王安爱道术，有八老诣门，授王丹经。王炼丹服之，上升。临去置丹鼎于庭，鸡犬共舐之，皆得仙去。○剩，音盛。②《家语》：荣启期鹿裘带索，鼓琴而歌曰："天生万物，吾得为人，一乐也；得为男，二乐也，吾年九十五矣，三乐也。贫者士之常，死者人之终，吾何忧哉？"汉疏广为太傅，兄子受为少傅，共上表乞骸骨归。故人祖饯于都门外，道路观者皆曰："贤哉二大夫！"③《诗》："方叔元老，克壮其猷。"又曰："显允方叔，征伐猃狁，蛮荆来威。"〔释〕方叔尝建北伐之功，一月而三捷。《汉书》：西羌先零反，上问丙吉谁可将者，赵充国对曰："无逾老臣，愿驰至金城，图上方略。"时充国年七十余矣。○猃狁，音险允。④《唐书》：李百药年七十，赋《帝京篇》。上览之，喜曰："齿则宿而才甚新也。"《左》：卢蒲嫳曰："予发如此种种，予奚能为？"子雅曰："彼其发短而心甚长。"○嫳，音撇。

人物故事图之鸡犬升天　明·张路

shēn tǐ
身 体

新增文十三联

西郊寻梅图 清·禹之鼎

① 百体皆血肉之躯，五官有贵贱之别。① 尧眉分八彩，舜目有重瞳。② 耳有三漏，大禹之奇形；臂有四肘，成汤之异体。③ 文王龙颜而虎眉，汉高斗胸而龙准。④ 孔子之顶若圩，文王之胸四乳。⑤ 周公反握，作兴周之相；重耳骈胁，为霸晋之君。⑥

注释：①身有百骸，故曰百体。《荀子》："耳、目、口、鼻、形，能各有接而不相能也，夫是之谓天官。心居中虚，以治五官，夫是之谓天君。"②《春秋元命苞》：尧眉八彩，是谓通明，历象日月，璇玑玉衡。舜重瞳子，是谓玄景，上应摄提，以象三光。○重，平声。③三漏，即三穴。肘，手臂节是也。禹耳三漏，是谓大通，兴利除害，决江疏河。汤臂四肘，是谓抑翼，攘去不义，万民蕃息。○肘，周上声。④《帝王世纪》：文王昌生，龙颜虎眉。〔释〕颜，额也。《河图》：高祖日角，斗胸，龟背，龙准。〔释〕斗胸，其胸广也。龙准，其鼻高也。⑤《史记》：孔子生而首上圩顶。〔释〕圩者，中低四旁高也。《淮南子》：文王四乳。○圩，音于。⑥《相法》：周公两手如绵，可以反握。《左》：晋重耳过曹，曹共公闻其骈胁，欲观其裸浴，薄而观之。僖负羁之妻曰："吾观晋公子从者，皆足以相国。若以相，夫子必反其国，反其国，必得志于诸侯。得志于诸侯而诛无礼，曹其首也。子盍早自贰焉。"乃馈盘飧，置璧焉。公子受飧反璧。〔释〕骈，合也。○骈，音胼。胁，虚业切。

尧像

舜像

此皆古圣之英姿，不凡之贵品。① 至若发肤不可毁伤，曾子常以守身为大；待人须当量大，师德贵于唾面自干。②

2 谗口中伤，金可铄而骨可销；虐政诛求，敲其肤而吸其髓。③ 受人牵制曰掣肘，不知羞愧曰厚

注释： ①古圣，指上帝王霸主。②《孝经》："身体发肤，受之父母，不敢毁伤。"唐娄师德为武后相，弟除代州刺史，将行，师德曰："尔我荣宠过甚，人所忌也，何以自免？"弟曰："自今有人唾我面，拭之而已。"师德曰："人唾汝面，怒汝也，汝拭之，是重其怒也。夫唾不拭自干，当笑而受之。"〔释〕唾，口液也。③《张仪传》：积羽沉舟，丛轻折轴；众口铄金，积毁销骨。诛求，征取也。言暴虐之政，敲击百姓之肌肤，而咀吸万民之骨髓也。○中，去声。销，音肖。

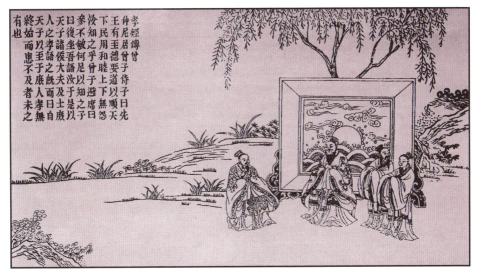

孔子圣迹图之孝经传曾

颜。^①好生议论，曰摇唇鼓舌；共话衷肠，曰促膝谈心。^②怒发冲冠，蔺相如之英气勃勃；炙手可热，唐崔铉之贵势炎炎。^③

貌虽瘦而天下肥，唐玄宗之自谓；口有蜜而腹有剑，李林甫之为人。^④赵子龙一身都是胆，周灵

注释：①《艺苑》：鲁使宓子贱为单父令。鲁君征发单父，子贱奉上，俯仰不得专政，故单父不治。君责之，子贱请命于君曰："但得一善书者，单父治矣。"及善书者至，子贱使之书，复从旁引其肘，书丑则子贱责之。书者请去，以告君。君曰："子贱苦吾扰之，不能施善政。"命毋征发单父，于是单父化行。唐王光远干索权豪无厌，时人曰："光远颜厚，如千重铁甲。"○靷，音彻。②摇唇，注详《老幼寿诞》。促膝，是促近膝前而谈心事。③史：赵王得和氏璧，秦昭王请以十五城易之。蔺相如捧璧入秦，秦无偿城意，相如怒发冲冠，曰："欲徒得璧，臣头与璧俱碎矣。"乃完璧归赵。唐崔铉进左仆射，与杨绍复、郑鲁、段瑰、薛蒙颇参议论。时语曰："杨郑段薛，炙手可热。欲得命通，绍鲁瑰蒙。"④史：唐玄宗尝临镜，默然不乐。左右曰："韩休为相，陛下殊瘦于旧，何不逐之？"上曰："吾貌虽瘦，天下必肥。"史：唐李林甫多以计倾人，世谓其口蜜腹剑。

杨柳青木版年画·赵云截江夺阿斗

王初生便有须。^①来俊臣注醋于囚鼻，法外行凶；严子陵加足于帝腹，忘其尊贵。^②久不屈兹膝，郭子仪尊居宰相；不为米折腰，陶渊明不拜吏胥。^③断送老头皮，杨璞得妻送之诗；新剥鸡头肉，明皇爱贵妃之乳。^④纤指如春笋，媚眼若秋波。^⑤

注释：①《蜀志》：赵云字子龙，将数十骑，值曹操军大出，云前突其阵，且战且却。魏兵追至营，云大开门，魏疑有伏，引兵去。刘备至营视之，叹曰："子龙一身却是胆也。"《风俗通》：灵王生而有须。王甚神圣，诸侯服享，一世休和。②唐来俊臣性酷烈，每鞫囚，以醋注其鼻中。汉严子陵名光，少与光武同游太学。上即位，光隐不见，三聘乃至。车驾幸其馆，与光相对累日。夜与共卧，光以足加帝腹。明日，太史奏曰："客星犯帝座。"帝曰："朕与故人子陵共卧耳。"③唐田承嗣据有魏地，郭子仪遣使至魏，承嗣西望拜之曰："兹膝不屈人十年矣，今乃为郭公拜。"晋陶渊明为彭泽令，在官八十日，吏白郡遣督邮至，当束带迎。渊明曰："我岂为五斗米折腰向乡里小儿！"即日解印绶去。④《东坡志林》：宋真宗得隐者杨璞，上问："卿临行，有人作诗否？"对曰："臣妻一首云：'更无落魄耽杯酒，切莫猖狂爱作诗。今日捉将官里去，这回断送老头皮。'"上笑而放归。〇璞，音仆。剥，音博。⑤王履道诗："供盘春笋杨妃指，荐酒江螯西子唇。"黄山谷诗："新妇矶头眉黛愁，女儿浦口眼波秋。"〇纤，音暹。

出浴图　清·李育

3 肩曰玉楼，眼名银海。^①泪曰玉箸，顶曰珠庭。^②歇担曰息肩，不服曰强项。^③丁谓与人拂须，何其谄也；彭乐截肠决战，不亦勇乎。^④剜肉医疮，权济目前之急；伤胸扪足，计安众士之心。^⑤汉张良蹑足附耳，东方朔洗髓伐毛。^⑥尹继伦，契丹称为黑面大王；傅尧俞，宋后称为金玉君子。^⑦

土木形骸，不自妆饰；铁石心肠，秉性坚刚。^⑧叙会晤曰得挹芝

注释：①东坡《雪》诗："冻合玉楼寒起粟，光摇银海眩生花。"②《六帖》：魏甄后面白，泪双垂如玉箸。唐李绛为华州刺史，李班见之曰："日角珠庭，非庸人相。"〇箸，音住。③《左》：襄公二年，郑子驷请息肩于晋。是岁，公有疾，子驷欲避楚役以从晋，故以负担为喻，而请息肩于晋。《汉书》：杨震孙奇，立朝刚直。灵帝曰："卿强项，真杨震子孙也。"④宋丁谓为参政，宰相寇准荐之，得致通显，虽同列而事准甚恭。尝会食中书，羹污准须，谓徐起拂之。准笑曰："参政国之大臣，乃为人拂须耶？"谓大惭，遂成隙。北齐史：彭乐与周文战，被刺肠出，纳之不尽，截去复战。⑤聂夷中诗："二月卖新丝，五月粜新谷。医得眼前疮，剜却心头肉。"《汉书》：高祖数项羽十罪，羽怒，伏弩射高祖，伤胸，高祖扪足曰："贼中吾指。"因病创卧，张良强请起行劳军，以安士心。〇剜，音宛。⑥《汉书》：韩信平齐，使人言于高祖曰："齐伪诈多变，反覆之国也，南边楚，不为假王以镇之，其势不定。请为假齐王以镇之。"时楚方围汉于荥阳，韩信使至，帝发书大怒，张良、陈平蹑足附耳曰："今汉方不利，宁禁信之王乎？不如因而立之，使自为守。"汉东方朔遇老母采桑于海滨，有黄眉翁曰："此昔为吾妻，吾知食吞气已九千余岁，三千一返骨洗髓，二千一剥皮伐毛，吾已三洗髓五伐毛矣。"⑦《宋史》：尹继伦大败契丹于徐河，众皆惊溃。兵卒早居相戒曰："当避黑面大王。"《宋史》：傅尧俞论事君前，略无回隐。及卒，太后谓辅臣曰："傅侍郎金玉君子也，方倚以为相，遂至于是乎。"⑧晋嵇康长七尺八寸，好容貌，虽土木形骸，不自藻饰，而龙章凤姿，天质自然。唐宋璟相明皇，封广平郡公。皮日休著《桃花赋》，其序云："余尝慕宋广平之为相，贞姿劲质，刚态毅状，疑其有铁肠石心，不解吐婉媚辞。"

眉，叙契阔曰久违颜范。^①请女客曰奉迓金莲，邀亲友曰敢攀玉趾。^②

4 侏儒谓人身矮，魁梧称人貌奇。^③龙章凤姿，庙廊之彦；獐头鼠目，草野之夫。^④恐怯过甚，曰畏首畏尾；感佩不忘，曰刻骨铭心。^⑤貌丑曰不飏，貌美曰冠玉。^⑥

注释：①唐元德秀字紫芝，退隐山中，不为墙垣。岁饥，日或不食，以弹琴自娱，房琯每见叹曰："见紫芝眉宇，令人名利之心都尽。"契阔，隔远之意。范，是陶冶之模。有道之人，貌可为模，故曰颜范。〇挹，音揖。②金莲，注详《女子》。《左》：齐孝公伐鲁，公使展喜犒师，曰："寡君闻君亲举玉趾，将辱于敝邑。"③汉东方朔自以为禄薄，乃绐侏儒曰："上欲杀汝等。"侏儒言于帝，帝召朔问之。朔曰："侏儒长三尺，月俸一囊粟；臣长九尺余，月俸亦一囊粟。侏儒饱欲死，臣饥欲死。"上稍亲幸。《左》：孟尝君之赵，赵人争出观之，笑曰："始以薛公为魁梧也，今观之，渺小丈夫耳。"〇侏儒，音诸儒。矮，隘上声。④《唐书》：太宗幼时，书生见之曰："龙凤之姿，天日之表，其年弱冠，必能济世安民。"唐苗晋卿欲荐元载，李揆轻载地寒，谓晋卿曰："龙章凤姿士不见用，獐头鼠目子乃求官耶？"载闻衔之。〇獐，音张。⑤《左》：郑子家与赵宣子书曰："古人有言曰：'畏首畏尾，身其余几。'"李白《上李长史书》："刻铭心骨。"⑥《左》：昔贾大夫恶，娶妻而美，其妻三年不言不笑。为之御车，以如皋泽，射雉获之，其妻始笑而言。贾大夫曰："才之不可以已。我不能射，汝遂不言不笑。今子少不飏，子若不言，吾几失子矣。言之不可已也如是。"遂如故知。汉陈平貌美，如冠上之玉。张负以女孙妻之，曰："岂有美如陈平而长贫贱者乎？"后事高祖，六出奇计，封曲逆侯。〇飏，音扬。

张良像

东方朔像

足跛曰蹒跚，耳聋曰重听。^①期期艾艾，口讷之称；喋喋便便，言多之状。^②可嘉者小心翼翼，可鄙者大言不惭。^③腰细曰柳腰，身小曰鸡肋。^④笑人齿缺，曰狗窦大开；讥人不决，曰首鼠偾事。^⑤口中雌黄，言事而多改移；皮里春秋，心中自有褒贬。^⑥唇亡齿寒，谓彼此之失依；足上首下，谓尊卑之颠倒。^⑦所为得意，曰吐气扬眉；待人诚心，曰推心置腹。^⑧

注释：①《史记》："予苦蹒跚。"〔释〕蹒跚，足疾也。汉黄霸为颖川太守，许丞为长史，多病耳聋。郡录事禀霸欲逐之，霸曰："许丞廉吏，重听何伤？"○跛，波上声。蹒跚，音盘姗。聋，音龙。重，音虫。②《汉书》：高祖欲易太子，周昌诤之，上问其说，昌为人口吃，盛怒曰："臣口不能言，然期期知其不可。陛下欲易太子，臣期期不奉诏。"上欣然而笑，太子始定。魏邓艾口吃，每自称必重曰："艾艾。"晋文帝戏之曰："卿云艾艾，定是几艾？"对曰："凤兮凤兮，故是一凤。"汉张释之从文帝登虎圈，帝问上林尉诸禽兽簿，尉不能对，虎圈啬夫代对甚悉。上欲拜为上林令，释之曰："周勃、张相如称为长者，两人言事曾不能出口，岂效啬夫喋喋利口捷给哉？今以啬夫口辩而超迁之，臣恐天下随风而靡，争口辩而无其实。帝曰："善。"便便，明辩也。○期，音鸡。讷，奴骨切。喋，音谍。便，平声。③《诗》："维此文王，小心翼翼。"《论语》："其言之不怍。"④柳腰，注详《女子》。晋刘伶尝与俗人相忤，其人攘袂而起，必欲击之。伶和其色曰："鸡肋岂足以当尊拳。"其人笑而止。○肋，音勒。⑤晋张玄祖八岁齿缺，先达戏之曰："君口何为大开狗窦？"玄祖曰："正使君等从此中出人。"《汉书》："首鼠两端。"〔释〕鼠性多疑，出穴一进一退，不能自决。偾，败也。⑥晋王夷甫善谈老庄义理，有所未妥，随即更改，人号为"口中雌黄"。〔释〕古人用黄纸写字，有误以雌黄涂之。晋褚裒少有盛名，桓彝见之曰："褚裒有皮里春秋。"⑦《左》：晋欲伐虢，道经于虞，乃以璧、马假道于虞，虞公许之。宫之奇谏之曰："虢，虞之表也。虢亡，虞必从之，谚所谓辅车相依，唇亡齿寒者，其虞虢之谓也。"《治安策》："足反居上，首顾居下，倒悬如此，莫之能解，犹为国有人乎？"⑧李白《与韩朝宗书》："今天下以君侯为文章之司命，人物之权衡，一经品题，便作佳士。何惜阶前盈尺之地，不使白扬眉吐气，激昂青云耶？"《宋史》：宋太祖赐恩敕侯刘钅厄酒，钅厄疑其有毒，上笑曰："朕推赤心置人腹中，安有此事耶？"

5 心慌曰灵台乱，醉倒曰玉山颓。① 睡曰黑甜，卧曰息偃。② 口尚乳臭，谓世人年少无知；三折其肱，谓医士老成谙练。③ 西子捧心，愈见增妍；丑妇效颦，弄巧反拙。④ 慧眼始知道骨，肉眼不识贤人。⑤ 婢膝奴颜，谄容可厌；胁肩谄笑，媚态难堪。⑥ 忠臣披肝，为君之药；妇人长舌，为厉之阶。⑦ 事遂心曰如愿，事

注释：①《庄子》："万恶不可纳于灵台。"晋山涛曰："嵇叔夜为人，岩岩若孤松之独立。其醉也，如玉山之将颓。"〔释〕玉山，头也。②东坡《发广州》诗："三杯软饱后，一枕黑甜余。"《诗》："或尽瘁事国，或息偃在床。"③汉魏王豹作乱，高祖以韩信击之，问郦食其曰："魏大将为谁？"对曰："柏直。"上曰："是儿口尚乳臭，安能当吾韩信。"《左》：晋范氏、中行氏将伐晋定公。齐高强曰："三折肱知为良医，唯伐君为不可，民弗与也。我以伐君居此矣。"〔释〕三折其臂，历病多者，始知治疗，成良医也。○谙，音庵。④注详《女子》。○妍，音延。颦，音贫。⑤《金刚经》："如来有慧眼。"《撼言》：郑光业策试，夜有同试之人突入，笑语曰："可相容否？"业为铺床止宿。又曰："烦取一勺水，更煎一碗茶。"业欣然取水煎茶。及业中状元及第，其人启谢曰："既取一勺水，更煎一碗茶，当时不识贵人，凡夫肉眼；今日俄为后进，穷相骨头。"⑥陆龟蒙《散人歌》："奴颜婢膝真乞丐，反以正直为狂痴。"曾子曰："胁肩谄笑，病于夏畦。"⑦江文蔚为御史，披肝沥胆，弹劾权奸。传写碑文，一时纸贵。《家语》："良药苦口而利于病，忠言逆耳而利于行。"《诗》："妇有长舌，维厉之阶。"〔释〕长舌，多言也。厉，祸也。阶，梯也。

西施郑旦图 清·吴友如

可愧曰汗颜。① 人多言曰饶舌，物
堪食曰可口。②

6 泽及枯骨，西伯之深仁；灼艾
分痛，宋祖之友爱。③ 唐太宗为臣
疗病，亲剪其须；颜杲卿骂贼不
辍，贼断其舌。④ 不较横逆，曰置之
度外；洞悉虏情，曰已入掌中。⑤

注释：①《录异记》：庐陵有商人欧明，道经彭泽湖，每以舟中所有投湖中。忽一吏来候曰："青洪君感君有礼，特相请。"明怯，吏曰："无怯，若有所赠，君勿取，但求如愿耳。"明既见，乃求如愿，青洪君因出一婢名如愿，与之。既归，所求辄得，家致巨富。韩愈《祭柳子厚文》："不善为斫，血指汗颜；巧匠旁观，缩手袖间。"②《传灯录》：闾丘胤牧丹阳，忽头痛，丰干咒水喷之，立愈。胤异之，乞一言示此去安危。丰干曰："到任可谒文殊、普贤，在国清寺执爨洗器者寒山、拾得也。"胤访之，见二人围炉笑语。寒山执胤手曰："丰干饶舌也。"《庄子》："三皇五帝之礼义法度，如楂梨橘柚，其味相反，而皆可于口也。"③西伯，周文王也。凿沼得枯骨，命吏葬之。天下闻之曰："西伯泽及枯骨，况于人乎！"灼艾，注详《兄弟》。④唐李勣得疾，医曰："龙须灰可治。"太宗自剪须为之和药治之，愈。勣顿首谢，上曰："为社稷，非为卿也。何谢之有？"颜杲卿为常山太守，时安禄山乱，贼将史思明陷常山，杲卿被执，瞋目骂贼不住口。禄山怒，命断其舌，喷血而死。⑤疗，音料。杲，音稿。⑤汉史：光武杀王莽中兴，积苦兵间。时惟隗嚣据天水，公孙述据蜀未平。谓诸将曰："且置此二子于度外。"晋刘裕伐南燕，燕兵不出，裕喜形于色。左右曰："未见敌而先喜，何也？"裕曰："兵已过险，士有必死之志；余粮栖亩，人无匮乏之忧。贼已入吾掌中矣。"

周文王泽及枯骨图　明·《帝鉴图说》

马良有白眉，独出乎众；阮籍作青眼，厚待乎人。① 咬牙封雍齿，计安众将之心；含泪斩丁公，法正叛臣之罪。② 掷果盈车，潘安仁美姿可爱；投石满载，张孟阳丑态堪憎。③ 事之可怪，妇人生须；人所骇闻，男人诞子。④ 求物济用，谓燃眉

注释：①马良，注详《兄弟》。晋阮籍能为青白眼，见俗客则以白眼对。居母丧，嵇喜往吊，籍作白眼。喜弟康闻之，挟琴赍酒造焉，籍大悦，见青眼。②汉史：高祖大封同姓诸侯二十余人，其余日夜争功不决。上见诸将往往坐沙中偶语，上问："何语？"张良曰："此谋反耳。"上曰："奈何？"良曰："上生平所憎，谁最甚？"上曰："雍齿与我有故怨，数窘辱我。"良曰："急先封雍齿，则人人自坚矣。"于是封雍齿为什方侯，群臣皆喜曰："雍齿且侯，我属无患矣。"丁公为项羽将，逐高祖于彭城西。高祖急，顾谓丁公曰："两贤岂相厄哉？"丁公遂引兵还。及项王灭，丁公谒见高祖，高祖曰："丁公为项王臣不忠。"遂斩之。③《世说》：潘岳字安仁，美丰姿，每出市，妇女爱之，掷以佳果，盈车而归。张孟阳貌甚丑，每出市，小儿以瓦石投之，委顿而返。○掷，呈入声。④北宋史：宣和五年，都城酒肆朱氏之妻，年四十，忽生须，长六七寸，宛如男子。《宋史》：都城有卖青果男子，孕而生子，蓐母不能收，易七人，始娩而逃去。

梦笔生花图 清·周慕桥

139

之急；悔事无成，曰噬脐何及。① 情
不相关，如秦越人之视肥瘠；事当
探本，如善医者只论精神。②

无功食禄，谓之尸位素餐；谤
劣无能，谓之行尸走肉。③ 老当益
壮，宁知白首之心；穷且益坚，不
坠青云之志。④ 一息尚存，此志不容
少懈；十手所指，此心安可自欺。⑤

注释：①《三国志》：吴张昭谓诸葛亮曰："久闻先生居隆中，每自比管仲、乐毅。今玄德得先生，乃弃新野，走樊城，奔当阳，走夏口，有燃眉之急，岂有管、乐万分之一耶？"《左》：楚文王伐申过邓，邓侯曰："吾甥也。"止而享之。雉甥、聃甥、养甥请杀楚子，邓侯弗许。三甥曰："亡邓国者，此人也。若不早图，后君噬脐。"〔释〕噬，啮也。○噬，音誓。②《诤臣论》：视政之得失，若越人视秦人之肥瘠，忽焉不加喜戚于其心。○瘠，音脊。③《书》："太康尸位。"（按）凡祭，以一人端坐而为祭之主曰尸。尸位，言居任无功，如祭祀之尸，居位无事也。《诗》："彼君子兮，不素餐兮。"〔释〕素，空也。餐，食也。《拾遗记》：好学者虽死若存，不学者虽存，行尸走肉耳。〔释〕行尸，如死尸而能行。走肉，如死肉而能走也。○谤，音剪。④《滕王阁序》："呜呼！时运不齐，命途多舛。所赖君子安贫，达人知命。老当益壮，宁知白首之心；穷且益坚，不坠青云之志。⑤一呼一吸为一息，出《论语》"死而后已"注。《大学》："十目所视，十手所指。"

古贤诗意图之东山晏饮　明·杜堇

【增】高台曰头，广宅云面。① 顿殊于众，须号于思；迥异乎人，指生骈拇。② 何平叔面犹傅粉，秦庄公颜若渥丹。③ 古尚书头尖似笔，偏擅英称；张太仆腹大如瓠，更垂好誉。④ 可作生民主，刘曜垂五尺之髯；能为帝者师，张良掉三寸之舌。⑤ 维翰一尺面，宰相奇形；比干

注释：①佛经："头为高台，面为广宅。"又："头为昆仑，顶若三台。"②《左》：华元多须，伐郑，为郑败。宋人歌曰："于思于思，弃甲复来。"〔释〕于思，多须貌。《庄子》："骈拇枝指，岂性也哉？"〔释〕骈拇，足拇指连二指也。枝指，手六指也。○骈，音鞭。拇，谋上声。③魏何平叔美姿容，面绝白。明帝疑其傅粉，夏月赐以汤饼，啖之汗出，随以朱衣自拭，色转白。帝始信之。秦人美庄公诗："颜如渥丹，其君也哉。"④后魏古弼为尚书令，头尖似笔，世祖常名之曰"笔头"。时人因呼为"笔公"。汉张仓为太仆，当斩，解衣伏锧，腹大如瓠。王陵言于沛公，赦之。○瓠，音胡。⑤晋史：刘曜身长九尺三寸，垂手过膝，目有赤光，髯须百余茎而长五尺余。《史记》：留侯乃称曰："家世相韩，韩灭，不爱万金之产，为韩报仇强秦，天下震动。今以三寸舌为帝者师，封万户，位列侯，此布衣之极，于良足矣。愿弃人间事，欲从赤松子游耳。"

斮胫剖心图 清·《钦定书经图说》

囚奴正士图 清·《钦定书经图说》

七窍心，忠臣异蕴。①

英雄当自别，金云寇莱公鼻息如雷；俊杰却非凡，始信王濬冲目光若电。② 垂肩耳大，刘先主毕竟兴王；盖胆毛深，德谦师自当成佛。③ 岳公刺背间之字，愈见心忠；英布黥面上之痕，何嫌貌丑。④ 苏

注释：①五代桑维翰身短而面长，尝临镜自奇曰："七尺之身，不如一尺之面。"后乃为相。《通鉴》：纣无道，比干谏之，纣怒曰："吾闻圣人心有七窍。"命剖而视之，果然。②《宋史》：寇准澶渊之征，真宗使人观其动静。公方熟睡，鼻息如雷。真宗曰："渠安枕如此，必有胜算也，朕何忧！"晋王戎字濬冲，生而颖异，神彩秀发，目甚清照，视日不眩。裴楷见而异之，曰："戎眼烂烂如岩下电。"③刘先主有奇相，耳大垂肩，人目之为大耳儿。《德谦大师语录》：一僧拜师曰："三日不相见，莫作旧时看。"师拨开胸云："你道我这里有几茎盖胆毛？"僧无语。④赵宋岳飞悯宋室倾覆，欲恢复之，背上刺"尽忠报国"四字。秦桧忌其功，杀之。人吊以诗云："矫诏遽成三字狱，涅忠辜负一生心。"汉英布有奇相，相者曰："当刑而王。"后有罪，面黥，人号黥布。佐汉高祖定天下，封九江王。○黥，音擎。

君臣鱼水图　明·《帝鉴图说》

生正直，膝岂容佞士作枕头；林蕴精忠，项不使顽奴为砥石。① 彦回之髯似戟，岂为乱阶；李瞻之胆如升，不亏大节。②

张睢阳鼓烈气，握拳透爪；鲁仲连喷义声，嚼齿穿龈。③ 党进虽然大腹，非多算之人也；李纬徒有好须，不足齿之伧欤。④

注释：①魏史：苏则为人正直，董昭尝枕其膝，则推下之，曰："苏则膝非佞人枕"。《唐书》：刘辟反，林蕴以义责之。辟怒，欲杀之，惜其直，阴戒刑人磨刀于头，胁服之。蕴叱曰："死便死，我头岂顽奴砥石耶！"○蕴，氲去声。②《南史》：褚彦回夜宿阁中，公主就之，回不敢动。主曰："公髯如戟，何得无丈夫气。"曰："回虽不敏，不敢首为乱阶。"《南史》：侯景乱，李瞻起兵，为贼所执，正色自若。及剖腹，见其胆大如升。③《唐书》：张睢阳根贼，握拳透爪。《东坡帖》：张睢阳骂贼，嚼齿穿龈。颜平原死不忘君，握拳透爪。《史记》：鲁仲连骂贼，嚼齿穿龈。○龈，音银。④赵宋大将军党进，食饱扪腹叹曰："我不负汝。"左右曰："将军不负此腹，此腹乃负将军。"〔释〕谓其少出智虑。唐李纬拜尚书，房玄龄曰："此人好须。"太宗闻之，知其无能也，改洛州刺史。

鲁仲连像

党进像

yī　　fú

衣　服　新增文十二联

月曼清游图　清·陈枚

① 冠称元服，衣曰身章。①曰弁曰冔曰冕，皆冠之号；曰履曰舄曰屣，悉鞋之名。②上公命服有九锡，士人初冠有三加。③簪缨缙绅，仕宦之称；章甫缝掖，儒者之服。④布衣即白丁之谓，青衿乃生员之称。⑤

葛屦履霜，诮俭啬之过甚；绿衣黄里，讥贵贱之失伦。⑥上服曰衣，下服曰裳；衣前曰襟，衣后曰裾。⑦敝衣曰褴褛，美服曰华裾。⑧襁褓乃小儿之衣，弁髦亦小儿之饰。⑨左衽是夷狄之服，短后是武

注释:①《释名》:冠居首,故曰元服。《周书》:武王将加元服,周公使人来零陵,取文竹为冠。《身章撮要》:衣服,身之章也。古者未有丝麻,多以鸟兽之羽皮为衣。羲皇而降,衣裳之制始兴。《诗》:"常服黼冔。"〔释〕冔,殷冠名。②《冠义》:周冕殷冔夏弁也。《诗》:此三加之爵弁也。《通典》:黄帝初作冕,前有垂旒,示不邪视也;旁有鈗纩,示不怀谗;后仰前俯,主于恭也。《身章撮要》:履所以拘足也。朝服曰履,祭服曰舄,燕服曰屣。○弁,音便。舄,音昔。屣,音徙。③《礼纬》:礼有九锡:一舆马,二衣服,三乐则,四朱户,五纳陛,六虎贲,七弓矢,八铁钺,九秬鬯。《冠义》:适子冠于阼,以著代也。醮于客位,三加弥尊。冠而字之,敬其名也。〔释〕三加:始加缁布冠,再加皮弁,三加爵弁。④簪,首笄也。缨,冠索也。缙绅,注详《文臣》。《家语》:鲁哀公问于孔子曰:"夫子之服,其儒服欤?"对曰:"丘少居鲁,衣缝掖之衣;长居宋,冠章甫之冠。丘闻之,君子之学也博,其服也乡俗,丘未知其为儒服也。"○掖,音亦。⑤布衣,贱时服也。《诗》:"青青子衿。"〔释〕以青色衿衣领也。⑥《诗》:"纠纠葛屦,可以履霜。"〔释〕夏用葛屦,冬用皮履。霜,非用葛屦之时也。《诗》:"绿兮衣兮,绿衣黄里。"〔释〕间色,贱而反以为衣。黄,正色,贵而反以为里。盖因卫庄公惑于嬖妾,夫人庄姜贤而失位,故以此比贱妾尊显,而正嫡幽微也。○屦,音踞。⑦《白虎通》:衣,隐也。裳,障也。所以隐形自蔽障也。宋玉赋:"披襟以当雄风。"〔释〕襟,衣前衽也。《邹阳传》:何王之门不可曳长裾乎?〔释〕裾,衣后幅也。○裾,音居。⑧《左》:晋栾武子曰:"楚之先君,筚路褴褛,以启山林。"李贺赋《高轩过》云:"华裾织翠青如葱。"〔释〕华,荣也。裾,衣胜貌。○褴褛,音蓝吕。⑨史:武王崩,成王少,在襁褓之中,周公践阼摄政,代成王当国,负扆以朝诸侯。〔释〕襁褓:以约小儿于背者。童子垂髦而冠,必以弁,盖缁布冠,谓之弁髦。三加成礼后,弃其始冠缁布冠不用。故蔑弃法制者,亦谓之弁髦。○襁,居仰切。褓,音保。髦,音毛。

夫之衣。^①

❷ 尊卑失序，如冠履倒置；富贵不归，如衣锦夜行。^②狐裘三十年，俭称晏子；锦幛五十里，富美石崇。^③孟尝君珠履三千客，牛僧孺金钗十二行。^④千金之裘，非一狐之腋；绮罗之辈，非养蚕之人。^⑤

注释：①《蜀志》：孔明废廖立为民，后立闻孔明卒，泣曰："吾终左衽矣。"〔释〕衽，衣襟也。潘正叔《乘舆箴》："耕父推畔，渔竖让陆。樵夫耻危冠之饰，舆台笑短后之服。"②史：明太祖檄中原语曰："元以北夷入主中国，此岂人力，实乃天授。然达人志士，犹有冠履倒置之羞。"《史·项羽本纪》：羽屠咸阳，见秦宫室皆已烧毁，因思东归，曰："富贵不归故乡，如衣锦夜行。"③《家语》：孔子曰："晏平仲祀其先祖而豚肩不掩豆，一狐裘三十年。贤大夫也，而难为下。"《世说》：晋石崇与王恺各以豪侈相矜。恺以饴澳釜，崇以蜡代薪。恺作紫丝步障四十里，崇作锦步障五十里。④齐孟尝君好贤，士多归之。门下尝有三千余人，皆以珠饰履，故曰珠履客。白乐天酬牛僧孺诗："钟乳三千两，金钗十二行。"〔释〕钟乳三千，言其药之贵。金钗十二，言其宠妾之多。⑤《说苑》：千金之裘，非一狐之腋也。廊庙之椽，非一木之枝也。《蚕妇》诗："昨日到城廓，归来泪满襟。遍身绮罗者，不是养蚕人。"

胆识绝伦图　明·《瑞世良英》

孟尝君像　明·陈洪绶

贵者重裀叠褥，贫者裋褐不完。①
卜子夏甚贫，鹑衣百结；公孙弘甚俭，布被十年。②南州冠冕，德操称庞统之迈众；三河领袖，崔浩羡裴骏之超群。③虞舜制衣裳，所以命有德；昭侯藏敝袴，所以待有功。④

3

唐文宗袖经三浣，晋文公衣不重裘。⑤衣履不敝，不肯更为，世称尧

注释：①《家语》：子路既贵，累裀重褥而坐，叹曰："兹欲负米于百里之外，其可得乎？"《贡禹传》：糠豆不赡，裋褐不完。〔释〕裋褐，毛布衣也。○裀，音因。②《荀子》：卜子夏家贫，徒有四壁，衣若悬鹑。〔释〕鹑，小鸟名。《逸士传》：董京隐居白社，以残絮缕帛为衣，号为百结衣。汉史：公孙弘以文学对策，武帝擢为第一。召入见，状貌甚丽，拜为博士。凡所建言，上多大悦。弘为人恢奇，多闻博学，以俭约名。常谓"人主病不广大，人臣病不节俭"。为布被，食不重肉。每朝议，开陈其端，令人主自择，不肯面折廷诤。上大悦之。○鹑，音纯。③《蜀志》：庞统少时，往见司马德操。德操采桑树上，与统谈论，自昼至夜。德操异之曰："生当为南州士人冠冕。"《北史》：裴骏仕魏太祖为中书博士，陈叙事宜，上大悦之。上谓崔浩曰："骏，三河之领袖也。"④《书》："舜曰：'……予欲观古人之象，日、月、星、辰、山、龙、华、虫、作会、宗彝、藻、火、粉、米、黼、黻、绨、绣，以五采彰施于五色，作服。'"史：韩昭侯有敝袴，命藏之。侍者曰："何不赐左右？"昭侯曰："吾闻明主爱一嚬一笑，兹袴岂特嚬笑哉？吾必待有功者。"⑤《唐书》：文宗尝举衫袖示群臣曰："此衣已三浣矣。"众皆美其俭德。《尹文子》：昔晋国苦奢，文公以俭矫之，乃衣不重裘，食无兼味。未几，而国人皆大布之衣，脱粟之食。○浣，音缓。重，平声。

秦宫狗盗图 清·周慕桥

147

帝；衣不经新，何由得故，妇劝桓冲。①王氏之眉贴花钿，被韦固之剑所刺；贵妃之乳服诃子，为禄山之爪所伤。②姜氏翁和，兄弟每宵同大被；王章未遇，夫妻寒夜卧牛衣。③缓带轻裘，羊叔子乃斯文主将；葛巾野服，陶渊明真陆地神仙。④服之不衷，身之灾也；缊袍不耻，志独超欤。⑤

注释：①《尧帝本纪》：布衣掩形，鹿裘御寒。衣履不敝，不便为也。桓冲，注详《夫妇》。②韦固遇老人月下检书，固问何书，答曰："天下婚牍。"固问："吾妻安在？"老人曰："君妇三岁，城北卖菜陈妪女也。"固往视，女甚陋，使奴刺女，中眉。后十四年，相州刺史王泰妻以女，眉间常贴花钿，固问之，女曰："妾郡守之侄女也，父终宋城宰。襁褓时，乳母鬻蔬以给，为贼所刺，痕尚在耳。"杨贵妃与安禄山私通，禄山以爪伤妃之乳，妃泣曰："吾私汝之过也。"恐帝见之，乃绣胸服掩之，名为诃子。○钿，音田。诃，音呵。③姜氏，注详《兄弟》。汉王章家贫，病卧牛衣中，泣与妻诀。妻曰："京师尊重，谁逾君？何不激昂，涕泣何也？"后为京兆尹。〔释〕牛衣，编草为之，以覆牛者。④晋武帝有灭吴之志，以羊祜都督荆州，镇襄阳军。祜务恩怀吴人。身不披甲，轻裘缓带，优游山水，铃阁之下，侍�御不过十数人，人称为斯文主将。晋陶渊明不仕宋，为晋处士。家虽贫乏，一毫不索于人。性嗜酒，每葛巾野服，对菊饮酒，忘怀得失，人称为陆地神仙。⑤《左》：郑子臧出奔宋，好聚鹬毛为冠。郑伯闻而恶之，使盗诱杀之。君子曰："服之不衷，身之灾也。"〔释〕衷，适也。谓服不适宜也。《论语》："子曰：'衣敝缊袍，与衣狐貉者立，而不耻者，其由也欤。'"

东篱赏菊图 明·唐寅

【增】制豸作法冠，裁荷为隐服。①
王乔属仙令，凫飞天外之舄；李后
是娇姝，钗化宫中之燕。②肌生银
粟，是谁寒赠紫驼尼；肩耸玉楼，
有客暖捐红衲袄。③精忠膺主眷，
狄仁杰披金字之袍；阴德有天知，
裴晋公还纹犀之带。④军中狐帽，

注释：①法冠，獬豸冠也。獬豸，一角，能触邪，故御史獬豸冠。《楚辞》："制芰荷以为衣。"②汉显宗时，王乔为叶令，有神术。每朔望朝，帝怪其来数，不见车骑，密令太史伺之。言其临至，有双凫从南飞来，于是举罗张之，但得双舄。诏尚方视，则所赐尚方履也。汉武帝李夫人有姿色，帝爱之，赐以白玉钗，藏之匣中。一日开匣，化为玉燕而去。③黄山谷诗："饥蒙青精饭，寒赠紫驼尼。"〔释〕紫驼尼，番褐也。张平子春日与友人偕行，尽卸其衲袄，客曰："恐流鼻白耳。"平子曰："春入玉楼，不脱此，恐流鼻红耳。"〔释〕玉楼，肩也。○驼，音陀。④狄仁杰既悟武后疏侄全子，武后重之，特制金字十二于袍赐之，以旌其忠。《摭言》：裴度游香山寺，有一女假得玉带以救父，过寺，挂楣上祷神，遗忘而去，度追还之。后封晋公，人以为阴德所致。

王乔　清·《绘图历代神仙传》

仁杰瞻云　清·《孝经传说图解》

沈庆之镇压貔貅；滩上羊裘，严子陵傲睨轩冕。① 通天带，顿输严续之姬；鹔鹴裘，为贳相如之酒。②

高人能洁己，飘飘挂神武之冠；乐士共摩肩，济济看马嵬之袜。③ 晋怀以青衣行酒，事丑万年；光武以赤帻起兵，名芳千古。④ 有

注释：①宋沈庆之讨沔北山蛮，大破之，群蛮皆稽颡。庆之患头风，尝戴狐皮帽，群蛮畏之，号"苍头公"。《汉书》：严子陵身披羊裘，钓富春山，光武物色求之。○貔貅，音皮休。滩，音炭。睨，音宜。②《南唐遗事》：严续相公姬，裴皞给事通天犀带，皆一代尤物。严出姬，裴出带，呼卢赌之。裴采胜，严怅然以姬与之。《西京杂记》：司马相如与卓文君还成都，居贫愁懑，以所服鹔鹴裘就市贳酒，与文君为欢。〔释〕鹔鹴，鸟名，以其羽毛织为裘。贳，贷也，又赊也。○鹔鹴，音速霜。贳，音世。③《南史》：陶弘景挂冠神武门，不仕而归。贵妃死于马嵬驿，有老妪得锦袄袜一只，士人争以钱求看，每观百钱，前后获钱无数。④晋怀帝为刘聪所执，使之青衣行酒。汉光武初起义兵，军士持弓弩，皆以绛衣赤帻。

卓文君

卓文君 清·吴友如

女遗王濛之新帽，谁人换季子之敝裘。^①韦绶寝覆缬袍，荣施若此；祭遵贫衣布裤，廉洁何如。^②晋君不忍浣征袍，留彼嵇侍中之血；唐士未须裁道服，重他张孝子之缣。^③汉王制竹籍之冠，威仪自别；闵子衣芦花之絮，孝行纯全。^④

注释：①晋王濛美姿容，出市中，群姬爱之，见其帽破，争遗以新帽。《史记》：李兑遗苏秦黑貂裘一领，入秦，不遇而归。黑貂裘敝，累累然如丧家之狗。○濛，音蒙。②《唐书》：韦绶受翰林学士，德宗幸其院，韦妃从。会绶方寝，学士郑絪欲驰告之，帝不许。时天寒，以妃蜀缬袍覆之而去，其宠遇如此。汉祭遵忧国奉公，家无私财，身自衣布袴。○缬，絮入声。③嵇绍汤阴之败，百官散溃，绍独以身捍卫惠帝，遂被害，血溅御衣。事定，左右请帝浣其衣，帝流涕曰："此嵇侍中血，勿浣也。"唐韩思彦为孝子张僧彻作墓志，馈之缣二百，彦为受一匹，救家人曰："此孝子缣，勿轻用也。"○缣，音兼。④汉祖微时，以竹籍为冠戴之，人号竹皮冠。〔释〕籍，笋皮也。闵子骞，后母待之薄。冬月，衣己子绵，衣骞以芦花。父知之，欲出其母，骞跪泣曰："母在一子寒，母去三子单。"○籍，音托。

闵子骞单衣顺母图　清·王素

携琴观瀑图　明·沈硕

卷

三

鸿蒙奇遇图　明·谢时臣

1 《大学》首重夫明新，小子莫先于应对。① 其容固宜有度，出言尤贵有章。② 智欲圆而行欲方，胆欲大而心欲小。③ 阁下足下，并称人之辞；不佞鲰生，皆自谦之语。④ 恕罪曰原宥，惶恐曰主臣。⑤

大春元大殿选大会状，举人之称不一；大秋元大经元大三元，士人之誉多殊。⑥ 大掾史，推美吏员；大柱石，尊称乡宦。⑦

注释：①《大学》："大学之道，在明明德，在新民，在止于至善。"《曲礼》："侍坐于先生，先生问焉，终则对。请业则起，请益则起。父召无诺，先生召无诺，唯而起。"②《记》："足容重，手容恭，目容端，口容止，声容静，头容直，气容肃，立容德，色容庄。"《诗》："其容不改，出言有章。"③孙思邈曰："智欲圆而行欲方，胆欲大而心欲小。"④《因话录》：古者三公开阁，郡守亦有阁，故皆称阁下。○介子推隐于绵山，文公求之不出，命人赭其山，推抱树而死。文公以所抱树为履著之，每顾履辄痛曰："悲乎足下！"足下之称始此。○乐毅《报燕王书》："臣不佞，不能奉承王命。"〔释〕不佞，即不才也。○《汉书》：项羽至函谷关，闻沛公已定关中，大怒，飨士卒，期旦且击沛公。羽季父项伯，素善张良，夜驰告，欲与俱去。良曰："臣事沛公久，今有急而去，不义。"良乃入告沛公，公大惊。良曰："谁为公画此计者？"公曰："鲰生。"〔释〕鲰生，小人也。⑤《陈平传》：孝文帝以决狱，岁钱问宰相陈平，平曰："有主者在。"上曰："苟各有主，而君所主者何事也？"平谢曰："主臣！宰相上佐天子理阴阳，顺四时，下遂万物之宜，外镇抚四夷，内亲附百姓，使卿大夫各得任其职也。"上称善。〔释〕主臣者，言臣对主上恐怯也。⑥春元，以会试在春。殿选，以殿陛所选也。会状，则兼会元状元也。秋元，以乡试在秋。经元，以五经之首。三元者，解、会、状也。⑦汉制，曹官为掾，有决曹掾、贼曹掾、公府掾，亦称大佐理。汉史：田延年谓霍光曰："将军为国柱石。"《陆凯传》：宰相国家柱石。〔释〕柱石，即栋梁之义。大柱石，亦称大柱国。○掾，音砚。

杨柳青木版年画·
教五子名俱扬

2

贺入学曰云程发轫，贺新冠曰元服加荣。①贺人荣归，谓之锦旋；作商得财，谓之稇载。②谦送礼曰献芹，不受馈曰反璧。③谢人厚礼曰厚贶，自谦礼薄曰菲仪。④送行之礼，谓之赆仪；拜见之贽，名曰贽敬。⑤

贺寿仪曰祝敬，吊死礼曰奠仪。⑥请人远归曰洗尘，携酒送行

注释：①《冯衍传》："发轫新丰兮，徘徊镐京。"〔释〕轫，支碍车轮之木也，去轫则轮动而车行。元服，注详《衣服》。○轫，音仞。②锦旋，谓衣锦绣而回也。《国语》："稇载而归。"〔释〕稇，束也。言束财物而归也。稇载，又曰满载。○稇，音悃。③嵇叔夜《与山涛书》："野人有食芹而味美者，欲献之至尊。虽有区区之意，亦已疏矣。"反璧，注详《身体》。④贶，赐也。菲，薄也。仪，礼也。⑤《孟子》："行者必以赆。"古者见天子之礼，诸侯世子执缫，孤执玄，附庸之君执黄，卿执羔，大夫执雁，士执雉。皆所以为执而见者。《左》："男贽，大者玉帛，小者禽鸟。……女贽，不过榛、栗、枣、脩。"⑥祝，即华封三祝之意。注详《朝廷》。奠，祭也。

江亭饯别图 明·杜琼

日祖饯。① 犒仆夫，谓之旌使；演戏文，谓之俳优。② 谢人寄书，日辱承华翰；谢人致问，日多蒙寄声。③ 望人寄信，日早赐玉音；谢人许物，日已蒙金诺。④ 具名帖日投刺，发书函日开缄。⑤ 思慕久日极切瞻韩，想望殷日久怀慕蔺。⑥ 相识未真，日有半面之识；不期而会，日邂逅之缘。⑦

注释：①洗尘，言洗涤其所冒风尘也。又曰濯足。颜师古云：昔黄帝之子名累祖，好远游，死于道，后人祀之为行神。行者必祭，祭毕，送者与行者饮于其侧，故曰祖饯。○饯，音荐。②犒，饷军也。旌，赏也。旌使者，谓旌奖其来人。夏桀既弃礼法，求倡优以为奇异之戏。楚有优施，晋有优施，皆能发谲言以回人意，此俳优之始也。〔释〕俳，戏也。优，倡也。○俳，音排。③华翰，誉其词翰之华美也。汉赵广汉为颍川太守，谓湖都亭长曰："界上亭长寄声谢我，何为不致问？"④《诗》："毋金玉尔音，而有遐心。"楚谚云："得黄金百，不如季布一诺。"⑤古无纸，刺姓名于竹木之上，故曰投刺。又曰竿牍，亦以竹简为书牍。今纸之制始于汉。唐诗："开缄见故人。"〔释〕缄，封也。⑥唐韩朝宗为荆州刺史，好士荐贤。李白上书曰："白闻天下谈士相聚而言曰：生不愿封为万户侯，但愿一识韩荆州。何令人之景慕一至于此。"汉司马相如少时不好读书，学击剑，故其亲名之曰犬子。相如学既成，慕蔺相如之为人，遂同其名。○蔺，音佞。⑦汉应奉自幼聪慧，一日五行俱下。诣袁贺时出闭门，有造车匠于内开半户，出半面视奉，奉即去。后数年于道，车匠识而呼之。《诗》："有美一人，清扬婉兮。邂逅相遇，适我愿兮。"

杨柳青木版年画·完璧归赵

3 登龙门得参名士；瞻山斗仰望高贤。① 一日三秋，言思慕之甚切；渴尘万斛，言想望之久殷。② 睽违教命，乃云鄙吝复萌；来往无凭，则曰萍踪靡定。③ 虞舜慕唐尧，见尧于羹，见尧于墙；门人学孔圣，孔步亦步，孔趋亦趋。④ 曾经会晤，曰向获承颜接辞；谢人指教，曰深蒙耳提面命。⑤ 求人涵容，曰望包荒；求人吹嘘，曰望汲引。⑥

注释：①汉李膺声名最重，士有被其容接者，名为登龙门。唐韩愈以六经之文为诸儒倡。愈殁，其言大行，学者仰之如泰山北斗。②《诗》："一日不见，如三秋兮。"唐卢仝访僜上人不遇，题曰："三入寺，僜不来。辘轳无绳井百尺，渴心归去生尘埃。"〔释〕辘轳，井上架圆木，转绳系桶以取水者。③汉黄宪为人宽宏大量，陈蕃常谓曰："数月不见黄生，鄙吝之气复萌于心矣。"《世说》：杨花入水，化为浮萍。〔释〕萍，草名。生水上，根无所据，随风飘摇。④《李固传》：昔尧殂之后，舜仰慕三年，食则见尧于羹，坐则见尧于墙。《庄子》：颜渊问于仲尼曰："夫子步亦步，夫子趋亦趋。夫子奔逸绝尘，而回瞠若乎后矣。"子曰："吾终身与汝交一臂而失之，可不哀哉？"〔释〕瞠，音撑，直视貌。与，许也。⑤汉暴胜之为直指使，衣绣持斧，威镇州郡。隽不疑造其门曰："窃伏海滨，闻暴公子威名久矣，今乃承颜接辞。"《诗》："匪面命之，言提其耳。"〔释〕非徒面命，又附耳以教也。⑥《易》："包荒，用冯河。"〔释〕包，含容也。荒，宽广也。杜诗："愿借吹亦送上天。"宋王曾尝进退人，人莫知之。范仲淹曰："公盛德，独少汲引耳。"曾曰："执政而令恩归于己，怨将谁归耶？"

孔子圣迹图之先圣小像
明·佚名

求人荐引，曰幸为先容；求人改文，曰望赐郢斫。① 借重鼎言，是托人言事；望移玉趾，是浼人亲行。② 多蒙推毂，谢人引荐之辞；望作领袖，托人倡首之说。③

4 言辞不爽，谓之金石语；乡党公论，谓之月旦评。④ 逢人说项斯，表扬善行；名下无虚士，果是贤人。⑤ 党恶为非曰朋奸，尽财赌博曰孤注。⑥ 徒了事，曰但求塞责；戒明察，曰不必苛求。⑦ 方命是逆人之言，执

注释：①《邹阳传》：蟠木根柢，轮困离奇，而为万乘器者，以左右先为之容也。《庄子》：郢人鼻端有垩若蝇翼，使匠斫之。匠运斧成风，斫尽其垩，而鼻不伤。〔释〕垩，音恶。先泥之而后饰以灰曰垩。○斫，音捉。②鼎，三足两耳，和五味之宝器。赵毛遂为平原君至楚，定纵约归。平原君曰："毛先生至楚，以三寸之舌，强百万之兵，使赵重于九鼎矣。"玉趾，注详《身体》。○浼，莫罪切。③汉郑庄为大司农，在武帝前未尝不言天下长者，其推毂士及官属，常引以为贤于己。上曰："朕闻郑庄行千里，不赍粮。"〔释〕推毂，言举荐人，如推车运毂也。晋裴秀苦志力学，八岁能文，人语日："后进领袖有裴秀。"○毂，音谷。④言如金石之坚，不可转移也。汉许劭有高名，每月朔评论人品贤否，故汝南俗有月旦评。曹操请劭问曰："我何如人？"劭曰："子治世之能臣，乱世之奸雄。"操大喜。〔释〕朔曰日曰旦。⑤唐项斯为人清奇雅正，尤工于诗。杨敬之赠诗云："几度见君诗尽好，及观标格胜于诗。平生不解藏人善，到处逢人说项斯。"由是诗名益著。北朝薛道衡有诗名，聘齐，作《人日》诗云："入春才七日，离家已半年。"或见之曰："谁谓此虏亦能诗，是甚底话？"及见"人归落雁后，思发在花前"之句，乃大叹曰："名下固无虚士。"⑥朋奸，言朋比为奸也。宋，契丹人入寇澶渊，宰相寇准劝上督兵亲御之，士卒奋锐。契丹人大怯，请盟而退。上益厚待准。王钦若潜准于帝曰："陛下知博乎？输钱欲尽，乃尽出所有，谓之孤注。前者澶渊之役，准以陛下为孤注也。"上乃罢准相，令知陕州。○赌，音睹。⑦汉高祖捕赵王敖，赵相贯高对狱，独白赵王不反。上赦赵王，贯高曰："今王既出，吾责无辞矣。求过已塞，死且不恨，又何怨也。"遂自经死。苛，细草。故烦政曰苛政，刻责曰苛求。○苛，音何。

拗是执己之性。^①曰觊觎，曰睥睨，总是私心之窥望；曰倥偬，曰旁午，皆言人事之纷纭。^②小过必察，谓之吹毛求疵；乘患相攻，谓之落井下石。^③欲心难厌如溪壑，财物易尽若漏卮。^④望开茅塞，是求人之教导；多蒙药石，是谢人之箴规。^⑤

古贤诗意图之听颖师弹琴 明·杜堇

160

芳规芳躅，皆善行之可摹；格言至言，悉嘉言之可听。① 无言曰缄默，息怒曰霁威。②

5 包拯寡色笑，人比其笑为黄河清；商鞅最凶残，常见论囚而渭水赤。③ 仇深曰切齿，人笑曰解颐。④ 人微笑曰莞尔，掩口笑曰胡卢。⑤ 大笑

注释：①《说文》：规，有法度也。《万石君传》索隐述赞："敏行讷言，俱嗣芳躅。"〔释〕躅，足迹也。《宋史》：吴玠读史，往事可师者，录之座右。积久，墙牖皆格言。汉史：文帝以仁德治天下，贾山借秦暴虐晓谕天下，使天下之人怀其恩，名曰《至言》。○躅，音触。②《家语》：孔子观周，入后稷之庙，有金人焉，三缄其口，而铭其背。〔释〕缄，以铁缄其口，使不言也。唐魏徵每犯颜苦谏，太宗怒甚，微神色不变，上亦为之霁威。〔释〕霁，雨止也。○缄，音兼。霁，音祭。③宋包拯性端严，未有笑容，贵戚宦官为之敛手。人语曰："关节不到，有阎罗包公。"偶有笑时，人比之黄河清。史：商鞅相秦，用法严酷。临渭论囚七百余人，渭水尽赤，号哭声动天地。人皆怨之。○拯，音整。④《刘伶传》："怨目切齿。"汉匡衡小字鼎，深经术，从游者甚众。诸儒为之语曰："无说《诗》，匡鼎来；匡说《诗》，解人颐。"〔释〕颐，腮颔也。笑则两颐开，故曰解颐。○颐，音移。⑤《论语》："夫子莞尔而笑。"子思荐李音于卫君，君胡卢而笑。〔释〕胡卢，笑貌。

包拯像

咸阳市五牛分商鞅　明·《新列国志》

曰绝倒，众笑曰哄堂。① 留位待贤，谓之虚左；官僚共署，谓之同寅。②

人失信曰爽约，又曰食言；人忘誓曰寒盟，又曰反汗。③ 铭心镂骨，感德难忘；结草衔环，知恩必报。④ 自惹其灾，谓之解衣抱火；幸离其害，真如脱网就渊。⑤ 两不相入，谓之枘凿；两不相投，谓之冰炭。⑥ 彼此不合曰龃龉，欲前不进曰趑趄。⑦ 落落不合之词，区区自谦之语。⑧ 竣者作事已毕之谓，

注释：①晋王澄字平子，每闻卫玠议论，辄叹息绝倒。时人语曰："卫玠谈道，平子三倒。"〔释〕三倒，三次绝倒。《御史台记》：唐御史有三院，每公堂会食，杂端大笑，而三院皆笑。谓之哄堂，则不罚。②史：魏公子信陵君，为人仁而下士。有隐士侯赢，年七十，家贫，为大梁夷门监。公子闻而往请，欲厚遗之，不受。赢曰："臣修身洁行数十年，终不以监门困故，而受公子财。"公子乃置酒大会宾客。坐定，公子从车骑，虚左，自迎侯生。《书》："同寅协恭，和衷哉。"〔释〕言君臣当同其寅畏，协其恭敬，而民彝物则，各得其正，所谓和衷也。僚，小官也。杨升庵云：古人谓同官为僚，亦指斋署同窗之义。③爽，失也。《书》："尔无不信，朕不食言。"〔释〕食言，已出而反吞也。《左》：鲁哀公会吴于橐皋之地，吴使太宰嚭请寻盟。鲁使子贡对曰："盟所以固信也。寡君以为苟有盟焉，弗可改也。若犹可改，盟何益？今吾子曰寻盟，若可寻也，亦可寒也。"〔释〕寻，复也。寒，背约也。刘向封事云：号令如汗出，而不反者也。今令出，未就逾时而反之，是反汗也。④铭心，注详《身体》。《左》：魏武子有嬖妾，武子疾，命子颗曰："吾死以后，必嫁是妾。疾甚，又曰："必以为殉。"父卒，颗从始命，嫁之。后颗与秦战，见老人结草以抗杜回，故获之。夜梦老人曰："余，尔所嫁妇之父也。尔用先人之始命，余是以报。"汉杨宝性慈爱，九岁时过华山，见一雀为鸱枭所搏堕地，宝置巾箱中，饲以黄花。百余日，雀愈，朝去暮来，一夕化为黄衣童子，以白玉环四枚与之。⑤史：崔浩对魏主嗣曰："刘裕克秦而归，必篡其主。关中华戎杂错，风俗劲悍，裕欲以荆扬之化，施之函秦，此无异解衣抱火"。《汉·刑法志》：网漏吞舟之鱼。〔释〕人之离灾害，如鱼之脱网罟而就深渊，得遂其生。⑥《楚辞》："圜凿而方枘兮，吾固知其钼铻而难入。"白居易歌："合冰炭以交战，仅自喜乎厥心。"〔释〕冰火二物，至不相容。情不合者亦如之。⑦龃龉，注详上。韩愈《送李愿序》："足将进而趑趄，口将言而嗫嚅。"〔释〕趑趄，退缩不进也。嗫嚅，言不出口也。〇龃龉，音咀语。趑趄，音咨疽。⑧汉光武谓耿弇曰："将军前在南阳建此大策，尝以为落落难合，有志者事竟成也。"〔释〕落落，犹疏阔也。《汉·礼乐志》：河间区区小国。〔释〕区区，小貌。

醵者敛财饮酒之名。①

赞襄其事，谓之玉成；分裂难完，谓之瓦解。② 事有低昂曰轩轾，力相上下曰颉颃。③

6 平空起事曰作俑，仍前踵弊曰效尤。④ 手口共作曰拮据，不暇修容曰鞅掌。⑤ 手足并行曰匍匐，俯首而思曰低徊。⑥ 明珠投暗，大屈才能；入室操戈，自相鱼肉。⑦ 求教于愚人，是问道于盲；枉道以干主，是衒玉求售。⑧

注释：①《国语》：有司已事而竣。〔释〕作事将成曰告竣。《礼》："周旅酬六尸。曾子曰：'周礼其犹醵与。'"〔释〕六尸，为昭穆次序，行旅酬之礼。故曾子以为若敛财饮酒者然。○竣，音进。醵，音据。②张子厚《西铭》："富贵福泽，将厚吾之生。贫贱忧戚，庸玉汝于成。"〔释〕玉成，如玉必切磋琢磨以成器。《徐乐传》：天下有土崩瓦解之势。③《马援传》：居前不能令人轾，居后不能令人轩。〔释〕轾，重也。轩，轻也。言为人无所轻重也。《诗》："燕燕于飞，颉之颃之。"〔释〕鸟飞而上曰颉，飞而下曰颃。④俑，从葬木偶人也。古之葬者，束草为人，以为从卫，谓之刍灵，略似人形而已。中古易之以俑，设关而能踊跳，故名曰俑。有面目机发，而太似人。故孔子恶其不仁，而曰："始作俑者，其无后乎！"《左》：王子颓享五大夫，乐及遍舞。郑伯闻之曰："王子颓歌舞不倦，乐祸也。"郑伯纳王，杀子颓。郑伯享王于阙西辟，乐备。原伯曰："郑伯郊尤，其亦将有咎。"踵，继也。弊，坏也。效，学也。尤，过也。○俑，音勇。⑤《诗》："予手拮据。"〔释〕拮据，勤作不屈貌。《诗》："或王事鞅掌。"〔释〕鞅掌，劳苦失容之状。○拮据，音吉据。⑥《诗》："凡民有丧，匍匐救之。"《孔子世家》赞："适鲁，观仲尼庙堂车服礼器，诸生以时习礼其家，余低徊留之不能去。"〔释〕低徊，不进貌。⑦《邹阳传》：明月之珠，夜光之璧，以暗投人于道路，人无不按剑相眄者。何则？无因而至前也。《郑玄传》：何休著《公羊墨守》《左氏膏肓》《穀梁废疾》。玄乃发《墨守》，针《膏肓》，起《废疾》。休见而叹曰："康成入吾室，操吾矛，以伐我乎！"《晋世家》：毋使母子为太子鱼肉。⑧韩愈《答陈生书》："足下求速化之术，乃以访愚，是谓借听于聋，求道于盲，未见其得者也。"范氏曰："士之待礼，犹玉之待贾也。若伊尹之耕于野，伯夷、太公之居于海滨，世无成汤、文王，则终焉而已，必不枉道以从人，衒玉而求售也。"〔释〕衒，自矜也。售，卖也。

智谋之士，所见略同；仁人之言，其利甚溥。① 班门弄斧，不知分量；岑楼齐末，不识高卑。② 势延莫遏，谓之滋蔓难图；包藏祸心，谓之人心叵测。③ 作舍道旁，议论多而难成；一国三公，权柄分而不一。④ 事有奇缘，曰三生有幸；事皆拂意，曰一事无成。⑤

酒色是耽，如以双斧伐孤树；力量不胜，如以寸胶澄黄河。⑥

注释：①《三国志》：周瑜上孙权疏："刘备非久屈为人用者，恐蛟龙得云雨，终非池中物也。"备闻之叹曰："天下智谋之士，所见略同。"《左》：齐景公谓晏子曰："子之宅近市，湫隘嚣尘，不可以居。请更诸爽垲者。"晏子辞焉。是时公烦于刑，晏子以踊贵履贱对，公愀然改容，于是省刑。君子曰："仁人之言，其利溥哉。"〔释〕刖足以履曰踊，踊贵则知刑重矣。②梅之涣《题李白墓》诗："采石江边一堆土，李白之名高千古。来来往往一首诗，鲁班门前弄大斧。"（按）鲁班，古之巧匠也。《孟子》："不揣其本而齐其末，方寸之木，可使高于岑楼。"〔释〕岑楼，楼之高锐似山者。不取其下之平，而但论其上之齐，若升寸木于岑楼之上，则寸木反高矣。③《左》：郑庄公弟共叔段，其母姜氏欲之，请京，使居焉，谓之京城太叔。大夫祭仲谏其非制，公曰："姜氏欲之，焉避害？"仲曰："姜氏何厌之有？不如早为之所，无使滋蔓难图也。蔓草犹不可除，况君之宠弟乎？"《左》：楚公子围聘于郑，欲以兵入郑逆妇。子产患之，使子羽辞焉："小国无罪，恃实其罪；将恃大国之安靖已，而无乃包藏祸心以图之。"汉吕布指刘备曰："是儿最叵测。"○蔓，音万。叵，音颇。④汉章帝欲定礼乐，班固曰："诸儒多能说礼，宜广招贤士。"上曰："谚云：'作舍道旁，三年不成。'"《左》：晋献公使士芳为公子重耳筑蒲，夷吾筑屈。芳置薪于土，杂而筑之，不坚实。夷吾诉公，使让之。芳对曰："臣闻之，无丧而戚，忧必仇焉；无戎而城，仇必保焉。寇仇之保，又何慎焉。守官废命不敬，固仇之保不忠。"退而赋曰："狐裘龙茸，一国三公，吾谁适从？"⑤唐僧圆泽与李源善，同游，见一妇汲水，泽曰："此妇孕三年，待吾为子，今已见，难逃。三日愿临，一笑为信。十二年后中秋夜月，杭州天竺寺当相见。"及暮，泽亡而妇乳。三日，李往视，果一笑。后如期往天竺寺，闻牧童歌曰："三生石上旧精魂，赏月吟风不要论。惭愧情人远相访，此身虽异性常存。"《韵府》：一省郎游京国寺，梦至碧岩下，一老僧前烟穗起微。僧云："此檀越结愿香，烟存而檀越已三生矣。第一生唐玄宗时剑南安抚巡官，第二生宪宗时西蜀书记，第三生即今。"省郎恍然而悟。王中诗："干戈未定欲何之，一事无成两鬓丝。"⑥元阿沙不花见武宗容色日瘁，谏曰："人贪酒色，如双斧伐孤树，未有不仆者。"《抱朴子》："寸胶不能理黄河之浊，尺水不能却萧丘之火。"

7 "兼听则明，偏听则暗"，此魏徵之对太宗；"众怒难犯，专欲难成"，此子产之讽子孔。^①欲逞所长，谓之心烦技痒；绝无情欲，谓之槁木死灰。^②座上有江南，语言须谨；往来无白丁，交接皆贤。^③将近好处，日渐入佳境；无端倨傲，日旁若无人。^④

注释：①唐史：太宗问魏徵曰："人主何为而明，何为而暗？"徵对曰："兼听则明，偏听则暗。"《左》：郑子孔当国，为载书，以位序听政辟，大夫诸司门子或顺，将诛之。子产止之，请焚书。子孔不可，曰："为书以定国，众怒而焚之，是众为政也，国不亦难乎？"子产曰："众怒难犯，专欲难成。"乃焚书于仓门之外。②潘安仁赋："徒心烦而技痒。"《庄子》：南郭子綦隐几而卧，仰天而嘘，嗒然似丧其偶。颜成子游侍立于前，曰："形固可使如槁木，心顾可使如死灰耶？"○痒，音养。③古乐府有《鹧鸪曲》，南人闻是曲则思归。山谷诗："座上若有江南客，莫向春风唱《鹧鸪》。"刘禹锡《陋室铭》："谈笑有鸿儒，往来无白丁。"④晋顾恺之每食甘蔗，自尾至本，或怪问之，恺曰："渐入佳境。"〔释〕蔗尾味淡，而本味厚。晋王猛倜傥有大志，闻桓温伐秦，披鹑衣谒之，扪虱而谈当世之务，旁若无人。

唐太宗问魏徵君道图 元·王恽

借事宽役曰告假，将钱嘱托曰夤缘。①事有大利，曰奇货可居；事宜鉴前，曰覆车当戒。②外彼为此曰左袒；处事两可曰模棱。③敌甚易摧，曰发蒙振落；志在必胜，曰破釜沉舟。④曲突徙薪无恩泽，不念预防之力大；焦头烂额为上客，徒知救急之功宏。⑤贼人曰梁上君子，强梗曰化外顽民。⑥木屑竹头，皆为有用之物；牛溲马渤，可备药物之资。⑦

注释：①汉制，病满三月当免官。汲黯多病，病且满三月，武帝赐告者数，终不愈。○告假，休沐也。吉曰告，凶曰宁。《说文》：夤，进也。缘，攀援也。言攀援权贵，而以钱托其引进也。韩诗："青壁无路难夤缘。"○假，音贾。夤，音寅。②秦太子妃华阳夫人无子，夏妃生子异人，质于赵。吕不韦见之，曰："奇货可居。"因与异人谋，托华阳之姊说华阳立为嗣，华阳从之。不韦用计，以异人逃归秦，是为庄襄。献有孕之姬与异人，生子政，是为始皇，封不韦为相。贾谊《治安策》："前车覆，后车戒。秦世所以亟绝者，其辙迹可见，然而不避，是后车又当覆也。"〔释〕覆，倒也。③齐有一女，二家求之，其父语女曰："欲东家则左袒，欲西家则右袒。"其女左右袒，曰："愿东家食而西家宿。"以东家富而丑，西家贫而美也。〔释〕袒，去袭而露裼也。唐苏味道为相数年，依阿取容，尝谓人曰："决事不欲明白，但模棱持两端可矣。"世号"模棱手"。〔释〕模，手捉也。棱，四方木也，模之可左可右也。④汉史：淮南王安谋反，惮黯，曰："汉廷大臣，独汲黯好直谏，守节死义，难惑以非。至于丞相公孙弘，如发蒙振落耳。"〔释〕言发去物上蒙尘，振落树上枝叶，甚易事也。楚怀王遣宋义、项羽救赵，义留兵四十余日不进。羽斩义，乃引兵渡河，沉舟破釜，持三日粮，以示士卒必死。遂大破秦军，而赵得救矣。⑤汉霍光女为宣帝后，性骄奢，徐福上书言宜抑制，上不听。及后霍氏诛戮，而告者皆封。或人为福上书曰："臣闻客见主人灶直突而傍积薪，客曰：'当更为曲突，远徙其薪，否则有火患。主人不从。及火发，救火者皆焦其头、烂其额，主人以为上客，而不录言曲突者。故人曰：'曲突徙薪无恩泽，焦头烂额为上客。'"上乃迁福为郎。⑥汉陈寔夜有盗入室，止于梁上。寔见之，呼子侄训之曰："夫人不可不自勉。不善之人未必本恶，习与性成耳。如梁上君子是矣。"盗惊投地，寔徐曰："君不过贫困宜。"以绢二匹与之。韩文："为之刑，以锄其强梗。"梗，梗也。不率教化，谓之化外顽民。⑦晋陶侃都督荆襄，尝造船，其木屑竹头皆令藏之，人笑其迂。后会积雪初晴，厅事前余雪犹湿，乃以木屑铺地。及桓温伐蜀，以竹头作钉装船。始知有用。韩文："牛溲马渤，败鼓之皮，俱收并蓄，待用无遗者也，医师之良也。"〔释〕牛溲，牛屎也。马渤，生湿地，似菰而圆且轻。

8

wǔ jīng sǎo dì zhù qīn míng zì xiè sī
《五经》扫地，祝钦明自亵斯
wén yī mù chēng tiān jìn wáng dūn wèi kě shàn dòng
文；一木撑天，晋王敦未可擅动。①
tí fèng tí wǔ jī yǒu jī qīn zhī yǐn cí pò mài
题凤题午，讥友讥亲之隐词；破麦
pò lí jiàn fū jiàn zǐ zhī qí mèng máo suì piàn yán
破梨，见夫见子之奇梦。②毛遂片言
jiǔ dǐng rén zhòng qí yán jì bù yī nuò qiān jīn rén
九鼎，人重其言；季布一诺千金，人
fú qí xìn yuè fēi bèi niè jīng zhōng bào guó yáng zhèn
服其信。③岳飞背涅精忠报国，杨震
wéi yǐ qīng bái chuán jiā xià qiáng shàng ruò yuē wěi dà
惟以清白传家。④下强上弱，曰尾大
bù diào shàng quán xià duó yuē tài ē dào chí
不掉；上权下夺，曰太阿倒持。⑤

注释：①唐史：睿宗宴，国子监祭酒祝钦明。钦明体肥丑，请作《八风舞》，据地摇头睆目，备诸丑态，上笑之。钦明素以儒学著名，侍郎卢藏用私谓曰："祝公《五经》扫地尽矣。"《太平广记》：王敦谋逆，梦将一木撑天，求解许真君。真君曰："此未字也，只宜守旧，未可擅动。"〇撑，音峥。②晋吕安尝造嵇康，康他出，康兄喜迎之，不入，书凤字于门而去。喜方以为善，康回，示之，曰："凤字，凡鸟也。安盖笑吾兄矣。"《谈林》：昔有访友不遇者，写午字于户而去。识者曰："午字，牛不出头，讥之也。"昔宁波一妇，以兵乱与夫及子相失，寄食于尼。梦人使磨麦，又见莲花尽落。尼解之曰："磨麦，见夫面也。莲花落，莲子见也。"果然。杨进贤任南阳刺史，登舟遇风，失其子，夫妇相念甚切。忽夜梦与儿剖梨，因自解曰："剖梨，分离也。"明日述于友，友曰："剖梨则子见。"不旬月，果得子。③毛遂，注详《武职》。金诺，注详上。④岳飞，注详《身体》。后汉杨震为涿州守，性公廉，不受私谒。或劝其置产以遗于孙，震曰："使后世称为清白吏子孙，所遗不已多乎？"⑤《左》：楚子城陈、蔡、不羹，使弃疾为蔡公。王问于申无宇曰："国有大城，何如？"对曰："郑京、栎实杀曼伯，宋萧、亳实杀子游，齐渠丘实杀无知，卫蒲、戚实出献公。由是观之，则害于国。末大必折，尾大不掉，君所知也。"《梅福传》：倒持太阿。〔释〕倒持，谓以权柄授人。太阿，楚之良剑。〇掉，音调去声。

毛遂自荐图　清·吴历

当今之世，不但君择臣，臣亦择君；受命之主，不独创业难，守成亦不易。① 生平所为皆可对人言，司马光之自信；运用之妙惟存乎一心，岳武穆之论兵。② 不修边幅，谓人不饰仪容；不立崖岸，谓人天性和乐。③ 蕞尔幺麽，言其甚小；卤莽灭裂，言其不精。④

注释：①汉马援对光武曰："当今之世，非但君择臣，臣亦择其君耳。天下反覆，盗名者不可胜数，今见陛下恢廓大度，同符高祖，乃知帝王自有真也。"唐太宗问群臣曰："创业守成孰难？"房玄龄曰："草昧之初，群雄并起，角力而后臣之，创业难。"魏徵曰："自古帝王莫不得之于艰难，失之于安逸，守成难。"上曰："玄龄从我定天下，冒万死一生，见创业之难。徵与我安天下，畏富贵则骄，骄则怠，怠则亡，则守成为不易。然则创业之不易既往矣，守成之难，方与公等谨之。"②司马温公尝语人曰："吾无过人者，但生平所为，未尝有不可对人言耳。"宋岳飞犯法，半刑，宗泽奇之曰："此将才也。"会金人攻汜水，泽以五百骑授飞，使立功赎罪，飞遂大败金人而还。升飞为统制，授之以阵图。飞曰："阵而后战，兵法之常，运用之妙，存乎一心。"泽善其言。③修边幅，谓如布帛修整边幅也。唐郑群天性和乐，与上大夫交游，未尝为崖岸斩绝之行。〔释〕崖岸，踞傲也。④贾谊对曹丕曰："吴、蜀虽蕞尔小国，依山阻水，刘备有雄才，孔明善治国，孙权识虚实，陆逊见兵势，据险守要，泛舟江湖，皆难猝谋也。"《汉书》：更始之败，三辅大乱。时隗嚣据天水，班彪从之，因著《王命论》以讽嚣曰："勇如信、布，强如梁、籍，成如王莽，虽遭厄会，窃其权柄，然卒润镬伏锧，烹醢分裂。又况幺麽，不及数子，而欲暗干天位乎！"嚣不悟，彪遂避居河西。《庄子》：长梧封人对子牢曰："君为政勿卤莽，治民勿灭裂。予昔为禾，耕而卤莽，之其实亦卤莽而报予。耘而灭裂之，其实亦灭裂而报予。来年耕深而熟耰之，其禾繁以滋，予终年厌食。"〔释〕卤莽，苟且也。灭裂，轻易也。○蕞，音撮。麽，音摩。卤，音鲁。

元帅府岳鹏举谈兵　清·《绘图精忠说岳》

9 误处皆缘不学，强作乃成自然。① 求事速成曰躐等，过于礼貌曰足恭。② 假忠厚者，谓之乡愿；出人群者，谓之巨擘。③ 孟浪由于轻浮，精详出于暇豫。④ 为善则流芳百世，为恶则遗臭万年。⑤ 过多曰稔恶，罪满曰贯盈。⑥ 尝见冶容诲淫，须知慢藏诲盗。⑦ 管中窥豹，所见不多；坐井观天，知识不广。⑧

无势可乘，英雄无用武之地；有道则见，君子有展采之思。⑨ 求名利达，曰捷足先得；慰士迟滞，

注释：①汉高祖生平误处甚多，唐仲友断曰："误处皆缘不学，改处皆由敏悟。"魏安釐王问高士于孔斌，斌曰："其鲁仲连乎！"王曰："强作之者，非体自然也。"斌曰："人皆行之，作之不止，作之不变，习与性成，乃自然也。"②《记》："童子听而弗问，不躐等也。"《论语》："巧言令色足恭。"〔释〕足，过也。○躐，音猎。③《论语》："乡愿，德之贼也。"〔释〕愿，谨厚也。《孟子》："吾必以仲子为巨擘焉。"〔释〕巨擘，手之大指也。○擘，音薜。④《庄子》：瞿鹊子问于长梧子曰："吾闻诸夫子，无谓有谓，有谓无谓，而游乎尘垢之外。夫子以为孟浪之言，而我以为妙道之行也。"孟浪，轻率也。暇，从容也。豫，早计也。⑤晋桓温为大司马，假黄钺，阴蓄不臣之心。尝夜卧，抚枕叹曰："大丈夫不能流芳百世，亦当遗臭万年。"⑥《桐叶封弟辨》："向使纣恶未稔而自毙。"〔释〕积恶曰稔恶。《书》：武王曰："商罪贯盈，天命诛之。"〔释〕贯，穿也。盈，满也。如索之贯钱已满。○稔，忍枕切。⑦《易》："慢藏诲盗，冶容诲淫。"〔释〕藏物不慎，如见一斑。"献之拂衣而去。韩文："老子之小仁义，非毁之也，其见者小也。坐井而观天，曰天小者，非天小也；彼以煦煦人为盗。修饰仪容，是教人为淫。⑧晋王献之数岁，观问门生樗蒲，曰："南风不竞。"门生曰："此郎亦管中窥豹，时为仁，孑孑为义，其小之也则宜。"⑨《三国志》：孔明说孙权曰："海内大乱，将军起江东，刘豫州亦收汉南诸郡，与曹操并争天下。今操破荆州，威震四海，英雄无用武之地，故豫州逃遁至此。愿将军量力而处之。"展，舒也。采，事也。谓舒展其事业也。○乘，音成。见，音现。

日大器晚成。① 不知通变，日徒读父书；自作聪明，日徒执己见。② 浅见日肤见，俗言日俚言。③

识时务者为俊杰，昧先几者非明哲。④ 村夫不识一丁，愚者岂无一得。⑤ 拔去一丁，谓除一害；又生一秦，是增一仇。⑥

10 戒轻言，日恐属垣有耳；戒轻敌，日无谓秦无人。⑦ 同恶相帮，谓之助桀为虐；贪心无厌，谓之得陇

注释：①蒯通曰："秦失其鹿，天下共逐之，高才捷足者先得焉。"〔释〕失鹿，譬失位也。《道德经》："大方无隅，大器晚成。"朱勃年十二，能诵书，马援见之自失。援兄况曰："朱勃智况此耳，汝大器，当晚成。"②秦伐赵，廉颇坚壁不出。秦范雎纵反间计，曰："秦人独畏马服君之子括为将耳。"赵王遂以括代颇。蔺相如曰："王以名使括，若胶柱鼓瑟。括徒能读父书，不知合变也。"③革外薄皮曰肤，言所见之不深也。司马迁赞："质而不俚。"〔释〕俚，鄙俗也。④汉司马徽谓刘备曰："余闻将军之名久矣，何故区区奔走于形势之途耶？"备曰："时运不济，命途多蹇。"徽曰："不然，将军左右不得其人耳。"备曰："吾虽不才，文有糜竺、简雍，武有关、张。"徽曰："关、张虽有万夫不当之勇，非权变之才。糜、简诸人，乃白面书生，不知时务。识时务者在于俊杰。"〔释〕才过百人曰俊，万人曰杰。《易》："几者动之微，吉凶之先见者也，惟明哲者知之，昧之者则非明哲矣。"⑤唐张弘靖诟军士曰："今天下无事，尔辈能挽两石弓，不如识一丁字。"《韩信传》：信破赵，获广武君李左车，亲解其缚，以师事之。广武君曰："臣闻智者千虑，必有一失，愚者千虑，必有一得。"⑥宋仁宗朝，丁谓擅权，贬寇准于雷州。京师语："欲得天下宁，拔去眼前丁。欲得天下好，不如召寇老。"《张耳传》：陈胜使武臣循抚赵地，武臣自立为赵王，胜欲族灭之。相国房君曰："秦未亡，又诛武臣，此又生一秦也。"⑦《诗》："君子无易由言，耳属于垣。"〔释〕恐耳属于垣者，致生其谗诟。《左》：晋士会奔秦，晋人忌之，乃使魏寿余伪归秦，以反士会。秦使士会如魏师，绕朝谏秦王，王不听。士会行，朝赠以策曰："子无谓秦无人，吾谋适不用也。"士会既渡河，魏人鼓噪而还，喜得士会也。

望蜀。^①当知器满则倾，须知物极必反。^②喜嬉戏名为好弄，好笑谑谓之诙谐。^③谗口交加，市中可信有虎；众奸鼓衅，聚蚊可以成雷。^④萋斐成锦，谓谮人之酿祸；含沙射影，言鬼蜮之害人。^⑤

针砭所以治病，鸩毒必至杀人。^⑥李义府阴柔害物，人谓之笑里藏刀；李林甫奸诡陷人，世谓之口蜜腹剑。^⑦代人作事曰代庖；与人设谋曰借箸。^⑧

注释：①汉高祖破秦，入咸阳，见秦宫室珍宝妇女，意欲留居。张良曰："秦为无道，故公得至此。今始入秦，即安其所乐，此所谓助桀为虐也。"《晋书》：司马懿谓曹操曰："今得汉中，益州震动，进兵临之，势必瓦解矣。"操曰："人苦无足，既得陇，复望蜀。"○陇，刀宠切。②《家语》：孔子曰："吾闻有座之器，虚则欹，中则正，满则覆。明君以为致诫，故当置之座侧。"唐苏安恒上武后疏曰："太子年德俱盛，陛下贪其宝位，而忘母子深恩，不知钟鸣漏尽。臣以为天意人心，还归李家。陛下虽安天位，殊不知物极则反，器满则倾。臣何惜一朝之命，而不安万乘之国哉！"③《左》：齐隰朋师师会秦师，纳晋惠公。秦穆公谓郤芮曰："公子谁恃？"对曰："臣闻亡人无党，有党必有仇。夷吾弱不好弄，能斗不过，长亦不改，不识其他。"《东方朔传》：东方朔好诙谐，武帝以俳优蓄之。〔释〕诙，调戏也。谐，和合也。俳优，即今演戏之人。○诙，音恢。④韩庞共与太子质于赵，恐魏王信谗，谓王曰："一人言市有虎，王信乎？"曰："否。""二人言市有虎，王信乎？"曰："否。""三人言市有虎，王信乎？"曰："信之矣。"共曰："市本无虎，而三人言之则信。今邯郸去魏远于市，议臣过于三人，愿王察之。"汉中山靖王入朝，天子置酒，闻乐而泣。问其故，靖王曰："臣闻众煦漂山，聚蚊成雷，是以文王拘于羑里，孔子厄于陈蔡。"○衅，欣去声。⑤《诗》："萋兮斐兮，成是贝锦。彼谮人者，亦已大甚。"〔释〕水中介虫，名蜮，犹集小文以成锦。江淮间有短狐，名蜮，能含沙射人影，中之辄病。《诗》："为鬼为蜮，则不可得。"○蜮，音域。⑥王僧孺多识古事，侍郎全元起访以砭石，答曰："古人当以石为针，必不用铁。许慎曰：'以石刺病也。'"《左》：管仲曰："宴安鸩毒，不可怀也。"〔释〕鸩，毒鸟也，以其毛拂酒中，饮之立死。○砭，音匾贬。⑦唐李义府为中书，容貌温恭，与人语必微笑，而心狡险忌刻，人谓笑里有刀。又以阴柔害物，谓之"李猫"。李林甫，注详上。⑧《庄子》许由曰："庖人虽不治庖，尸祝不越樽俎而代之矣。"汉史：高祖与郦食其谋挠楚权，食其曰："陛下能复立六国之后，德义已行，楚必敛衽而朝。"上曰："善。趣刻印。"张良从外来谒，王方食，以食其语告良，良曰："画此计，陛下事去矣。请借前箸，为大王筹之。"○箸，音住。

11 见事极真，曰明若观火；对敌易胜，曰势若摧枯。① 汉武内多欲而外施仁义，廉颇先国难而后私仇。②

卧榻之侧，岂容他人鼾睡，宋太祖之语；一统之世，真是胡越一家，唐高祖之时。③ 至若暴秦以吕易嬴，是嬴亡于庄襄之手；弱晋

注释：①《书》："予若观火。"〔释〕言所视甚明也。曹彬曰："以国家甲兵精锐，剪太原之孤垒，如摧枯拉朽耳。"②汉史：武帝欲招文学，汲黯曰："陛下内多欲而外施仁义，奈何欲效唐虞之治乎？"廉颇，注详《朋友宾主》。③宋曹彬围江宁，屡败唐师。唐主李煜危迫，遣徐铉贡方物，上表以求缓师。铉见高祖曰："李煜以小事大，如子事父，奈何见伐？"上曰："尔谓父子为两家可乎？江南亦有何罪，但天下一家，卧榻之侧，岂容他人鼾睡耶？"唐史：太宗置酒未央宫，高祖命突厥颉利可汗起舞，南蛮冯智戴咏诗，乃笑曰："胡越一家，自古未有也。"○鼾，音翰。

不韦以吕易嬴图　清·《绘图二十四史通俗演义》

以牛易马，是马灭于怀愍之时。①
中宗亲为点筹于韦后，秽播千秋；
明皇赐洗儿钱于贵妃，丑遗万
代。②非类相从，不如鹑鹊；父子同
牝，谓之聚麀。③以下淫上谓之烝，
野合奸伦谓之乱。④从来淑慝殊
途，惟在后人法戒；斯世清浊异
品，全赖吾辈激扬。⑤

注释：①东晋元帝名睿，系琅琊王觐之子。初，琅琊王妃与小吏牛金相通而生睿，是为元帝，虽姓司马，实姓牛也。○愍，音民。②唐韦后与武三思通。一日，与三思双陆，中宗乃亲为点数筹。唐安禄山，明皇待之甚厚，得入禁中，因请为贵妃儿。上与贵妃共坐，禄先拜贵妃，上问故，对曰："胡人先母而后父。"上悦之。越三日召入禁中，贵妃以锦绣为大襁褓裹禄山，使宫人以彩舆舁之。上闻后宫喧笑，问故，左右白："贵妃三日洗禄山儿。"上喜，赐贵妃洗儿钱。自是出入无忌，颇有丑声闻于外。③《诗》："鹑之奔奔，鹊之彊彊。"〔释〕奔奔，彊彊，居有常匹，飞则相随之貌。《曲礼》："夫唯禽兽无礼，故父子聚麀。"骆宾王《讨武曌檄》："陷吾君于聚麀。"〔释〕聚，共也。麀，牝鹿。鹿性淫，一牝常交数牡。○麀，音攸。④隋高祖宠陈夫人，为太子杨广所逼，拒之得免。随弑父，晡后以同心结赐夫人。是夜太子烝焉。⑤淑，善也。慝，恶也。言人当以善为法，以恶为戒也。唐太宗谓王珪曰："卿自谓与玄龄以下数子何如？"对曰："激浊扬清疾恶好善，臣于数子亦有微长。"

明皇游月宫图　明·周臣

【增】休休莫莫，禁止之词；衮衮匆匆，仓皇之义。① 暂为寄足，有似鹪鹩一枝；巧于营身，还如狡兔三窟。② 放枭囚凤，虐仁纵暴奚为；用蚓投鱼，得重弃轻应尔。③ 爝火虽无大明之耀，铅刀竟有一割之能。④ 淮南一老不就聘，高尚可钦；鲁国两生不肯行，清操足式。⑤ 一株竹，先兆应举皆荣；两尾牛，预识行兵有失。⑥

乐羊子功绩未成，谤书满箧；郭林宗声名最重，谒刺盈车。⑦ 黠狗行凶，难免呆卿之骂；鸩媒肆

注释：①唐司空图："休休莫莫，伎俩虽多性灵恶。"杜甫《酬孟云卿》诗："相逢难衮衮，告别莫匆匆。"〔释〕衮衮，不安欲去之貌。②《庄子》："鹪鹩巢林，不过一枝。"《战国策》：冯驩谓孟尝君曰："狡兔有三窟，今君一窟，未得高枕而卧。臣请为君复凿二窟。"○暂，残去声。③《后汉·刘陶传》：陈耽上言："今公卿所举，所谓放鸱枭而囚鸾凤。"《六朝传》：繛以诗五十韵示薛道衡，道衡和之，南北称美。魏收曰："傅繛所谓以蚓投鱼耳。"○枭，音侥。④《唐文粹》："大明一出，爝火无光。"〔释〕大明，日也。晋以谯王承为湘州刺史，行至武昌，王敦与之宴，谓承曰："足下雅素佳士，恐非将相材也。"承答曰："公未见知耳，铅刀岂无一割之用？"○爝，音醮。⑤汉应曜隐淮南山，与四皓俱征，四皓独不出，曜独不出。人语曰："商山四皓，不如淮南一老。"汉以叔孙通制礼，征鲁诸生，鲁有两生不肯行。⑥宋王采炳二子赴秋试，夜梦人持竹一枝与种之。解者曰："二郎君俱中选矣。竹字，两个也。"果俱进选。唐史：黄巢出师，梦两尾牛。解者曰："牛两尾，失字也。恐有军不利。"果然。⑦史：乐羊为魏文侯将，攻中山三年，拔之。文侯封之灵寿。羊曰："臣攻中山，有谤臣于王者，谤书盈箧，大王不信之，故臣得拔中山。此非臣之功也，大王之功也。"后汉郭林宗名重京师，士争归之，载刺常盈车。〔释〕刺，简也。

dú yǐ shēng qū zǐ zhī bēi
毒，已生屈子之悲。① 人有一天，我
yǒu èr tiān biàn jiàn dà ēn zhī ài dài hé rùn bǎi
有二天，便见大恩之爱戴；河润百
lǐ hǎi rùn qiān lǐ nǎi wéi wò zé zhī zhān rú
里，海润千里，乃为渥泽之沾濡。②
tuì wǒ yī bù xíng gù yún ān lè fǎ dào rén sān
退我一步行，固云安乐法；道人三
gè hǎo yóu jiàn xǐ huān yuán jiè yī yè zhī nóng
个好，尤见喜欢缘。③ 藉一叶之浓
yīn kě zī fù yīn kuò wàn jiān zhī jù bì jìn
阴，可资覆荫；扩万间之巨庇，尽
shǔ píng méng
属帡幪。④

zhuā sān zhé biān sān jué shū sān miè hào
挝三折，编三绝，书三灭，好
xué shí fēn yǎn zhōng lèi xīn zhōng shì yì zhōng
学十分；眼中泪，心中事，意中
rén xiāng sī yī yàng
人，相思一样。⑤

注释：①《唐书》：禄山反，颜杲卿骂曰："黠狗，朝廷何负于汝，而汝反耶？"禄山怒，截断其舌，杲卿含刃而死。《楚辞》："吾令鸩为媒兮，鸩告予以不好。"〔释〕鸩媒，谓谗佞也。○黠，音辖。杲，高上声。②《翰苑新书》：大德帡幪，人有一天，我有二天。厚恩滂沛，河润百里，海润千里。③苏子瞻诗："退一步行安乐法，说三个好喜欢缘。"④唐郑太穆为刺史时，致书于司空颉曰："分千树一叶之影，即是浓阴。"〔释〕瀛洲有影木，日中视之，一叶百影。杜甫诗："安得广厦千万间，大庇天下寒士俱欢颜。"○帡幪，音崩蒙。⑤《孔子世家》：孔子晚喜读《周易》，铁挝三折，韦编三绝，漆书三灭。张子野诗句，有"眼中泪，心中事，意中人"之语，自号"张三中"。

孔子圣迹图之韦编三绝　明·佚名

饮 食
yǐn shí

新增文十一联

五福先寿图　清·《钦定书经图说》

1 甘脆肥脓，命曰腐肠之药；羹藜含糗，难语太牢之滋。① 御食曰珍馐，白米曰玉粒。② 好酒曰<u>青州从事</u>，次酒曰<u>平原</u>督邮。③ 鲁酒茅柴，皆为薄酒；龙团雀舌，尽是香茗。④ 待人礼衰，曰醴酒不设；款客甚薄，曰脱粟相留。⑤

竹叶青，状元红，俱为美酒；

注释：①枚乘《七发》："皓齿娥眉，命曰伐性之斧；甘脆肥脓，命曰腐肠之药。"王褒《圣主得贤臣颂》："夫荷旃被毳者，难与道纯锦之丽密。羹藜含糗者，不足与论太牢之滋味。"〔释〕糗，熬米麦也。太牢，牛也。〇脆，音翠。脓，音农。糗，音臭。②《礼》："凡王者之馈，珍用八物。"〔释〕豹胎、熊掌、白鹦胸、猩唇、紫驼峰、蝤髓、素鳞脂、金鲤尾为八珍。《博物志》：归州有米田，屈原耕此，产白米似玉。③《世说》：晋桓温有主簿，善能别酒，好者为"青州从事"，恶者为"平原督邮"。〔释〕青州有齐郡，齐与脐同音，言好酒直至脐下。平原有革县，革与膈同音，言恶酒但至膈下。④《庄子》：楚出诸侯，鲁、赵俱献酒，鲁以己薄酒易赵厚酒。酒吏奏闻，言楚王以赵酒薄，遂围邯郸。〇韩子苍诗："惯饮茅柴谙苦硬。"〔释〕言苦硬之酒，如茅柴火易过也。茶莫贵于龙凤团，以贡上者。(宋)庆历间，蔡君谟为福建运使，始造小片，谓之小龙团。〇《茶谱》：蜀州晋原洞口，有黄芽雀舌，鸟嘴麦颗，乃茶品之最上者。⑤醴酒，注详《朋友宾主》。春秋，晏子相齐，食脱粟饭。〔释〕脱粟，米之未舂者。

国本民丰图　明·《瑞世良英》

劫毙殷臣图　清·《钦定书经图说》

葡萄绿，珍珠红，悉是香醪。①五斗解酲，刘伶独溺于酒；两腋生风，卢仝偏嗜乎茶。②茶曰酪奴，又曰瑞草；米曰白粲，又曰长腰。③太羹玄酒，亦可荐馨；尘饭涂羹，焉能充饿。④酒系杜康所造，腐乃淮南所为。⑤僧谓鱼曰水梭花，僧谓鸡曰穿篱菜。⑥

注释：①杜甫诗："林密松花熟，山深竹叶青。"〔释〕苍梧之地，酿酒杂以竹叶，极清洁，故名竹叶青。古诗："持杯醉饮状元红。"大宛国出葡萄，汉武帝使张骞得其实而归，种之。后采其实以酿酒，味极甘美。李贺歌："琉璃钟，琥珀浓，小槽酒滴珍珠红。"杜甫诗："清秋多宴集，终日困香醪。"〔释〕香醪，汁滓合之酒。○葡萄，音蒲陶。醪，音牢。②晋刘伶求酒于妻，妻谏曰："君饮太过，非摄生之道。"伶曰："善，当祝天誓断矣。"祝曰："天生刘伶，以酒为名，一饮一石，五斗解酲。"〔释〕酲，酒病也。卢仝性嗜茶，其作歌曰："惟觉两腋习习清风生。"○酲，音呈。③《伽蓝记》：茶与酪浆为奴。〔释〕酪，乳浆，合牛羊乳为之。杜牧诗："山实东吴秀，茶称瑞草魁。"杜甫诗："精凿传白粲。"江南有谚云："长腰粳米，缩项鳊鱼。"○酪，音洛。④《礼记》："太羹不和。"〔释〕尧以肉汁作羹，而无盐梅之调和。玄酒，水也。太古无酒，以水行礼。韩非子文："夫婴儿相与戏也，以尘为饭，以涂为羹，以木为戴。然至日晚必归饷者，尘饭涂羹，可以戏而不可以食也。"⑤《博物志》：杜康造酒。汉淮南王刘安始磨豆为乳脂，名曰豆腐。唐人诗："旋乾磨上流琼液，煮月铛中滚雪花。"⑥《东坡志林》：僧谓酒为般若汤，鱼为水梭花，鸡为穿篱菜。

玉川品茶图
清·吴友如

临渊羡鱼，不如退而结网；扬汤止沸，不如去火抽薪。① 羔酒自劳，田家之乐；含哺鼓腹，盛世之风。② 人贪食曰徒餔啜，食不敬曰嗟来食。③ 多食不厌，谓之饕餮之徒；见食垂涎，谓有欲炙之色。④ 未获同食曰向隅；谢人赐食曰饱德。⑤

注释：①董仲舒《天人策》：古人有言曰："临渊羡鱼，不如退而结网。"今欲愿治，不如退而更化。董卓《上何进书》：闻之扬汤止沸，不如去薪。②杨恽《报孙会宗书》：臣之得罪已三年矣。田家作苦，岁时伏腊，烹羊炰羔，斗酒自劳。含哺鼓腹，注详《地舆》。③《孟子》："徒餔啜也。"〔释〕言但求饮食而已。《檀弓》：齐大饥，黔敖备食赈民。有饥夫蒙袂而来，敖左奉食，右执饮，曰："嗟，来食！"饿夫张目视敖曰："予惟不食嗟来之食，以至于斯也。"敖从而谢焉，终不食而死。曾子闻之曰："嗟来之言，其为不敬也，微欤。"④《通鉴》：舜时缙云氏有不才子，贪于饮食，冒于货贿，浸欲纵多，不可盈厌。天下之民，谓之饕餮。〔释〕饕，贪财也。餮，贪食也。不才子，三苗也。晋顾荣与同僚宴饮，见行炙者有欲炙之色，荣以己炙啖之。○饕餮，音叨铁。⑤《说苑》：圣人于天下，譬犹一堂之上，满堂饮酒，一人向隅悲泣，满座皆为之不乐。《诗》："既醉以酒，既饱以德。"

雪渔图 清·丁观鹏

2 安步可以当车，晚食可以当肉。① 饮食贫难，曰半菽不饱；厚恩图报，曰每饭不忘。②

谢扰人曰兵厨之扰，谦待薄曰草具之陈。③ 白饭青刍，待仆马之厚；炊金爨玉，谢款客之隆。④ 家贫待客，但知抹月批风；冬月邀宾，乃曰敲冰煮茗。⑤ 君侧元臣，若作酒醴之麹糵；朝中冢宰，若作和

注释：①《战国策》：齐宣王谓颜斶曰："子与寡人游，食必太牢，出必乘车。"斶辞曰："愿得归，晚食以当肉，安步以当车。"〔释〕安步，缓行也。晚食，晏食也。②《史记》：项籍时，岁饥民贫，卒食半菽，军无见粮。〔释〕菽，豆之总名。菽米相伴而炊曰半菽。汉文帝谓冯唐曰："高祛为我言赵将李齐之贤，战于巨鹿之下。今吾每饭，意未尝不在巨鹿也。"③阮籍性嗜酒，闻步兵厨贮酒三百斛，乃求为步兵校尉。《史记》：项羽遣使至汉，陈平行反间计，以贰楚君臣。初以太牢具进，见羽使，佯惊曰："吾以为范亚父使，乃项王使。"持云，更以草具进。〔释〕草，菜属。具，馈具也。④杜甫诗："为君治酒满眼酤，与奴白饭马青刍。"〔释〕蜀人酤酒以竹筒，上有穿绳眼。满眼酤，言酒满也。白饭以待仆，青刍草以饲马，重其仆与马也。《骆宾王集》："平台戚里带崇墉，炊金爨玉待鸣钟。"〔释〕金玉，言饮食之美。⑤东坡诗："贫家何以娱客，但知抹月批风。"《六帖》：王休居太白山，每冬月，取溪冰煮建茗，待宾客。〔释〕建茗，建溪之茶。

卓王孙　明·陈洪绶

陈平　明·陈洪绶

gēng zhī yán méi　　　zǎi ròu shèn jūn　　chén píng jiàn zhòng
羹之盐梅。^①宰肉甚均，陈平见重

yú fù lǎo　　jiá gēng shì jìn　qiū sǎo xīn yàn hū hàn
于父老；戞羹示尽，丘嫂心厌乎汉

gāo　　　bì zhuō wéi lì bù ér dào jiǔ　yì xìng tài
高。^②毕卓为吏部而盗酒，逸兴太

háo　yuè wáng ài shì zú ér tóu láo zhàn qì bǎi bèi
豪；越王爱士卒而投醪，战气百倍。^③

chéng gēng chuī jī　wèi rén chéng qián jǐng hòu　jiǔ
惩羹吹齑，谓人惩前警后；酒

náng fàn dài　wèi rén shǎo xué duō cān　yǐn yì zhī
囊饭袋，谓人少学多餐。^④隐逸之

shì　shù shí zhěn liú　chén miǎn zhī fū　jí zāo zhěn
士，漱石枕流；沉湎之夫，藉糟枕

qū　hūn yōng jié zhòu　hú wéi jiǔ chí ròu lín　kǔ
麹。^⑤昏庸桀纣，胡为酒池肉林；苦

xué zhòng yān　wéi yǒu duàn jī huà zhōu
学仲淹，惟有断齑画粥。^⑥

注释：①元臣，大臣也。家宰，宰臣也。《书》："若作酒醴，尔惟麹糵。若作和羹，尔惟盐梅。"○麹糵，音曲业。②汉陈平社日会于里中，平为宰，分肉甚均。父老曰："陈平之善为宰。"平曰："使平得宰天下，亦如此肉。"后为相。汉高祖微时，引客过丘嫂家，嫂正食羹，乃戞釜佯示羹尽，由是怨嫂。后即位。封其侄为为颉羹侯。〔释〕颉羹，山名，在妙州。怨嫂戞羹，借山以鄙之。③《晋书》：毕卓为吏部郎，比舍邻酿酒熟，卓夜往盗饮，醉卧于瓮边。《黄石公记》：越王勾践伐吴，客有遗坛醪者，王以之投上流，令军士迎流饮之。军士感其惠之均，无不用命。〔释〕醪，美酒也。④唐傅奕曰："唐乘乱世，当有变更，惩热羹者吹冷齑，伤弓之鸟惊曲木。"〔释〕言人食热羹者，已为所伤，后即食齑，犹以前者为戒，不觉其冷物而仍吹之也。《荆湘近事》：唐末，马殷据湖南称楚王，奢侈僭傲，诸院王子，仆从煊赫，文武之道，未尝留意。时谓之酒囊饭袋。○齑，音疽。⑤晋孙楚少时欲隐，谓王武子曰："当枕石漱流。"误云"漱石枕流"。王曰："流可枕乎，石可漱乎？"楚曰："所以枕流，欲洗其耳。漱石，欲砺其齿也。"沉湎，溺于酒也。刘伶《酒德颂》："奋髯箕踞，枕麹藉糟。无思无虑，其乐陶陶。"○漱，音嗽。湎，音免。⑥酒池，注详《女子》。宋范仲淹幼孤，随母适长山朱氏，读书长白山僧舍。每日煮米二升，作粥一器，待凝，以刀画为四块，早晚取二块，断齑数十茎而啖之。如此者三年。

酣身荒腼图　清·《钦定书经图说》

殷受酗酒图　清·《钦定书经图说》

【增】钟阜山庄赤米，隐士加餐；邯郸旅邸黄粱，仙人入梦。① 小儿盗禾亩，孔琇之按罪何妨；逸马犯麦田，曹孟德自刑犹尔。② 易秕以粟，邹侯为民庶之意拳拳；煮豆燃萁，子建悟兄弟之情切切。③ 逃山之肉，旋割旋生；青田之壶，愈倾愈溢。④ 我爱鹅儿黄似酒，雅可怡情；人言雀子软于绵，最堪适口。⑤

注释：①周顒隐钟山，或问所食，曰："赤米白盐，绿葵红苋。"《异闻集》：卢生遇吕公于邯郸邸中，自言贫困。吕公出一枕与之，曰："枕此当富贵。"生枕之，梦出将入相五十余年。及寤，主人炊黄粱犹未熟。生谢曰："先生以此窒吾之欲也。"②齐孔琇之为令，案小儿偷稻，曰："十岁尚能为盗，长大何所不为？"县中为之肃然。魏太祖敕军士无犯麦，忽自乘之马逸入麦田，乃引剑曰："何以律下。"遂自剪其发。③《新序》：邹穆公令食凫雁以秕，无以粟。仓无秕，求秕于民。二石粟得一石秕。公曰："粟在仓与在民何异？"魏主丕欲害子建，令其七步成诗。子建云："煮豆燃豆萁，豆在釜中泣。本是同根生，相煎何太急？"④《山海经》：视肉，形如牛肝，两目能视。割而食之，其肉尽复生如故。青田国有异果，其核甚大，可容斗米。纳水其中，不逾时成酒。可供二十人饮，号青田壶。○逃，音剔。⑤杜甫《舟前小鹅儿》诗："鹅儿黄似酒。"东坡《送牛尾狸与徐使君》诗："通印子鱼犹带骨，披绵黄雀漫多脂。"〔释〕通应庙前鱼，其大可容印者最佳，谓通印子鱼。

白衣送酒图 清·吴友如

多才之士，谢茶而赠我好歌；好事之徒，载酒而问人奇字。① 挹东海以为醴，庶畅高怀；折琼枝以为馐，可舒雅志。② 云子饭可入杜句，月儿羹见重柳文。③ 烧鹅而恣朵颐，且愿鹅生四掌；炮鳖而充嗜欲，还思鳖着两裙。④ 种秫不种粳，陶公若以酒为命；窖粟不窖宝，任氏则以食为天。⑤ 红苋紫茄，种满吴兴之圃；绿葵翠薤，殖盈钟阜之区。⑥

注释：①卢仝《谢孟谏议惠茶歌》："日高丈五睡正浓，谁人叩门惊周公。口传谏议送书信，白绢斜封三道印。开缄宛见谏议面，手脱月团三百片。"扬雄家贫嗜酒，人希至其门。时有好事者，载酒从雄处问奇字。②曹植《致季重书》："举泰山以为肉，挹东海以为酒。"《楚辞》："折琼枝以为馐。"③杜诗："饭抄云子白。"唐柳公权作《龙城记》，进呈文宗。上方御폭刀面、月儿羹，即命分赐之。④唐僧光谦，酒肉沙门也，尝云："愿鹅生四掌，鳖着两裙。"宋人亦有云："白鹅存掌鳖留裙。"⑤晋陶渊明为彭泽令，公田三百亩，令家人悉种秫。妻子固请种粳，乃使二顷五十亩种秫，五十亩种粳。〔释〕秫，即糯也。粳，即稻也。《史记》：秦二世败，豪家争取金宝窖之，任氏独窖粟。及楚汉相距荥阳，民不得耕种，米价腾贵，其富家之金玉，尽归于任。○秫，音术。粳，音耕。⑥梁蔡撙为吴兴守，郡斋前自种红苋紫茄，诏褒其清。钟阜，注详上。○薤，音械。

古贤诗意图之茶歌　明·杜堇

宫 室
gōng shì

新增文十联

阿房宫图　清·袁耀

1 洪荒之世，野处穴居；有巢以后，上栋下宇。① 竹苞松茂，谓制度之得宜；鸟革翚飞，谓创造之尽善。② 朝廷曰紫宸，禁门曰青琐。③ 宰相职掌丝纶，内居黄阁；百官具陈章疏，敷奏丹墀。④ 木天署，学士所居；紫薇省，中书所莅。⑤

金马玉堂，翰林院宇；柏台乌府，御史衙门。⑥ 布政司称为藩府，按察司系是臬司。⑦ 潘岳种桃于满县，故称花县；子贱鸣琴以治邑，故曰琴堂。⑧

注释：①《易》："上古穴居而野处，后世圣人易之以宫室，上栋下宇，以待风雨。"有巢氏方架木为巢，袭叶为衣。②《诗》："如竹苞矣，如松茂矣。"《诗》："如鸟斯革，如翚斯飞。"○翚，音非。③施敬本疏云：紫宸殿者，汉之前殿，周之路寝。青锁，宫中禁门以青涂之。范彦龙诗："摄官青琐闼，遥望凤凰池。"④丝纶，注详《朝廷》。《汉·百官志》：三公府三门，当中开黄阁，设内屏。尚书郎奏事光明殿，以胡粉涂壁，画古贤烈士。○丹朱漆地，曰丹墀。○墀，音池。⑤《类说》：秘书阁下，穹窿高敞，谓之木天。紫薇阁，西披，西台，右垣，右曹，皆中书省。⑥汉武帝得大宛马，以铜铸像于门，曰金马门。宋苏易简为学士，太祖御书"玉堂之署"赐之。汉朱博为御史大夫，府中柏树常有野乌栖其上。故今称内都察院公署曰柏台，曰乌府。⑦藩，以藩王室之义也。○臬司，执法之司也。俱详《文臣》类。○臬，音业。⑧潘岳、子贱，注俱详《文臣》。

2 潭府是仕宦之家，衡门乃隐逸之宅。①贺人有喜，曰门阑蔼瑞；谢人过访，曰蓬荜生辉。②美奂美轮，《礼》称屋宇之高华；肯构肯堂，《书》言父子之同志。③土木方兴曰经始，创造已毕曰落成。④

楼高可以摘星，屋小仅堪容膝。⑤寇莱公庭除之外，只可栽花；李文靖厅事之前，仅容旋马。⑥恭

注释：①韩愈诗："一为马前卒，鞭背生虫蛆。一为公与相，潭潭府中居。"《诗》："衡门之下，可以栖迟。"○潭，音昙。②蔼瑞，言门庭多吉祥也。蓬荜，柴门也。○荜，音必。③《檀弓》：晋献文子成室，张老曰："美哉轮焉，美哉奂焉。"〔释〕轮以美其周圆，奂以美其散明。肯构，注详《祖孙父子》。④《诗》："经始灵台。"《左》：楚子成章华之台，与诸侯共落之。〔释〕落，是宫室始成而祭之名。⑤宋杨亿生数岁，不能言。一日，家人抱之登楼，触其首，即吟曰："危楼高百尺，手可摘星辰。不敢高声语，恐惊天上人。"《归去来辞》："审容膝之易安。"⑥《宋书》：寇莱公为相，庭阶下无广地，仅可栽花而已。宋李文靖公沆为相，治居第，厅事仅可旋马。

衡门图
宋·马和之

衡门

hè wū chéng yuē yàn hè zì qiān wū xiǎo yuē wō
贺屋成曰燕贺，自谦屋小曰蜗
lú mín jiā míng yuē lǘ yán guì zú chēng wéi fá
庐。① 民家名曰闾阎，贵族称为阀
yuè zhū mén nǎi fù háo zhī dì bái wū shì bù
阅。② 朱门乃富豪之第，白屋是布
yī zhī jiā
衣之家。③

3
kè shè yuē nì lǚ guǎn yì yuē yóu tíng
客舍曰逆旅，馆驿曰邮亭。④
shū shì yuē yún chuāng cháo tíng yuē wèi què
书室曰芸窗，朝廷曰魏阙。⑤
chéng jūn bì yōng jiē guó xué zhī hào hóng gōng
成均辟雍，皆国学之号；黉宫

注释：①《淮南子》：大厦成而燕雀相贺。魏时隐者焦先，作圆舍于河间，形如蜗穴，名曰蜗庐。〔释〕蜗牛，小螺也，有两角，能喷土为穴，仅可容身。〇蜗，音蛙。②闾阎，皆里门也。《史记》：明其等曰阀，积其功曰阅。韦彪曰："士以才行为先，不可纯倚阀阅。"〇闾，音炎。阀阅，音伐越。③古者居官，民众多者，天子赐朱户，谓以丹朱其户。《家语》：周公居冢宰之尊，而犹下白屋之士。④唐马周入关，舍新丰逆旅，命酒一斗八升，悠然独酌，众异之。逆，迎也。旅，众也。邮亭，境上行书之舍，即今驿馆也。⑤东坡诗："芸叶薰香走蠹鱼。"〔释〕芸，香草。蠹鱼，啮书虫也。芸可避蠹。《周礼·天官》："悬治象之法于象魏"。〔释〕象魏，阙也。

寇准像

寇莱槌疮　清·《孝经传说图解》

胶序，乃乡学之称。① 笑人善忘，曰徙宅忘妻；讥人不谨，曰开门揖盗。② 何楼所市，皆滥恶之物；垄断独登，讥专利之人。③ 荜门圭窦，系贫士之居；瓮牖绳枢，皆窭人之室。④ 宋寇准，真是北门锁钥，檀道济，不愧万里长城。⑤

注释：①唐贞观中，改国子学为国子监，后又改为司成，又改成均。取《周礼》大师乐掌成均之法，故名。《诗》："于乐辟雍。"（按）唐归崇敬建议：古天子学曰辟雍，雍水环绕如璧，故曰璧池、璧沼，亦言学省。今请改为辟雍省。《周礼》："周人养国老于东胶，养庶老于虞庠。"○黉，音横。胶，音交。②《家语》：鲁哀公谓孔子曰："人有善忘者，徙宅而忘其妻。"孔子曰："尤有甚者，桀纣乃忘其身。"史：孙策薨，权哭未息，张昭曰："今奸宄竞逐，乃顾礼制，是犹开门而揖盗也"。③宋京师有何氏，其楼下所卖之物多虚伪，因名何楼。《孟子》："有贱丈夫焉，必求垄断而登之，以左右望而罔市利。"〔释〕垄断，岗岭之断而高者。○垄，音笼。④荜门，以竹织门也。圭窦，凿门圭如玉也。《礼》："蓬户瓮牖。"贾谊《过秦论》："陈涉，瓮牖绳枢之子。"〔释〕瓮牖，以瓮为牖也。绳枢，以绳为系户枢也。⑤《宋史》：真宗罢寇准，知天雄军。契丹使者谓准曰："相公望重，何不在中书？"准曰："皇上以朝廷无事，北门锁钥，非准不可耳。"刘宋檀道济伐魏，粮竭，济夜唱筹量沙，及旦，魏军不敢追。进司空，镇寿阳，威名甚重，文帝疑畏之。及上疾，彭城王义康矫诏诛之。济自负文武全才，为国家倚重，既收，目光如炬，脱帻投地，曰："乃坏汝万里长城耶！"○钥，音约。

檀道济像

沙量筹唱

唱筹量沙图 清·马骀

【增】榱题一建,风雨攸除。① 百堵俱兴,周邦巩固;重门洞辟,宋殿玲珑。② 晋公堂下植三槐,相臣地位;靖节门前栽五柳,隐士家风。③ 退思岩,是鱼头参政退思时;知妄室,乃半山居士知妄处。④ 蓂生神尧阶下,竹秀唐帝宫前。⑤ 夹马营

注释:①榱题,屋檐之端也,今俗谓之檐。《诗》:"约之阁阁,椓之橐橐,风雨攸除,鸟鼠攸去,君子攸芋。"②《诗》:"似续妣祖,筑室百堵。西南其户,爰居爰处,爰笑爰语。"宋太祖曰:"重门洞辟,正如我心,少有私曲,人皆见之。"③《闻见录》:王祐有大功于朝,不得相,谓人曰:"我不做,二郎必做。"乃手植三槐于庭,曰:"吾子孙必有为三公者。"后王旦果相。东坡为作《三槐堂记》。《晋书》:陶靖节解印归,居柴桑,门前种五柳,号五柳先生。常言五六月北窗下卧,遇凉风暂至,自谓羲皇上人。④宋鲁宗道号"鱼头参政",营一室曰"退思岩",每退朝,独居其中,虽妻子不许入。宋王荆公自号半山居士,筑一室曰"知妄"。自为语录云:"知妄为妄,即妄是真。认妄为真,虽真亦妄。"⑤《史记》:尧帝土阶三尺,阶下有草曰蓂荚,朔后日生一叶,望后日落一叶。《唐书》:玄宗兄弟友爱,后苑竹丛幽密,帝谓诸王曰:"兄弟相亲,当如此竹。"因谓之义竹。

宅边五柳树图 清·吴友如

中，异香遍达；盘龙斋内，瑞气常臻。①月榭已成，剩有十分佳景；雪巢既构，应无半点尘埃。②

避风台妃子扬歌，凌烟阁功臣列像。③碧鸡坊里神仙至，朱雀桥边士子游。④浣花溪上草堂，最是杜公乐地；至道坊间土窟，更为司马胜居。⑤

注释：①《宋·纪》：宋太祖生于夹马营中，赤光满室，异香一月，号为香孩儿。南宋刘裕幼有大志，尝作一小斋，匾曰"盘龙"，意取能变化。②唐裴度致仕，治第东都，号"绿野堂"，有凉台燠馆、风台月榭之胜。宋林景思作庐舍，以雪景成，名之曰"雪巢"。杨廷秀赋："式瑶我室，式琼我扉，绝无一埃，点我胜概。"○榭，音谢。③《飞燕外传》：汉成帝后赵飞燕，体轻不胜风，帝为制七宝避风台。后善为"归风送远"之曲，歌于台上。酒酣风起，后扬袖曰："仙乎，仙乎！"左右捉其裙，帝目之曰："此留仙裙也。"《唐·纪》：唐太宗图功臣二十四人于凌烟阁。④《汉书》：有方士曰："金马碧鸡之神，可祭而至。"宣帝因建碧鸡坊。朱雀桥在吴西，士子游观之所。刘禹锡《乌衣巷》诗："朱雀桥边野草花，乌衣巷口夕阳斜。"⑤杜甫在成都时，剑南节度使裴冕为卜浣花溪，作草堂以居焉。宋王拱辰于洛之道德坊，起屋三层而居。司马公于至道坊，掘地为室居之。富郑公问邵尧夫曰："洛中有何新事？"尧夫曰："有一巢居者，有一穴处者。"遂以二公对，富公大笑。

乌衣巷 《明解增和千家诗》

qì yòng
器 用 新增文十一联

临宋人画之对镜图　明·仇英

1 一人之所需，百工斯为备。① 但用则各适其用，而名则每异其名。② 管城子、中书君，悉为笔号；石虚中、即墨侯，皆为砚称。③ 墨为松使者，纸号楮先生。④ 纸曰剡藤，又曰玉版；墨曰陈玄，又曰龙剂。⑤ 共笔砚，同窗之谓；付衣钵，传道之称。⑥

注释：①需，用也。《孟子》："且一人之身，而百工之所为备。"②朱子云："器者各适其用，而不能相通。"③《毛颖传》：毛颖，中山人。蒙恬南伐楚，次中山，将大猎，围毛氏族，拔其豪，载颖而归。始皇封诸管城，号曰管城子。累拜中书令，上呼为中书君。《说文》：楚谓之聿，吴谓之不律，燕谓之弗，秦谓之笔。《石虚中传》：石虚中字居默，南越高要人也。器度方圆，封即墨侯。与宣城毛元锐字文锋，燕人易玄光字处晦，华阴楮知白字守玄，皆同出处。〔释〕元锐，笔也。玄光，墨也。知白，纸也。④唐玄宗御案墨曰龙香剂，一日见墨有小道士如蝇而行，上叱之，即呼万岁，曰："臣墨之精，墨松使者也。"《毛颖传》：毛颖与绛人陈玄、弘农陶泓、会稽楮先生友善，出处必偕。〔释〕毛颖，笔也。陈玄，墨也。陶泓，砚也。楮先生，纸也。⑤剡溪之藤造纸极美。成都浣花溪造纸光滑，故名玉版。东坡《孙莘老寄墨》诗："溪石琢马肝，剡藤开玉版。"陈玄、龙剂详上。⑥《初学记》：汉宣帝微时，与张彭祖同砚席。衣钵，注详《师生》。

共剪西窗烛图 清·吴友如

笃(dǔ)志(zhì)业(yè)儒(rú)，日(yuē)磨(mó)穿(chuān)铁(tiě)砚(yàn)；弃(qì)文(wén)就(jiù)武(wǔ)，日(yuē)安(ān)用(yòng)毛(máo)锥(zhuī)。[1]剑(jiàn)有(yǒu)干(gān)将(jiàng)镆(mò)铘(yé)之(zhī)名(míng)，扇(shàn)有(yǒu)仁(rén)风(fēng)便(biàn)面(miàn)之(zhī)号(hào)。[2]何(hé)谓(wèi)箑(shà)，亦(yì)扇(shàn)之(zhī)名(míng)；何(hé)谓(wèi)籁(lài)，有(yǒu)声(shēng)之(zhī)谓(wèi)。[3]小(xiǎo)舟(zhōu)名(míng)蚱(zhà)蜢(měng)，巨(jù)舰(jiàn)日(yuē)艨(méng)艟(chōng)。[4]金(jīn)根(gēn)是(shì)皇(huáng)后(hòu)之(zhī)车(chē)，菱(líng)花(huā)是(shì)妇(fù)人(rén)之(zhī)镜(jìng)。[5]银(yín)凿(záo)落(luò)原(yuán)是(shì)酒(jiǔ)器(qì)，玉(yù)参(cēn)差(cī)乃(nǎi)

注释：①五代桑维翰屡应举，主司恶其姓与丧同音，因下第。乃著《日出扶桑赋》，又铸铁砚誓志，日："砚穿则改业。"后登进士，官至枢密使。五代史弘肇曰："安朝廷，定祸乱，直须长枪大剑，毛锥子安足用哉？"〔释〕毛锥，笔也。○锥，音追。②《吴越春秋》：吴王阖闾间使干将铸剑，与其妻镆铘断发剪指。投之炉中，遂成阴阳二剑。阳曰干将，而作龟文，阴曰镆铘，而作缦理。晋袁宏为东阳守，谢安授扇赠行，宏曰："即当奉扬仁风，慰彼黎庶。"汉张敞走马章台街，以便面拊马。〔释〕以扇障面，不致人见，故曰便面。○将镆铘，音桨莫耶。③箑菁者，瑞草也。尧时生于庖厨，其叶自扇，以凉饮膳，王者不嗜味则生。自关以西谓之扇，关以东谓之箑。其制起于轩辕氏。《庄子》："汝闻人籁而未闻地籁，汝闻地籁而未闻天籁。"〔释〕风声为天籁，水声为地籁，笙竽声为人籁。又风吹万物有声为万籁。○箑，音霎。籁，音赖。④《六书正伪》：蚱蜢，蝗类。借为船名，譬其小也。别作舴艋。舰，战船，四方施板，以御矢。外狭而长曰艨艟。○舰，音滥。艨艟，音蒙童。⑤《舆服志》：太皇太后、皇太后法驾，六御金根车，玉辂犊辇。〔释〕金根车，以金为饰。《赵后外传》：菱花镜一奁。

干将镆铘图 清·马骀

是箫名。①刻舟求剑，固而不通；胶柱鼓瑟，拘而不化。②斗筲言其器小，梁栋谓是大材。③

2 铅刀无一割之利，强弓有百石之名。④杖以鸠名，因鸠喉之不噎；钥同鱼样，取鱼目之常醒。⑤兜鍪系是头盔，叵罗乃为酒器。⑥短

注释：①白乐天诗："银含凿落盏，金屑琵琶槽。"〔释〕凿落，杯也。《风俗通》：舜作竹箫，其形参差，以象凤翼。姜白石诗："剪烛屡呼金凿落，倚窗闲品玉参差。"○凿，音昨。②《列子》：楚人有涉江者，舟中剑堕于水，遽刻其舟，曰："此吾堕剑处也。"至岸，从刻处入水求之，不亦惑乎？《扬子》：柱，瑟上雁足也。一弦一柱，所以游移上下，以调声者，若以胶粘定其柱，则不能调矣。〔释〕胶，粘膏也。③《论语》："斗筲之人，何足算也。"《晋书》：和峤有盛名，庾颛见而叹曰："峤森森如千丈松，虽磊砢多节，若施之大厦，则有栋梁之用。"④铅刀，注详《人事》。后魏奚康生能引强弓，梁闻，遗之以大弓粗箭。康生集文武射之，犹有余力。⑤《续汉书》：民年七十者，授之玉杖，杖端刻鸠。鸠者，不噎之鸟，取老人饮食不噎之义。锁钥，周穆王时所起。样同鱼者，鱼在水中，昼夜不瞑目，取守夜之义。○噎，音谒。⑥兜鍪，首铠也，亦曰胄。《吴志》：孙策与太史慈战于神亭，策兜鍪遂为慈所获。策谓慈曰："孤昔与卿神亭之役，若为卿先何如？"慈曰："不敢面欺，若兜鍪金带不断，未可量也。"李白《对酒》诗："葡萄酒，金叵罗，吴姬十五细马驮。"○鍪，音谋。盔，音魁。叵，音颇。

知章骑马图 清·吴友如

剑名匕首，毡毯曰氍毹。^①琴名绿绮焦桐，弓号乌号繁弱。^②香炉曰宝鸭，烛台曰烛奴。^③龙涎鸡舌，悉是香名；鹢首鸭头，别为船号。^④寿光客，是妆台无尘之镜；长明公，是梵堂不灭之灯。^⑤

桔槔是田家之水车，被襏是

注释：①匕，匙也。其头如匕，短而便用，故名。《说文》：氍毹氍毹，皆毡毯之属。古词："美人赠我毡氍毹。"○毡毯，音詹坦。氍毹，音瞿俞。②绿绮，司马相如琴名。昔吴人有烧桐以爨者，蔡邕取以为琴。琴成，尾有焦，因名曰焦尾琴，声调绝伦。《古史考》：柘树枝长而乌集，将飞枝弹乌，乌号呼，以柘为弓，因名曰乌号。《地舆志》：繁弱之弓，屈卢之矛，古之异宝。〔释〕繁弱、屈卢，二地名。一出良弓，一出利矛。③古诗："宝鸭焚兰烬，金猊喷麝煤。"《天宝遗事》：申王以檀木刻童子，每夜饮，列执画烛，故名烛奴。④《初学记》：大石国龙多蟠于洋中大石，卧而吐涎，众鱼聚而嚼之，人见则鱼没，因而取焉。《杂俎》：一木四香，根曰旃檀，节曰沉香，花曰鸡舌，胶曰薰陆。《香谱》：鸡舌，一名丁子香，即丁香母也。郭璞云："鹢鸟画于船头，以惊水怪。"《吴志》：太傅诸葛恪，制为鸭头。○涎，音旋。鹢，音亦。⑤隋御史王度有宝镜，时蒲陕间大疫，度令人持镜照之，病者皆愈。度因作《古镜记》，称为寿光先生。《异闻录》：杨穆尝于昭应寺读书，见红裳女子，穆问其姓名，答曰："远祖名无忌，姓宋，因显扬释教，封长明公。开元中立经幢，封妾为西明夫人。"后验之，乃经幢中灯也。○梵，音泛。

汉宫春晓图　明·尤求

农夫之雨具。① 乌金，炭之美誉；忘归，矢之别名。② 夜可击，朝可炊，军中刁斗；《云汉》热，《北风》寒，刘褒画图。③ 勉人发愤，曰猛着祖鞭；求人宥罪，曰幸开汤网。④ 拔帜立帜，韩信之计甚奇；楚弓楚得，楚王所见未大。⑤

注释：①《庄子》：子贡适楚，见一丈人为圃畦，抱瓮而灌。子贡曰："凿木为机，一日可浸百畦，盖名桔槔。"圃者笑曰："有机械者，必有机事；有机事者，必有机心。吾不为也。"管仲对齐桓公曰："今农夫首戴茅蒲，身衣袯襫，以旦暮从事于田野。"〔释〕茅蒲，箬笠也。袯襫，蓑衣也。○槔，音皋。袯襫，音拨式。②孟郊《答友人赠炭》诗："青山白屋有仁人，赠炭价重双乌金。《文选》："楚王张繁弱之弓，载忘归之矢，以射蛟兕于云梦。"③古者军有刁斗，以铜为之，朝炊饭，夜击持行。后汉刘褒画《云汉图》，观者皆热；画《北风图》，观者皆凉。④晋祖逖、刘琨见石勒陷洛阳，同起兵救晋。夜闻鸡鸣，遂唤琨曰："此非恶声也。"因起舞。由是南渡江，遂击楫曰："祖逖不能清复中原而后济者，有如此江！"琨与亲故书曰："吾枕戈待旦，志枭逆虏，尝恐祖生先吾着鞭。"昔成汤出，见猎者张网四面，祝曰："皆入吾网。"汤曰："噫，尽之矣！"乃解其三面。诸侯闻之曰："汤德至宏，泽及禽兽，况于人乎！"⑤韩信攻赵，选轻骑二千人，各持一赤帜，戒曰："赵见我走，必空壁逐我。须拔赵白帜，立汉赤帜。"赵兵大乱，汉军夹击，遂破赵，斩成安君。《家语》：楚共王出游，亡其乌号之弓，左右请求之。王曰："楚人失弓，楚人得之，又何求焉？"孔子闻之曰："惜乎其不大也。不曰人遗弓，人得之，何必楚也？"○帜，音职。

商汤王解网施仁图　明·《帝鉴图说》

3 董安于性缓，常佩弦以自急；西门豹性急，常佩韦以自宽。① 汉孟敏尝堕甑不顾，知其无益；宋太祖谓犯法有剑，正欲立威。② 王衍清谈，常持麈尾；横渠讲《易》，每拥皋比。③ 尾生抱桥而死，固执不通；楚妃守符而

注释：①《文苑》：西门豹、范丹皆性急，佩韦以自戒；宓子贱、董安于性缓，佩弦以自急。②汉孟敏尝荷甑堕地，不顾而去，郭泰见而问之，敏曰："甑已破矣，视之何益？"宋内臣李承进，逮事后唐庄，太祖问曰："庄宗以英武治天下，享国不久，何也？"对曰："庄宗威令不行，赏赉无节。"上抚髀叹曰："朕今抚养士卒，固不吝爵赏，苟犯吾法，惟有剑耳。"③晋王衍初为元城令，终日清谈，每持玉柄麈尾。〔释〕麈，大鹿也。群鹿所往，视麈尾所转为准。故谈者执之。宋张载号横渠，喜谈兵。范仲淹谓之曰："儒者自有名教可乐，何事于兵？"因劝之读《中庸》，反而求之六经。常在京师坐皋比，说《周易》，从者甚众。〔释〕皋比，虎皮坐褥也。○麈，音主。比，音皮。

东晋清谈图　清·《绘图二十四史通俗演义》

亡，贞信可录。① 温峤昔燃犀，照见水族之鬼怪；秦政有方镜，照见世人之邪心。②

车载斗量之人，不可胜数；南金东箭之品，实是堪奇。③ 传檄可定，极言敌之易破；迎刃而解，甚言事之易为。④ 以铜为鉴，可正衣冠；以古为鉴，可知兴替。⑤

注释：①《抱朴子》：尾生，即微生高也。尝与女子期于蓝桥，女子不来，忽水涨，生欲全信，抱桥柱而死。楚昭王出游，留夫人渐台，王约曰："召必以符。"及遣使迎夫人，使者忘持符，夫人不敢行。使者还取符，水涌台崩，夫人遂溺死。〔释〕符，信也，制以竹，六寸，分之可合也。②晋温峤过牛渚矶，世传下多怪，峤燃犀照之，见奇怪异状者，赤衣乘马者。须臾，水族覆火。夜梦人告曰："幽冥自别，何意相照如此？"〔释〕犀，兽，毛如豕，蹄有三甲，头如马，有三角。《西京杂记》：秦始皇有方镜，照人约见心胆。凡宫女有邪心者，照之则胆悸心动。○犀，音西。③《三国志》：魏主曹丕，策拜孙权为吴主，权使赵咨入谢。丕问咨曰："吴如大夫者几人？"咨曰："聪明特达者，八九十人。如咨之辈，车载斗量，不可胜数。"《尔雅》：东南之美者，有会稽之竹箭焉。西南之美者，有华山之金石焉。晋顾荣，吴郡人，虞潭，会稽人，并起兵讨苏峻。史赞曰："顾是南金，虞为东箭。"④汉韩信言于汉王曰："大王入关，秋毫无所害，除秦苛法，秦民无不欲得大王秦。皆举兵而东，三秦可传檄而定也。"〔释〕檄，以木简为书，长尺二寸，以号召也。有急则插鸡羽，谓之羽檄。《晋史》：预伐吴，克江陵，谓诸军曰："今兵威一振，势如破竹然，数节之后，迎刃而解，无复著手处也。"○檄，音隙。⑤唐史：魏徵卒，太宗谓侍臣曰："人以铜为鉴，可正衣冠；以古为鉴，可知兴替；以人为鉴，可知得失。朕尝保此三鉴，以防己过，今魏徵没，朕亡一鉴矣。"

唐太宗像

温峤像

魏徵像

【增】侧理为纸别号，玄香乃墨佳名。①砚彩鲜明，公权曾评鸲眼；笔锋劲健，钟繇惯用鼠须。②匕首一见惊秦王，蝥弧先登降敌国。③蛇矛龙盾，声雄太乙之坛；紫电青霜，锐比昆吾之剑。④为炊必用土锉，汲井应藉辘轳。⑤睡爱珊瑚枕上凹，人情乃尔；饮怜琥珀杯中滑，我意犹然。⑥石季龙坐五香席上，李太白卧七宝床中。⑦

云绕匡庐，案化葛仙之麂；浪翻雷泽，梭飞陶母之龙。⑧庾老据

注释：①《拾遗记》：南越献侧理纸，南人以海苔为纸，其理纵横斜侧。晋武帝以赐张华写《博物志》。汉人语讹，谓之陟厘纸。《纂异记》：薛稷为墨，封九锡，拜玄香太守，兼亳州楮郡平章事。是日，墨吐异气，结成楼台状，邻里来观，良久乃灭。②柳公权论砚云：贮水处有赤白黄色点者，号鸲鹆眼，最佳。《砚谱》：端溪中之砚石，有鹳鸲眼，黄黑相间，晶莹可爱，谓之活眼。《世说》：钟繇、张芝、王羲之，皆用鼠须笔。③《史记》：燕太子丹，命荆轲入秦刺秦王，为匕首，以药淬之，中其锋即死。轲以献地舆图为名，图穷匕首见，秦王觉，惊走，乃得免。〔释〕匕首，短刀也。《左传》：郑伐许，颍考叔取郑伯之旗蝥弧以先登。〔释〕蝥弧，旗也。○匕，音比。蝥弧，音绵胡。④兵法云：古者出师，必列武备，祭于太乙之坛。龙盾蛇矛，正武备也。〔释〕矛盾画龙蛇于上。太乙，神名。《滕王阁序》："紫电青霜，王将军之武库。"紫电青霜，谓剑也。昆吾，穆王剑，甚锋利，照人如悬冰，切玉如切泥。⑤《高士传》：王褒家甚贫，终日土锉无烟。土锉，瓦锅也。辘轳，井上汲水圆轴。○锉，音剉。辘轳，音六卢。⑥唐诗："饮怜琥珀杯中滑，睡爱珊瑚枕上凹。"⑦《邺中记》：石季龙作席，以锦裹五香，杂之以五彩，缘之以锦，延待宾客。《唐书》：李白被召，明皇以七宝床置之金銮殿中，使白坐卧，其宠遇如此。⑧晋葛仙翁隐匡庐，刻桐木几案，三足，忽化为白麂，时出于山，白日登仙。麂，麇属。陶侃母弃梭于雷泽，忽化为龙而去。○麂，音几。

hú chuáng tán yǒng　zhū zuǒ jiē huān　kǒng míng zhí yǔ
胡床谈咏，诸佐皆欢；孔明执羽

shàn zhǐ huī　sān jūn yòng mìng　yǐ shèng xián wéi zhǔ
扇指挥，三军用命。① 以圣贤为拄

zhàng　què yōu yú jiǔ jié cāng téng　yòng rén yì zuò jiàn
杖，却优于九节苍藤；用仁义作剑

fēng　jué shèng yú qī xīng bái rèn　shàng gōng膺chǒng
锋，绝胜于七星白刃。② 上公膺宠

mìng　yǐ zhī gāo zuò jiān yú　mò shì shǎo háo xióng
命，已知高坐肩舆；末士少豪雄，

kě xī dào chí shǒu bǎn
可惜倒持手版。③

注释：①晋庾亮镇武昌，中秋夜，佐吏殷浩之徒，乘月登南楼啸咏。亮至，众欲散，亮曰："老子兴亦不浅。"据胡床谈咏至旦。〔释〕胡床，交椅也。《世说补》：诸葛亮与司马懿治军渭滨，克日交战，懿戎服莅事，使人视亮，独乘素舆，葛巾羽扇，指挥三军，随其进止。司马叹曰："诸葛君可谓名士矣。"②陆贾《新语》："君子居高处上，则以仁义为巢。弃危履险，则以圣贤为杖。"陈思王《征蜀赋》："今以谋谟为剑戟，策略为旌旗。"③钟繇为三公，上特加宠遇，使之肩舆入朝廷。〔释〕肩舆，轿也。晋桓温将移晋室，召谢安、王坦之，欲于座害之。既见，坦之汗流沾衣，倒持手版。安从容谓曰："闻天下有道，守在四裔，明公何须壁后置人。"温笑曰："正自不能不尔。"

李白斗酒诗百篇图　清·吴友如

珍　宝　新增文十一联

焦尾冲和图

清·陈字

① 山川之精英，每泄为至宝；乾坤之瑞气，恒结为奇珍。① 故玉足以庇嘉穀，珠可以御火灾。② 鱼目岂可混珠，碔砆焉能乱玉。③ 黄金生于丽水，白银出自朱提。④ 曰孔方，曰家兄，俱为钱号；曰青蚨，曰鹅眼，亦是钱名。⑤

可贵者明月夜光之珠，可珍者璠玙琬琰之玉。⑥ 宋人以燕石为玉，什袭缇巾之中；楚王以璞玉为石，两刖卞和之足。⑦ 惠王之珠，光能照乘；和氏之璧，价重

注释：①精英，精粹之英。瑞气，和祥之气。至宝、奇珍，乃天地山川灵气所钟。②《左》：王孙圉曰："玉足以庇荫嘉穀，使无水旱之灾，则宝之。珠可以御火灾，则宝之。"〇庇，音秘。③《广州记》：鲸鱼目似明月珠。《埤雅》：龙珠在额，蛟珠在皮，蛇珠在口，鳖珠在足，蚌珠在腹。魏文侯与西门豹论云："夫物多相类而非也。白骨疑象，碔砆类玉，此皆似是而非者。"〇砆，音夫。④丽水在益州中，有金如糠，浮出水上。朱提，山名，在四川，多产白银。〇朱提，音殊时。⑤鲁褒《钱神论》："钱之为体，有乾坤之象，亲之如兄，字曰孔方。洛中朱衣，当途学士，见我家兄，不敢仰视。"《搜神记》：南方有虫，其形如蝉，取其子，母即飞来。以母血涂钱八十一文，以子血涂钱八十一文，或先用母钱，或先用子钱，皆复飞归，轮环无已。故淮南子之术，以之还钱，名曰青蚨。《宋略》：沈庆之启通私铸，而钱大坏矣。每千长不满三寸，谓之鹅眼钱。〇蚨，音符。⑥《搜神记》：隋侯出行，见蛇被伤，救而治之，其后蛇衔明珠以报，其夜光可以照堂。孔子曰："美哉璠玙，远而望之焕若也，近而视之瑟若也。一则理胜，一则孚胜。"《书》："弘璧琬琰在西序。"〇璠玙，音烦余。琬，渊上声。琰，盐上声。⑦《说苑》：宋之愚人得燕石，以为至宝，以革柜缇巾什袭藏之。有客闻而观焉，主人斋戒七日，沐浴启视，客笑曰："石也。"宋人怒，藏之愈固。楚人卞和游荆山，得璞玉，献之楚厉王。王使玉人相之，曰："石也。"王怪其诈，刖其左足。又献之武王，亦以为诈，刖其右足。〇缇，音题。刖，音月。

连城。^①鲛人泣泪成珠，宋人削玉为楮。^②贤乃国家之宝，儒为席上之珍。^③王者聘贤，束帛加璧；真儒抱道，怀瑾握瑜。^④

雍伯多缘，种玉于蓝田而得美妇；太公奇遇，钓璜于渭水而遇文王。^⑤

注释：①《史记》：齐威王、魏惠王会田于郊。魏王曰："齐有宝乎？"齐王曰："无有。"魏王曰："寡人国虽小，尚有径寸之珠，照车前后各十二乘者十颗。岂齐大国而无宝乎？"《史记》：赵惠文王得楚和氏璧，秦昭王请以十五城易之。蔺相如捧璧入秦，见秦王无偿城意，欲以璧击柱。王恐碎璧，不敢逼。因怒发冲冠，完璧归赵。②《博物志》：水国鲛人出寓人间卖绡，将去，从主人索一器，泣泪成珠满盘，以谢主人。《列子》：宋人有为其君以玉为楮叶，三年而成，杂之楮叶中，不辨。○鲛，音交。③《汉诰篡疏》：秦欲伐楚，秦使观楚之宝器乎？楚之所宝，即贤臣也，惟大国之所观。《家语》：鲁哀公问儒行，孔子对曰："儒有席上之珍，以待聘。"④《汉书》：武帝使使束帛加璧，以蒲裹车轮而迎申公。《楚辞》："怀瑾握瑜。"〔释〕瑾、瑜，皆美玉。在衣为怀，在手为握。⑤雍伯，注详《夫妇》。《史记》：姜子牙年八十，钓于渭水。初下得鲋，次下得鲤，剖鱼腹，中得璜玉，刻文曰："周受命，吕佐之。"文王出猎于渭水，见老父钓，王问之曰："叟乐此乎？"对曰："君子乐行其志，小人乐供其事。吾非乐于渔也。"王谓左右曰："得无是乎？"因载之后车以归。与论政事，大悦之，曰："吾先君太公尝曰：'当有圣人适周，周赖以兴。'子真是乎？太公望子久矣。"号太公望。○璜，音横。

聘庞图 明·倪端

② 剖腹藏珠，爱财而不爱命；缠头作锦，助舞而更助娇。① 孟尝廉洁，克俾合浦还珠；相如勇忠，能使秦廷归璧。② 玉钗作燕飞，汉宫之异事；金钱成蝶舞，唐库之奇传。③ 广钱固可以通神，营利乃为鬼所笑。④

注释：①唐太宗曰："吾闻西域贾胡得美珠，剖腹藏之，人皆笑彼之知爱珠，而不知爱其身也。"杜赠妓诗："笑时花近眼，舞罢锦缠头。"唐明皇折千叶桃，插于妃子鬓曰："此花亦能助娇。"②汉合浦县不产穀而出珠，民尝采珠以易米。浦之太守贪污，珠渐徙去交趾。及孟尝为合浦太守，除革前弊，未逾岁，去珠复还。相如，详上"连城"。③汉武帝起招云阁，有二神女遗玉钗与帝，帝以赐赵婕妤。至元凤中，宫人犹见此钗，谋欲碎之。明旦视匣中，惟见白燕飞天而去。唐穆宗时，禁中千叶牡丹开，有黄白蝴蝶数万，飞集花间。上令举网张之，得数百，视之，乃库中金钱也。④唐张延赏将判狱，忽案上有一帖云："奉钱十万贯。"延赏曰："钱至十万贯，可通神矣。吾惧祸及，不得不止。"宋刘伯龙历官中外，贫窭尤甚。尝在家时，营什一之利，一鬼在旁扶掌大笑，伯龙叹曰："贫穷固有命，今日乃为鬼所笑也。"

人物故事图之完璧归赵 清·吴历

以小致大，谓之抛砖引玉；贪贱失贵，谓之买椟还珠。① 贤否罹害，如玉石俱焚；贪吝无厌，虽锱铢必算。② 崔烈以钱买官，人皆恶其铜臭；秦嫂不敢视叔，自言畏其多金。③ 熊衮父亡，天乃雨钱助葬；仲儒家窘，天乃

注释：①赵嘏至吴，常建以其有诗名，必游灵岩寺，建先题二句。及嘏游寺，为续成之。人谓建乃抛砖引玉。《韩子》：楚人卖珠，为木兰之椟，熏以桂柏，缀以珠玉，缉以羽翠。郑人买其椟还其珠，只知椟之美，不知珠之贵。〔释〕椟，柜也。○抛，披交切。砖，音专。②《书》：“火炎昆岗，玉石俱焚。”《说文》：锱，六铢也。（按）黄钟一龠，容二千百黍，重十二铢，二十四铢为两。〔释〕极言其细微。○否，音鄙。罹，音利。锱铢，音甾朱。③汉灵帝开鸿都门，嬖官鬻爵。崔烈本冀州名士，因傅母人钱五百万，得为司徒。烈问其子钧曰：“吾居三公，外议何如？”钧曰：“大人少有英称，历位卿守，但论者嫌其铜臭耳。”〔释〕傅母，教帝之母也。《国策》：苏秦字季子，初说秦不遇，归，妻不下机，嫂不为炊。后说赵，赵王大悦，封为武安君，受相印。将说楚，路过洛阳，嫂蛇行匍伏，四拜自跪而谢。秦曰：“嫂何前倨而后恭乎？”嫂曰：“以季子位尊而多金也。”

杨柳青木版年画·六国封相

雨金济贫。① 汉杨震畏四知而辞金，唐太宗因惩贪而赐绢。②

晋鲁褒作《钱神论》，尝以钱为孔方兄；王夷甫口不言钱，乃谓钱为阿堵物。③然而床头金尽，壮士无颜；囊内钱空，阮郎羞涩。④但匹夫不可怀璧，人生孰不爱财。⑤

注释：①唐熊衮为御史大夫，奉公守法，家无私积。父死不能葬，日夜号哭。一日天雨钱十万，以襄葬事。《述异记》：翁仲儒家极贫，一旦天雨金十斛于其家，由是与王侯争富。②汉杨震举王密为邑令，密夜怀金以馈之。密曰："暮夜无人知。"震曰："天知地知，你知我知，何谓无知？"密惭而退。唐长孙顺德受人馈绢，事觉，太宗复赐绢十匹。胡演曰："不致罪而复赐之，何也？"上曰："彼有人性，得绢之辱，甚于受刑。"顺德闻之羞惭。③《钱神论》，注详上。晋王夷甫妻郭氏，喜聚敛，夷甫不悦，口不言钱。妻欲试之，以钱绕床不得行。夷甫见之，命婢取阿堵物去。〔释〕阿堵，犹言眼前物，谓钱也。④古诗："床头黄金尽，壮士无颜色。"晋阮孚持一皂囊，游会稽，客问其中何物，孚曰："但有一钱守囊，恐其羞涩。"○涩，音森入声。⑤《左》：虞叔有玉，虞公求之，不献。既而悔曰："匹夫无罪，怀璧其罪。焉用此以买祸也。"遂献之。

熊衮像

暮夜却金　明·《圣谕像解》

晋阮孚像

【增】斑斑美玉，瑟瑟灵珠。①琉璃瓶最宜卜相，琥珀盏尤可酌宾。②嗣续将盛，鸣鸠化金带之钩；爵禄弥高，飞鹊幻玉纹之印。③魏博铁铸错，犹惜不成；张说记事珠，忽然顿悟。④夏桀乃昏庸主，国有瑶

注释：①《事文类聚》：斑斑，玉名。瑟瑟，珠名。②《广州志》：琉璃出大秦、高丽、日南诸国，其性坚，刀刮不动。白色，厚半寸许，此自然之物，彩泽光润。《五代史》：废帝欲择相，左右皆言卢文纪及姚显有人望。帝因书姓名，纳之琉璃瓶中，焚香祝天，以箸挟之，得文纪，遂以为相。《博物志》：松脂沦入地中，千年化为茯苓。再千年化为琥珀，又名珠光。③《韵府群玉》：山西张氏，世代有阴德。忽有鸠入室，祝之曰："尔为祸耶，飞上承尘。为福耶，飞入我怀。"鸠飞入怀，以手探之，得一金带钩，遂宝焉。自是子孙日富盛。唐张璟见飞鹊忽坠于地，化而为石，剖之得玉印，文曰"忠孝侯之印"。○幻，音宦。④《五代史》：罗绍威以魏博牙兵骄甚，尽杀之，后遂为朱温所制。乃谓亲吏曰："聚六州四十三县铁，铸一个错不成。"〔释〕六州，魏、博、贝、相、澶、卫也。铸错不成，盖叹其误杀牙兵也。唐张说为相，有记事珠，事之遗忘者，弄其珠则恍然悟。

沈酗败德图　清·《钦定书经图说》

沈湎冒色图　清·《钦定书经图说》

<ruby>台<rt>tái</rt></ruby>；<ruby>郭<rt>guō</rt></ruby><ruby>况<rt>kuàng</rt></ruby><ruby>是<rt>shì</rt></ruby><ruby>贵<rt>guì</rt></ruby><ruby>戚<rt>qī</rt></ruby><ruby>卿<rt>qīng</rt></ruby>，<ruby>家<rt>jiā</rt></ruby><ruby>多<rt>duō</rt></ruby><ruby>金<rt>jīn</rt></ruby><ruby>穴<rt>xué</rt></ruby>。①<ruby>韩<rt>hán</rt></ruby><ruby>嫣<rt>yān</rt></ruby><ruby>一<rt>yī</rt></ruby><ruby>出<rt>chū</rt></ruby>，<ruby>儿<rt>ér</rt></ruby><ruby>童<rt>tóng</rt></ruby><ruby>觅<rt>mì</rt></ruby><ruby>绿<rt>lù</rt></ruby><ruby>野<rt>yě</rt></ruby><ruby>之<rt>zhī</rt></ruby><ruby>金<rt>jīn</rt></ruby><ruby>丸<rt>wán</rt></ruby>；<ruby>汉<rt>hàn</rt></ruby><ruby>祖<rt>zǔ</rt></ruby><ruby>既<rt>jì</rt></ruby><ruby>还<rt>huán</rt></ruby>，<ruby>亚<rt>yà</rt></ruby><ruby>父<rt>fù</rt></ruby><ruby>撞<rt>zhuàng</rt></ruby><ruby>鸿<rt>hóng</rt></ruby><ruby>门<rt>mén</rt></ruby><ruby>之<rt>zhī</rt></ruby><ruby>玉<rt>yù</rt></ruby><ruby>斗<rt>dǒu</rt></ruby>。②

<ruby>刻<rt>kè</rt></ruby><ruby>岷<rt>mín</rt></ruby><ruby>姬<rt>jī</rt></ruby><ruby>之<rt>zhī</rt></ruby><ruby>形<rt>xíng</rt></ruby><ruby>以<rt>yǐ</rt></ruby><ruby>玉<rt>yù</rt></ruby>，<ruby>好<rt>hào</rt></ruby><ruby>色<rt>sè</rt></ruby><ruby>惟<rt>wéi</rt></ruby><ruby>然<rt>rán</rt></ruby>；<ruby>铸<rt>zhù</rt></ruby><ruby>范<rt>fàn</rt></ruby><ruby>蠡<rt>lí</rt></ruby><ruby>之<rt>zhī</rt></ruby><ruby>像<rt>xiàng</rt></ruby><ruby>以<rt>yǐ</rt></ruby><ruby>金<rt>jīn</rt></ruby>，<ruby>尊<rt>zūn</rt></ruby><ruby>贤<rt>xián</rt></ruby><ruby>乃<rt>nǎi</rt></ruby><ruby>尔<rt>ěr</rt></ruby>。③<ruby>珊<rt>shān</rt></ruby><ruby>瑚<rt>hú</rt></ruby><ruby>树<rt>shù</rt></ruby>，<ruby>塞<rt>sāi</rt></ruby><ruby>满<rt>mǎn</rt></ruby><ruby>齐<rt>qí</rt></ruby><ruby>奴<rt>nú</rt></ruby><ruby>之<rt>zhī</rt></ruby><ruby>室<rt>shì</rt></ruby>；<ruby>玛<rt>mǎ</rt></ruby><ruby>瑙<rt>nǎo</rt></ruby><ruby>盘<rt>pán</rt></ruby>，<ruby>捧<rt>pěng</rt></ruby>

注释： ①《通鉴》：夏桀无道，为肉山酒池，琼宫瑶台。郭况，汉光武郭后之弟也。帝数幸其第，赏赐黄金甚多，时谓之金穴。②韩嫣性奢侈，以金为弹丸，一日所失者十余。长安为之语曰："若饥寒，逐弹丸。"京师儿童每伺嫣出辄随往，望弹丸所落而拾之。《史记》：汉祖鸿门之宴，起如厕。樊哙曰："大行不顾细谨，大礼不辞小让。如今人方为刀俎，我为鱼肉，何辞焉！"遂逃归灞上，留张良以白璧谢羽，以玉斗谢范增。增置之地，拔剑撞破之，曰："唉！竖子不足与谋！夺项王天下者，必沛公也。"○嫣，音烟。③《敦煌纪年》：桀伐岷山，岷山之君献桀以二女，曰琬曰琰。桀受二女，刻其名若苕华之玉。《吴越春秋》：越既破吴，范蠡遂泛舟游于五湖，莫知所终。勾践思之，以黄金铸像而朝礼之。

樊哙鸿门闯宴图　清·《百将图传》

越大夫范公蠡图　清·任渭长

来<u>行俭</u>之家。^①<u>燕昭王</u>之凉珠，炎蒸无暑；<u>扶余国</u>之火玉，冽冱无寒。^②锦帆锦帐，炫人耳目；金埒金坞，骇我见闻。^③从吾所好，岂曰富而可求；有命存焉，当以不贪为宝。^④

注释： ①石崇小名齐奴。王恺与崇斗富，不胜，武帝出珊瑚树，高三尺，助恺。崇击碎之。帝欲其赔，崇以高六七尺者赔之。四五尺者，殆不胜数。唐裴行俭有玛瑙盘，广二尺，文采粲然。军吏趋跌，盘碎，惶愧叩头。行俭曰："汝非故也。"色不少变，君子服其量。②《拾遗记》：燕昭王时，外国献黑蚌珠，暑月怀之极清凉，号招凉珠。唐武宗时，扶余国进火玉，可以燃鼎，置室中，不必挟纩。③锦帆，注详《贫富》。锦帐，注详《衣服》。晋王武子养马，编钱布地，号金埒。金坞，注详《贫富》。○埒，音劣。坞，乌上声。④《论语》：子曰："富而可求也，虽执鞭之士，吾亦为之。如不求，从吾所好。"《左传》：宋人或得玉，献诸子罕。子罕曰："我以不贪为宝，尔以玉为宝，若以与我，皆丧宝焉，不若人有其宝。"卒弗受。〔释〕丧宝，谓一丧廉，一丧宝。

松阴抚琴图　明·史文

贫 富

pín fù

新增文十联

桃花秋千图 清·佚名

① 命之修短有数，人之富贵在天。^①惟君子安贫，达人知命。^②贯朽粟陈，称羡财多之谓；紫标黄榜，封记钱库之名。^③贪爱钱物，谓之钱愚；好置田宅，谓之地癖。^④守钱虏，讥蓄财而不散；落魄夫，谓失业之无依。^⑤贫者地无立锥，富者田连阡陌。^⑥

注释：①修，长也。《论语》："死生有命，富贵在天。"②《滕王阁序》："所赖君子安贫，达人知命。"③司马迁《平准书》：汉兴七十余年之间，国家无事，京师之钱累巨万，贯朽而不可校。太仓之粟，陈陈相因。梁武帝萧衍性爱钱，百万一聚，挂以黄榜，千万一库，挂以紫标。武帝少子综，作《钱愚论》讥之。④《晋书》：和峤官太傅，富拟王者，性至吝，一文不妄费，杜预目为"钱愚"。唐李憕善置业，田畴弥望，人谓之"地癖"。〔释〕癖，病也。○癖，音僻。⑤汉马援少家贫，往北地田牧。后有羊马牛数千头，穀数万斛，叹曰："凡殖财货，贵能施赈，否则守钱虏耳。"尽其所有，以颁昆弟故旧。《汉书》：郦食其好读书，家贫落魄，无衣食产业，为里门监。⑥《食货志》：秦孝公坏井田，开阡陌，民得买卖，富者田连阡陌，贫者地无立锥。〔释〕田间道路，南北曰阡，东西曰陌。

吕不韦　明·陈洪绶

任曲宣氏　明·陈洪绶

室如悬磬，言其甚窘；家无儋石，谓其极贫。① 无米曰在陈，守死曰待毙。② 富足曰殷实，命蹇曰数奇。③ 甦涸鲋乃济人之急，呼庚癸是乞人之粮。④ 家徒壁立，司马相如之贫；爨廖为炊，秦百里奚之苦。⑤ 鹄形菜色，皆穷民饥饿之形；炊骨爨骸，谓军中乏粮之惨。⑥

注释：①《左》：齐孝公伐鲁，鲁使展喜犒师，齐侯曰："鲁人恐乎？"对曰："小人恐矣，君子则否。"齐侯曰："室如悬磬，野无青草，何恃而不恐？"《扬子云传》：家无儋石之储。〔释〕儋石，容二斗。②史：哀公四年，楚使人聘孔子，孔子往拜，路出于陈、蔡，被其以兵甲相拒。孔子不得行，绝粮七日。《左》：郑祭仲劝庄公伐其弟叔段，公曰："多行不义必自毙。子姑待之。"○毙，音备。③殷实，谓其所积盛大充满。《李广传》：李广猿臂善射，匈奴畏服，号飞将军。卒以数奇，不得封侯。〔释〕数，命数。奇，只而不偶，谓不遇合也。○奇，音居。④庄周字子休，贷粟于监河侯，侯曰："待吾得封邑，百姓所赋之金，以贷于子，可乎？"周忿然曰："周昨来，顾视车辙有鲋鱼矣，曰：'我东海波臣也，君岂有斗升之水而活我？'周曰：'诺，我将南游吴楚之王，令汲西江之水活子，可乎？'鲋然作色曰：'君言此，不如早索我于枯鱼之肆。'"〔释〕甦，复生也。涸，水干也。《左》：吴申叔仪乞粮于鲁，大夫有山氏曰："粱则无矣，粗则有之。若登首山以呼，曰'庚癸乎'，则诺。"〔释〕庚，西方主金。癸，北方主水。此乃军中隐语耳。粱，美谷也。○甦，音苏。⑤《司马相如传》：相如家徒壁立。廖，关门横木也。注互详增《夫妇》。○廖，音掩移。⑥《通鉴》：梁简文时，江南百姓乏食，皆鹄形鸠面。《礼记》："虽有凶旱水溢，民无菜色。"黄山谷《题画菜》诗："不可使士大夫不知此味，不可使天下之民有此色。"《公羊传》：宋华元语楚曰："寡君使元以病告归，敝邑易子而食，析骸而爨。"

百里奚像　明·陈洪绶

司马长卿　明·陈洪绶

卓文君　清·马骀

② 饿死留君臣之义，伯夷叔齐；资财敌王公之富，陶朱猗顿。① 石崇杀妓以侑酒，恃富行凶；何曾一食费万钱，奢侈过甚。② 二月卖新丝，五月粜新谷，真是剜肉医疮；三年耕而有一年之食，九年耕而有三年之食，庶几遇荒有备。③ 贫士

注释：①《博物志》：伯夷、叔齐耻食周粟，采薇而食。有妇人曰："子何食周之草木也。"兄弟于是饿死。范蠡仕越为大夫，其后弃官，止于陶，逐什一之利，资累巨万，自号陶朱公。猗顿乃鲁贫士，闻陶朱公富，往问术焉。公曰："子欲速富，当畜五牸。"于是适河东以图之，其滋息不可胜计，资拟王公。②晋石崇每宴客豪集，辄令美人行酒。王导与王敦皆在座，导不善饮，勉强饮之。行至敦处，敦固不饮，崇斩二美人。《晋书》：何曾性奢侈，厨膳滋味，拟于王者。每以玉屑煮羹，煮过则弃其玉。日食万钱，犹云无下箸处。○侑，音又。③聂夷中《悯农》诗："二月卖新丝，五月粜新谷。医得眼前疮，剜却心头肉。"〔释〕言丝未出，谷未熟，而先支用钱也。《礼》："三年耕必有一年之食，九年耕必有三年之食。以三十年之通，虽有凶旱水溢，民无菜色。"

何曾日食万钱图　明·陈洪绶

剜肉医疮图　明·《圣谕像解》

之肠习藜苋，富人之口厌膏粱。①
石崇以蜡代薪，王恺以饴沃釜。②
范冉釜中生鱼，元淑厩有斋马。③
曾子捉襟见肘，纳履决踵，贫不胜言；韦庄数米而炊，称薪而爨，俭有可鄙。④总之饱德之士，不愿膏粱；闻誉之施，奚图文绣。⑤

注释：①韩愈诗："二年国子师，肠胃习藜苋。"〔释〕习，惯也。藜，草名，初生可食。苋，菜名。厌，饱也。膏，肥肉。粱，美穀。②石崇、王恺，注详《衣服》。蜡，蜂液融者为蜜，凝者为蜡。饴，煎米蘖为之，即饧糖也。沃，洗也。○恺，开上声。饴，音夷。③汉范冉字史云，桓帝时为莱芜长，冉不到官，穷居自得。闾里歌之曰："甑中生尘范史云，釜中生鱼范莱芜。"唐冯元淑，浚仪令，所乘之马不与刍豆，号斋马。④《庄子》：曾子居卫，三日不举火，十年不制衣，捉襟而肘见，纳履而决踵，曳杖而歌《商颂》，声满天地，若出金石。唐韦庄颇好读书，而性最吝，数米而炊，称薪而爨，炙肉少一脔，亦觉之。⑤《孟子》："《诗》云：'既醉以酒，既饱以德。'言饱乎仁义也，所以不愿人之膏粱之味也；令闻广誉施于身，所以不愿人之文绣也。"

石季伦　明·陈洪绶

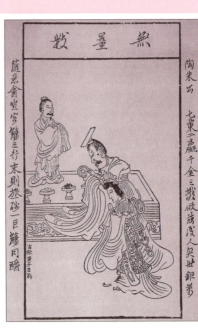

陶朱公　明·陈洪绶

【增】公孙牧豕营身，宁思相位；灌婴贩缯为业，岂意封侯。①郭泰欲为斗筲役，无可奈何；班超更作书写佣，不得已尔。②朱桃椎掷还鹿帻，自知本命合穷；苏季子破损貂裘，谁意道之难泰。③苦矣卫青作牧，牛背后受主鞭笞；惜哉栾布

注释：①《汉书》：公孙弘为丞相，封平津侯，起于牧豕。《汉书》：灌婴本贩缯之徒，佐高祖定天下，封列侯。②《后汉书》：郭泰世贫贱，早孤，母欲使给事县庭，泰曰："大丈夫宁能处此斗筲役乎？"《后汉书》：班超有大志，家贫，为人写屯田册籍。久劳苦，投笔叹曰："大丈夫当效傅介子、张骞立功异域，以取封侯，安能久事笔砚间乎？"后平伏西域，封定远侯。〔释〕傅介子、张骞俱汉武帝臣，出使立功者。③《事文类聚》：唐朱桃椎敝衣带索，长史窦轨遗以鹿帻，朱委之地不服，曰："命合穷耳。"夏则袒，冬则缉木叶以自蔽。〔释〕发有巾曰帻。貂裘，注详《衣服》。

投笔封侯图　清·马骀

卫青钳徒论相图　清·《百将图传》

wéi nú，mǎ tóu qián dài rén bēn zǒu。① yáng xióng
为奴，马头前代人奔走。① 扬雄

zhú pín fù，rén wèi qí zhú zhī hé chí hán
《逐贫赋》，人谓其逐之何迟；韩

yù sòng qióng wén，wǒ guài qí sòng zhī bù zǎo
愈《送穷文》，我怪其送之不早。②

yì bǎo chōng yíng，wáng shì dōu yún fù kū jiā
异宝充盈，王氏都云富窟；佳

yáo cuò zá，huán gōng cháng liè zhēn chú dǒng zhuō jī
肴错杂，郇公尝列珍厨。③ 董卓积

bǎo méi zhōng，yā cán jīn wù dèng tōng bù qián tiān
宝郿中，压残金坞；邓通布钱天

xià，zhù jìn tóng shān xiàng yá chuáng yú shēng tài
下，铸尽铜山。④ 象牙床，鱼生太

注释：①《汉书》：卫青少孤贫，为人牧牛。相者曰："善自勉，后当封侯。"青曰："为人奴，得免于笞辱足矣。"武帝朝，果拜为大将军。《汉书》：栾布穷困，佣于齐，为酒家保。数岁，为人所掠，卖为奴于燕。〇栾，音鸾。②扬雄《逐贫赋》："舍尔远窜，昆仑之巅，尔复我随，翰飞戾天。舍尔登山，岩穴隐藏，尔复我随，陟彼高冈。舍尔入海，泛彼柏舟，尔复我随，载沉载浮。我行尔动，我静尔休，岂无他人，从我何求。今汝去矣，勿复久留。"韩愈《送穷文》："闻子行有日矣，躬具船车，载粮糗，日吉时良，利行四方。"〔释〕五穷鬼谓智穷、学穷、文穷、命穷、交穷也。③唐王元宝金玉充塞室中，时号"富窟"。《世说补》：唐韦陟封郇公，性好奢靡，厨中饮食，香味错杂，人人其中，多饱饫而归。时人语曰："人欲大饭筋骨舒，饭缘须入郇公厨。"〇郇，音荀。④《魏志》：董卓筑郿坞，高与长安城埒，积黄金数十万于中，人谓之金坞。《汉书》：邓通见宠于文帝，相者曰："通当饿死。"帝曰："富通者在我。"乃赐通蜀之铜山，使通得自铸钱，邓氏钱遍天下。〇郿，音眉。坞，乌上声。

董卓　明·陈洪绶

邓通　明·陈洪绶

侈；火浣衣，石氏何多。① 妇乳饮
犊，畜类翻成人类；儿口承唾，家
僮充作用壶。② 牙樯锦缆，隋炀增
远渚之奇；玉凤金龙，元宝侈华堂
之胜。③

注释：①梁鱼弘性侈靡，以象牙造床，周匝镂金莲花，以琥珀龟贝饰床脚。《晋史》：惠帝时，外国进火浣布，帝为衫服之，以为天下稀有。幸石崇家，崇奴隶皆衣火浣衫袛事，帝大惭。②《世说》：晋武帝尝降王武子家，武子供馔，并用琉璃器。婢子百余人，皆绫罗绮褶，以手擎饮食。烝豚甚美，异于常味。帝怪而问之，答曰："以人乳饮犊。"帝甚不平，食未毕便去。晋苻坚从兄朗，初过江，常与朝士宴。时贤并用唾壶，朗惟使小儿跪而开口，受客唾而含出之。○犊：音屯。③隋炀帝游戏湖中，造龙舟，二十余丈，以牙为樯，锦为帆及缆，照耀于湖之上下。唐王元宝性奢侈，其所居窗户，雕以玉凤衔铃，金龙吐筛。且曰："石崇庶姓，犹画卵雕薪，元宝岂泯泯者哉？"

富及数世图　清·《圣谕像解》

隋炀帝游幸江都图　明·《帝鉴图说》

疾病死丧

jí bìng sǐ sāng

新增文十二联

董永卖身葬父图　清·王素

1　福寿康宁，固人之所同欲；死亡疾病，亦人所不能无。① 惟智者能调，达人自玉。② 问人病曰贵体违和，自谓疾曰偶沾微恙。③ 罹病者，甚为造化小儿所苦；患疾者，岂是实沈台骀为灾。④ 疾不可疗，曰膏肓；平安无事，曰无恙。⑤

采薪之忧，谦言抱病；河鱼之患，系是腹疾。⑥ 可以勿药，喜其病安；厥疾勿瘳，言其病笃。⑦ 疟不病君子，病君子正为疟耳；卜所以决疑，既不疑复何卜哉。⑧ 谢安梦鸡

注释：①《书》："五福：一曰寿，二曰富，三曰康宁，四曰攸好德，五曰考终命。"〔释〕康宁，无患难。攸好德，乐其道也。考终命，顺受其正也。②王叔和《脉诀》："智者能调五脏和。"自玉，自珍重也。③违和，失调和也。《神异经》：北方有兽曰猲狑，黄帝系之。由是人无忧疾，谓之无恙。自称有疾曰贱恙。○恙，音样。④唐杜审言病甚，宋之问等省侯，答曰："甚为造化小儿所苦。"〔释〕以天地造化，看做小儿样，矜诞之词也。《左》：晋侯有疾，郑伯使公孙侨如晋问焉。叔向曰："寡君之疾病，卜人曰实沈、台骀为祟，史莫之知。敢问此何神也？"子产曰："实沈，参神也；台骀，汾神也。抑此二者不及君身，若君身，则亦出入饮食哀乐之事也。"○罹，音离。骀，音台。⑤《左》：晋景公有疾，求医于秦，秦伯使医缓治之。未至，公梦疾化为二竖子曰："缓，良医也，惧伤我，曷逃之？其一曰："居肓之上，膏之下，其奈我何？"缓至，曰："疾不可为也。在肓之上，膏之下，攻之不可，达之不及，药不至焉。"公曰："良医也。"乃厚礼遗之。〔释〕心下为膏。肓，膈也。⑥《曲礼》："君使士射，不能，则辞以疾，言曰：某有负薪之忧。"〔释〕言病不能负薪也。《左》：楚申叔展与萧还无社曰："河鱼腹疾，奈何？"〔释〕腹泄曰河鱼疾。盖河鱼腐，自内以至外，言赵为楚围，将溃。⑦《易》："无妄之疾，勿药有喜。"《书》："若药弗瞑眩，厥疾弗瘳。"〔释〕瘳，愈也。○瘳，音抽。⑧《世说新语》：中朝有小儿，父病，行乞药。主人问病，曰："患疟也。"主人曰："尊翁明德君子，何以病疟？"答曰："来病君子，所以为疟耳。"唐长孙无忌及敬德等，劝李世民诛建成、元吉，世民命卜。幕俯张公谨见之，取龟投地，曰："卜以决疑，事在不疑，尚何卜哉！"○疟，音虐。

219

而疾不起，因太岁之在酉；楚王吞
蛭而疾乃瘥，因厚德之及人。①将
属纩，将易箦，皆言人之将死；作
古人，登鬼录，皆言人之已亡。②亲
死则丁忧，居丧则读《礼》。③

注释：①谢安夜梦乘桓温车，行十六里，见白鸡而止，不得复前，莫有解者。后温亡，安代温居相位，历十六年而得疾，安方悟云："十六里，十六年也。见鸡止者，是年太岁在酉，吾病殆将不起矣。"果卒。史：楚惠王食菹而得蛭，欲出之，恐膳夫坐罪，勉强吞之。令尹知其故，谓王曰："王有是德，疾必无伤。"后果愈。〔释〕蛭，水虫，能入人肉咂血。○蛭，音秩。②《礼》："属纩以俟绝气。"〔释〕纩，绵也。人将死时，置绵于口鼻，以验其气有无。《檀弓》：曾子卧疾，将终而阳气不绝。童子曰："华而睆，大夫之箦欤？"曾子曰："然，斯季孙之赐也。"命曾元扶起而易之，反席未安而殁。魏文帝《与吴质书》："昔年疾疫，亲故罹灾。观其姓名，已登鬼录。"○纩，音旷。③丁，当也。言当忧伤父母之时。《曲礼》："居丧，未葬，读《丧礼》；既葬，读《祭礼》。"

东山丝竹图　元·佚名

2

在床谓之尸，在棺谓之柩。①
报孝书曰讣，慰孝子曰唁。② 往吊
曰匍匐，庐墓曰倚庐。③ 寝苫枕块，
哀父母之在土；节哀顺变，劝孝子
之惜身。④ 男子死曰寿终正寝，女
人死曰寿终内寝。⑤ 天子死曰崩，
诸侯死曰薨，大夫死曰卒，士人死
曰不禄，庶人死曰死，童子死曰殇。⑥

　　自谦父死曰孤子，母死曰哀
子，父母俱死曰孤哀子；自言父死
曰失怙，母死曰失恃，父母俱死曰
失怙恃。⑦ 父死何谓考，考者成也，
已成事业也；母死何谓妣，妣者媲

注释：①尸，舒也。不能自敛也。《白虎通》：柩，久也。久不复变也。○柩，音旧。②讣，至也，告丧也。《礼统》："吊生曰
唁，吊死曰吊。"《礼》云："知生者吊，知死者伤。知生而不知死，吊而不伤。知死而不知生，伤而不吊。"刘勰曰："丧
言不文。"故吊称唁。○讣，音付。唁，音砚。③《诗》："化民有丧，匍匐救之。"〔释〕匍匐，手足并行。《礼》："居于
倚庐，哀亲之在外也。寝苫枕块，哀亲之在土也。"○匍，音蒲。④寝草棘，枕土块，示不敢自安也。《礼》："丧礼，哀
戚之至也。节哀，顺变也。君子念始之者也。"⑤凡男子将终，卧于正厅北首，以俟气绝。若女人，仍居内寝，不必
迁也。⑥自上坠下曰崩，又曰升遐。初崩曰晏驾。薨之为言宏也，奄然亡也。卒，终也，终人生之事也。又寿考亦
曰卒。士生有禄，死则无禄矣。死，澌也，消尽无余之谓也。殇者，未成人而死也。十六至十九为长殇，十二至十五为
中殇，八岁至十一为下殇，以次降服。七岁以下为无服之殇，哭之以日易月。生未三月不为殇，亦不哭。○薨，音轰。
殇，音商。⑦孤，独也。哀，悯也。居丧称哀子哀孙，祭称孝子孝孙，礼也。今于父亡则称孤子，母亡则称哀子。无
有所据。但世俗相承已久，恐难卒变。《诗》："无父何怙，无母何恃。"〔释〕怙，瞻仰也。恃，倚赖也。

也，克媲父美也。① 百日内曰泣血，百日外曰稽颡。② 期年曰小祥，两期曰大祥。③ 不缉曰斩衰，缉之曰齐衰，论丧之有轻重；九月为大功，五月为小功，言服之有等伦。④

三月之服曰缌麻，三年将满曰禫礼。⑤ 孙承祖服，嫡孙杖期；长子已死，嫡孙承重。⑥

注释：①《曲礼》："祭王父曰皇祖考，王母曰皇祖妣，父曰皇考，母曰皇妣，夫曰皇辟。"（按）《家礼》旧于高曾祖考上添加皇字，元大德间，省部禁止，改皇字为显字。②《檀弓》："稽颡，隐之甚也。"〔释〕稽颡，以头触地，无复礼容也。隐，痛也。○稽颡，音启桑。③《丧礼》：期而小祥，又期而大祥。〔释〕小祥、大祥，皆祭名，去凶从吉之义也。自丧至初期，忌日不计闰，凡十三个月为小祥。自丧至再期，忌日不计闰，凡二十五个月为大祥。《家礼》：丧至大祥，而服可除矣。而又别服两月者，是孝子余哀未足，故必二十七个月而止也。○期，音居。④斩衰，用极粗麻布为之。斩，不缉也。齐衰，用次等粗麻布为之，此服之次于斩衰者。齐，缉也。衰，用布一片，长六寸，广四寸，以负于衣前左边当心处。九月者，物之终也。大功者，言布之用功粗大也。五月者，阳之终也。小功者，言布之用功稍小也。等伦，等级伦次也。○衰，音崔。齐，音咨。⑤缌者，其缕细如丝也。又以麻为经带，故曰缌麻。《家礼》：大祥之后，中月而禫。〔释〕中月，间一月也。禫，除服祭名。不计闰，至二十七个月始禫祭而除服。○缌，音思。禫，徒感切。⑥《家礼》：孙为祖父祖母行服，嫡孙杖期，其众孙皆服不杖期。或长子死，嫡孙一人承重，斩衰三年。其众孙虽长，仍服不杖期。○嫡，音的。

复古丧制图　清·《圣谕像解》

力举七丧图　清·《圣谕像解》

3 死者之器曰明器，待以神明之道；孝子之杖曰哀杖，为扶哀痛之躯。① 父之节在外，故杖取乎竹；母之节在内，故杖取乎桐。② 以财物助丧家，谓之赙；以车马助丧家，谓之赗；以衣敛死者之身，谓之禭；以玉实死者之口，谓之琀。③

注释：①明器，如剡木为车马、仆从等类。不曰神明之器，而特曰明器者，以神之幽，不可不明也。《白虎通》：居丧必杖者，孝子失亲，悲哀哭泣，三日不食，身体瘦弱，故杖以扶身，明不以死伤生也。故曰哀杖。②《丧礼》：父丧，杖用苴竹为之；母丧，杖用桐木为之。其制上圆下方，长齐心，其本在下。③《白虎通》：赙，助也。赗，赴也。所以助生送死，示至意也。《檀弓》：柳庄死，献公当祭时闻之，不释服而往，以禭之。〔释〕禭，临终而赠以衣也。《说文》：琀，送死口中玉也。○赙，音付。赗，音奉。禭，音遂。琀，音憾。

坏容庐墓图　清·《圣谕像解》

哭像训子图　清·《圣谕像解》

送丧曰执绋，出柩曰驾辆。①吉地曰牛眠地，筑坟曰马鬣封。②墓前石人，原名翁仲；柩前功布，今曰铭旌。③挽歌始于田横，墓志创于傅奕。④生坟为寿藏，死墓曰佳城。⑤坟曰夜台，圹曰窀穸。⑥已葬曰瘗玉，致祭曰束刍。⑦春祭曰禴，夏祭曰禘，秋祭曰尝，冬祭曰烝。⑧

饮杯棬而抱痛，母之口泽如存；读父书以增伤，父之手泽未泯。⑨子皋悲亲而泣血，子夏哭子

注释：①《檀弓》："吊于葬者，必执引。若从柩及圹，皆执绋。"〔释〕引，引柩之索也。绋，引棺之索也。执之是助之以力也。《白虎通》：始载柩于庭，乘辆而辞祖祢，曰祖载。〔释〕辆，丧车也。祢，祖庙也。将葬，出柩载车，以辞祖祢也。○绋，音弗。辆，音而。②牛眠，注详〈技艺〉。《檀弓》：孔子葬母，"从若斧者焉，马鬣封之谓也。"〔释〕封，筑土为坟也。筑坟如马鬣之形，故名。○坟，音焚。鬣，音猎。③秦始皇时，有阮翁仲威震匈奴。及卒，始皇铸铜为像，匈奴至关下拜。铭旌，以绛帛为之，广终幅，其长三品以上九尺，四品以下八尺，六品以下七尺，庶人六尺。像者，红色也。丧具用素，惟此用红者，他人书赠故也。④汉高祖即位，齐王荣弟田横，据海岛不附汉。上召之，至尸乡自刭，奉首于朝。从者挽至宫，不敢哭，为歌以寄哀音。唐傅奕醉卧，蹶然起曰："吾其死矣！"因自为墓志曰："傅奕，青山白云人也。因酒醉死，呜呼哀哉！"⑤唐姚崇自作寿藏于万安山。汉夏侯婴字滕公，卒，送丧至东都门外，驷马悲鸣。命掘蹄下，得石椁，其铭曰："佳城郁郁，三千年，见白日，吁嗟滕公居此室。"遂葬焉。⑥夜台，言埋没坟墓，昏暗如长夜也。《左》：楚共王疾病，告诸大夫曰："以诸大夫之威灵，保全首领以殁于地，惟是春秋窀穸之事，所以从先君子。"〔释〕窀，厚也。穸，夜也。言穴中厚暗如长夜也。⑦晋庚亮将葬，何充叹曰："瘗玉树于土中，使人情何能已也！"〔释〕瘗，埋也。郭林宗母死，徐孺子往吊，置生刍一束于前而去。众怪，不知其故，林宗曰："此必南州高士徐孺子也。《诗》不云乎：'生刍一束，其人如玉。'吾何德以当之。"〔释〕刍，草也。○瘗，音意。⑧《礼·王制》："天子、诸侯宗庙之祭，春曰礿，夏曰禘，秋曰尝，冬曰烝。"礿，同禴，此夏、殷之祭名。○禴，音约。禘，音帝。⑨《玉藻》：父殁而不能读父之书，手泽存焉耳。母殁而杯棬不能饮焉，口泽之气存焉耳。〔释〕杯，饮器也。泯，灭也。

而丧明。① 王裒哀父之死，门人因废《蓼莪》诗；王修哭母之亡，邻里遂停桑柘社。② 树欲静而风不息，子欲养而亲不在，皋鱼增感；与其椎牛而祭墓，不如鸡豚之逮存，曾子兴思。③ 故为人子者，当思木本水源，须重慎终追远。④

注释：①《檀弓》："高子皋执亲之丧，泣血三年，未尝见齿，君子以为难。"《檀弓》：子夏丧子，哭而丧明。〔释〕丧明，坏目也。②晋王裒事亲至孝，每读《诗》至《蓼莪》"哀哀父母，生我劬劳"，未尝不三复流涕。门人不忍，因废其诗。《魏志》：王修七岁，母以社日亡。来岁社日，修感念哀甚，邻里为之凄然，遂罢社。○哀，音抔。③《韩诗外传》：孔子适齐，中路闻哭声甚哀，至则皋鱼也，被褐搔胸，哭于道左。孔子下车而问故，对曰："夫树欲静而风不息，子欲养而亲不在。往而不可返者年也，逝而不可追者亲也。吾于此辞矣。"泣哭而死。曾子读《丧礼》，泣下沾襟，曰："往而不可还者亲也。子欲养而亲不在。是故椎牛而祭，不如鸡豚之逮亲存也。"〔释〕椎，击杀也。逮，及也。○椎，音垂。④《左》：王使詹桓伯责晋侯曰："我在伯父，犹衣服之有冠冕，木水之有本源，民人之有谋主也。"《论语》：曾子曰："慎终追远，民德归厚矣。"〔释〕慎终者，当呼号擗踊之时，殡殓之衣衾棺椁，不可忽略。追远者，设陈俎豆之际，先人之形容笑语，必欲兴怀。

王裒柏掺图　清·《孝经传说图解》

皋鱼拥镰图　清·《孝经传说图解》

【增】岁在龙蛇，郑玄算促；舍来鹏鸟，贾谊命倾。① 王令出尘寰，天上俄垂玉槚；沈君开窀穸，地中曾现漆灯。② 箧中存稿，相如上封禅之书；牖下停棺，史鱼表陈尸之谏。③ 梁鸿葬要离冢侧，死后芳邻；郑泉殡陶宅舍傍，生前宿愿。④ 数

注释：①郑玄梦孔子告之曰："起，起！今年岁在辰，明年岁在巳。"既寤，以谶合岁，知命当终。谶云："岁在龙蛇贤人嗟。"遂寝疾而卒。贾谊为长沙王傅，有鹏飞入舍，作赋云："四月孟夏，日维庚子，鹏集予舍，止于座隅。"谊竟卒焉。②汉王乔为叶县令，将死，有一玉棺自天而下，乔曰："上帝召我矣。"遂沐浴更衣，入玉棺而卒。唐沈彬近居阜上有一大树，曰："吾死可葬于是。"既死，临葬穴，乃一古墓，中有漆灯铜牌，篆云："佳城今已开，虽开不葬埋。漆灯犹未灭，留待沈彬来。"○寰，音环。槚，音亲。③汉司马相如既病，天子使使者往取其书。使至，相如死，妻曰："长卿未死时，有一卷书。"使者求书奏之，乃言封禅事。卫灵公宠弥子瑕，疏蘧伯玉，史鱼以不能进贤退不肖为耻，既死，犹以尸谏之。○牖，音有。④后汉梁鸿疾而死，皋伯通求葬地于要离冢旁。咸曰："要离烈士，而伯鸾清高，可令相近。"《吴志》：郑泉性嗜酒，临卒，语同辈曰："必葬我陶家之侧，庶百岁之后，化而成土，幸见取为酒壶，实获我心。"

汉贾谊保傅篇图 元·王恽

梁鸿 明·陈洪绶

皆前定，少游之诗谶何灵；事可先知，袁淑之卦占偏验。①

顾雍失爱子，掐掌而流血堪矜；奉倩殒佳人，搁泪而伤神可惜。② 仲尼殒而泰山颓，韩相亡而树木稼。③ 酹之絮酒，实为佳士高风；殉以刍灵，乃是先人朴典。④ 陈寔之徽猷足录，行吊礼者三万人；

注释：①秦少游曾作词，末句有云："醉卧古藤树下，杳不知南北。"后左迁藤州而卒，乃于词有验之。唐袁淑遇异人付书曰："每受一命，开一幅。"累任皆验。一日巾栉，见镜中有蛇，寻疾。余函尚多，开一函，乃画蛇盘镜，遂卒。②《世说》：豫章太守顾劭，顾雍之子。劭在郡卒，讣书至，雍以爪掐掌，血流沾襟，叹曰："已无延陵之高，岂可有丧明之责耶!"魏荀粲字奉倩，娶曹洪女，有姿色。妻亡，不哭伤神，抚膺叹曰："佳人难再得。"未几，奉倩亦卒。〇掐，音恰。③《檀弓》：孔子早作，负手曳仗，逍遥于门，歌曰："泰山其颓乎！梁木其坏乎，哲人其萎乎!"既歌而入。子贡闻之曰："泰山其颓，则吾将安仰？梁木其坏，哲人其萎，则吾将安放？夫子殆将病也。"盖寝疾七日而殁。《唐书》：宁王有疾，引谚语："'树木稼，达官怕。'必大臣当之，吾其死矣。"果然，王荆公《挽韩公》诗："树稼曾闻达官怕，山颓果见哲人萎。"〇殒，音引。④后汉徐孺子于人家有丧，炙鸡一只，以绵絮渍酒，直至灵所，滴酒以鸡奠之。奠毕而去，并不问主人。〇酹，音列。

郗超之素行可嘉，作诔文者四十辈。① 牲牢酒醴，用昭报本之虔；稿鞯鸾刀，还备宁亲之具。②

值既降既濡之候，礼毋缺于春秋；呈则存则著之形，情必由乎爱悫。③ 室事交乎堂事，致斋继以散斋。④

注释：①后汉陈寔卒，海内赴吊者三万余人，制麻者以百数，共刊石立碑，谥文范先生。《晋书》：郗超死之日，士大夫操笔为诔者四十人。○诔，音磊。②《礼运》："玄酒在室，醴盏在户，粢醍在堂，澄酒在下，陈其牺牲，备其鼎俎。"《长编》：宋徽宗御札："宾筵五府之中，祗荐九州之味。具申报本，斯昭万宝之成；诞示宁亲，以教诸侯之孝。"《礼器》："割刀之用，鸾刀之贵。莞簟之安，而稿鞯之设。"○鞯，音稿忧。③《礼·祭义》："秋，霜露既降，君子履之，必有悽怆之心，非其寒之谓也。春，雨露既濡，君子履之，必有怵惕之心，如将见之。"《礼·祭义》："致爱则存，致悫则著。"○悫，音恪。④《礼器》："子路为季氏宰，季氏祭，子路与，室事交乎户，堂事交乎阶，质明而始行事，晏朝而退。"《礼·祭统》："君子之斋也，专致其精明之德也。故散斋七日以定之，致斋三日以斋之。定之之谓斋，斋者精明之至也。然后可以交于神明也。"

古贤诗意图之月下独酌　明·杜堇

卷
四

文　事

新增文十三联

西园雅集图　清·华嵒

1 duō cái zhī shì　cái chǔ bā dǒu　bó xué zhī
多才之士，才储八斗；博学之

rú　xué fù wǔ chē　sān fén wǔ diǎn　nǎi sān huáng
儒，学富五车。① 三坟五典，乃三皇

wǔ dì zhī shū　bā suǒ jiǔ qiū　shì bā zé jiǔ zhōu
五帝之书；八索九丘，是八泽九州

zhī zhì　shū jīng zǎi shàng gǔ táng yú sān dài
之志。② 《书经》载上古唐虞三代

zhī shì　gù yuē　shàng shū　yì jīng nǎi jī
之事，故曰《尚书》；《易经》乃姬

zhōu wén wáng zhōu gōng suǒ xì　gù yuē　zhōu yì
周文王周公所系，故曰《周易》。③

注释：①魏曹子建有文词，时号为"绣虎"。谢灵运才智超群，而性则凌人傲物，运尝曰："天下才共一石，子建独得八斗，余与众人共得二斗。"古诗："要通今古事，须读五车书。"②三坟：一曰《山坟》，乃伏羲氏本《山坟》而作《连山易》。二曰《气坟》，乃神农氏本《气坟》而作《归藏易》。三曰《形坟》，乃黄帝本《形坟》而作《乾坤易》。少昊、颛顼、高辛、帝尧、帝舜之书为五典。谓父子亲，君臣义，夫妇别，长幼序，朋友信。《淮南子》："八泽之志为八索，九州之志为九丘。"③上世遗《书》，孔子删而序之，断自唐虞，凡百篇。(按)孔子叙《书》，始自唐虞者，以其运中天，而治化隆也。后遭秦火，百篇亡缺。汉伏生壁藏之，独得二十八篇。《泰誓》一篇，武帝时河内女子所献，合为二十九篇。及鲁共王坏孔子故宅，于壁中得《古文尚书》《论语》，蝌蚪文字，孔安国作传义，定为五十八篇，凡二万五千七百字。《易》，卦象之书，有交易变易之义，故曰《易》。《易》卦伏羲所画。《彖》乃周文所系，《象》《爻》乃周公所系。传乃孔子释经之词也。凡二万四千一百零七字。

巡守南岳图　清·《钦定书经图说》

诞受姜若图　清·《钦定书经图说》

二戴曾删《礼记》，故曰《戴礼》；二毛曾注《诗经》，故曰《毛诗》。① 孔子作《春秋》，因获麟而绝笔，故曰《麟经》。② 荣于华衮，乃《春秋》一字之褒；严于斧钺，乃《春秋》一字之贬。③

注释：①《礼》之为经有三：《周礼》作于周公，《仪礼》出于孔壁，《礼记》乃孔子门徒共撰所闻以为记。至及后苍撰《礼》一百八十篇，至大戴德乃删《后氏记》为八十五篇，小戴圣乃删为四十篇。其后诸儒又取《月令》《明堂位》《乐记》三篇，而合为四十九篇，凡九万九千零二十字。《诗》本三千余篇，孔子删之为三百十一篇。至秦坑儒，亡六篇。今存者三百零五篇，凡三万九千二百二十四字。初，孔子以《诗》授卜商，商乃序之以授鲁人鲁申。递传而至毛亨，亨作训诂以授从子毛苌。时人谓亨为大毛公，苌为小毛公。以二公所传，故名其诗曰《毛诗》。②《家语》：叔孙氏车子锄商，采薪于大野，获麟焉，折其前左足，载以归。叔孙以为不祥，弃之郭外，遣使告孔子。孔子往观，反袂拭面，涕泣沾襟曰："予之为人，犹麟之于兽也。麟出而死，吾道穷矣。"（按）《春秋》因鲁史而作，其文约，其旨博，凡一万八千字。于鲁哀公十四年获麟而绝笔者，悲道之终不行也。③《穀梁传》：一字之褒，宠逾华衮之赠；片言之贬，辱过市朝之挞。斧钺，以刑有罪者。○衮，裙上声。

孔子圣迹图之西狩获麟　明·仇英

2

缣缃黄卷，总谓经书；雁帛鸾笺，通称简札。① 锦心绣口，<u>李太白</u>之文章；铁画银钩，<u>王羲之</u>之字法。②

雕虫小技，自谦文学之卑；倚马可待，羡人作文之速。③ 称人近来进德，曰士别三日，当刮目相看；羡人学业精通，曰面壁九年，始有此神悟。④ 五凤楼手，称文字

注释：①《艺文志》：缣囊缃帖。〔释〕缣，并丝绢也。缃，浅黄色，用之以护书者。《遁斋闲览》：古人写书，皆用黄檗染纸，以辟蠹。恐字有误，则以雌黄灭之。汉匈奴留苏武于海上牧羊，汉使人求之，常惠夜见汉使，教使者谓单于曰："天子射上林，得雁，足系帛书，知武等在某泽中。"单于惊谢，遣武等还。唐韩浦以蜀笺作书寄其弟泊，曰："十样鸾笺出益州，新来寄自浣溪头。老兄得此全无用，助尔添修五凤楼。"②李太白《送仲弟令问序》："吾心肝五脏皆绵绣耶？不然，何以开口成文，挥毫散雾也。"晋王羲之尝临池学书，池水尽黑。尤工书其字，以永字具其八法之势，能通一切字也。《书诀》："画欲坚重如铁，钩欲活而有力。铁画银钩，谓其健也。"③李白《上韩荆州书》："恐雕虫小技，不合大人。"〔释〕雕虫，蛀木虫也。晋桓温北征，唤袁宏倚马前作露布文，手不掇笔，俄成七篇。④吴吕蒙初未知学，后鲁肃遇蒙与语，拊其背曰："今学识英略，非复吴下阿蒙。"蒙曰："士别三日，即当刮目相待，何见事之晚也。"《传灯录》：达摩遇西天二十七祖得法，止于嵩山少林寺，面壁而坐。终日默然，谓之壁观。越九年，以法传惠可。

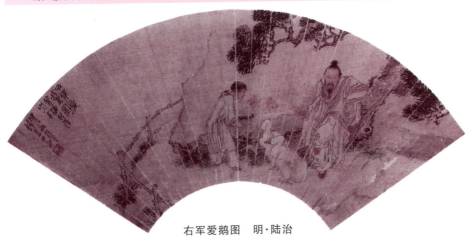

右军爱鹅图　明·陆治

之精奇；七步奇才，羡天才之敏
捷。① 誉才高，曰今之班马；羡诗
工，曰压倒元白。②

❸ 汉晁错多智，景帝号为智囊；
高仁裕多诗，时人号为诗窖。③
骚客即是诗人，誉髦乃称美
士。④ 自古诗称李杜，至今字仰钟王。⑤

注释：①五凤，注详上。七步，注详《兄弟》。②汉班固九岁能文，撰《两都赋》，续成父彪所著《西汉书》。马融有俊才，美辞貌，从学京兆挚恂，博通经籍。唐王嗣复大宴宾客，元稹、白居易与杨汝士皆在座，各赋诗，独推杨汝士诗为最工。汝士归，语人曰："今日压倒元白。"○压，音鸭。③《晁错传》：晁错学申商刑名之学，为太常卿，人号智囊。《摭言》：高仁裕著诗万篇，时号"诗窖子"。○晁，音潮。窖，音教。④骚者，悲愤之辞也。故称善诗者为骚客。《诗》："古之人无斁，誉髦斯士。"〔释〕誉，名也。髦，佼也。○骚，音搔。⑤李白诗始无法度，乃从容于法度中，盖圣于诗者。杜甫作诗，善陈时事，法律精深，至千言不竭，世号诗史。钟繇善隶书，见蔡邕笔法，坐则画地，卧则画被。王羲之，注详上。

羲之笼鹅图　清·吴友如

白雪阳春，是难和难赓之韵；青钱万选，乃屡试屡中之文。① 惊神泣鬼，皆言词赋之雄豪；过云绕梁，原是歌音之嘹亮。② 涉猎不精，是多学之弊；咿唔佔毕，皆读书之声。③ 连篇累牍，总说多文；寸楮尺素，通称简札。④ 以物求文，谓之润笔之资；因文得钱，乃曰稽古之力。⑤

注释：①宋玉《对楚王问》：客有歌于郢中者，为《阳春》《白雪》，和者不过数十人，其曲弥高，其和弥寡。张鷟每试高第，人称其文如青铜钱，万选万中，时号为"青钱学士"。○赓，音耕。②杜甫《赠李白》诗："昔年有狂客，号为谪仙人。笔落惊风雨，诗成泣鬼神。"《博物志》：周哀，有韩娥者，东之齐，至雍门乏粮，鬻歌假食。既去，而余音绕梁，三日不绝。○嘹，音聊。③黄山谷曰："大率学者喜博而常病不精。泛滥百书，不若精于一也。有余力，然后及诸书，则涉猎诸篇，亦得其精。"山谷闻孙元忠读书声，戏作《竹枝词》云："南窗读书声咿唔，北窗见月歌《竹枝》。"〔释〕咿唔，诵声也。《学记》："今之教者，呻其佔毕，多其讯言。"〔释〕呻，吟诵也。佔，视也。毕，简也。○唔，音吾。佔，音觇。④隋李谔上书："连篇累牍，不出月露之形；积案盈箱，尽是风云之状。"楮，纸也。寸楮，小简也。古乐府："客从远方来，遗我双鲤鱼。呼童烹鲤鱼，中有尺素书。"〔释〕素，情素也。书，信也。⑤隋文帝命李德林作诏，复郑译之爵，高颎戏译曰："笔干。"答曰："出为方岳，杖策言归，不得一文，何以润笔。"汉光武以桓荣为太子少傅，上会诸博士，论难于前。荣辨明经义，上赐以辎车乘马，荣曰："今日蒙上所赐，稽古之力也。"

金钱万选图 清·马骀

萧衍梦榜图 清·马骀

文章全美，曰文不加点；文章奇异，曰机杼一家。① 应试无文，谓之曳白；书成绣梓，谓之杀青。②

4 袜线之才，自谦才短；记问之学，自愧学肤。③ 裁诗曰敲推，旷学曰作辍。④ 文章浮薄，何殊月露风云；典籍储藏，皆在兰台石室。⑤

注释：①汉黄祖大宴宾客，有献鹦鹉者，祖举卮向祢衡前曰："愿先生赋之。"衡援笔而就，文不加点。《北史》：祖莹常语人曰："文章须自出机杼，成一家风骨，何能共人同生活。"〔释〕机，织具。杼，梭也。○杼，直吕切。②唐张倚得幸玄宗，试官宋遥、苗晋卿以倚子张奭中首选，群议沸腾。帝召面试，奭持纸搁笔，终日不成一字，人谓之曳白。《吴祐传》：杀青简以写书。〔释〕古无纸，以火炙竹简，令汗出去青以书字。故简曰汗简，史曰青史，曰汗青。○刻书曰绣梓。③唐韩昭祖为伪蜀礼部尚书，琴、棋、书、算、射法，悉皆涉猎不精。李白曰："韩八座之才如拆线，无一条长者。"《学记》："记问之学，不足为人师。"肤，皮也。学肤，言其学浅。④唐贾岛初为僧，访李疑幽居，于驴上题云："鸟宿池边树，僧敲月下门。"始欲下推字，又欲下敲字，拟议未定，于驴上作敲推势。时韩愈车骑方出，岛不觉冲至当道，被左右拥至马前。愈问之，岛具道所得句，推敲字未定，神游象外，不知回避。愈曰："敲字佳。"与论诗，遂为布衣交。旷学，废学也。作，为也。辍，止也。○辍，音拙。⑤月露，注详上。《汉官仪》：御史台，内掌兰台秘书，外督诸州刺史。汉史：高祖与功臣剖符作誓，丹书铁券，藏之金匮石室。

鸟宿池边树，僧敲月下门图　清·吴友如

qín shǐ huáng wú dào   fén shū kēng rú   táng tài
秦始皇无道，焚书坑儒；唐太

zōng hào wén   kāi kē qǔ shì   huā yàng bù tóng   nǎi
宗好文，开科取士。① 花样不同，乃

wèi wén zhāng zhī yì   liáo cǎo sè zé   bù qiú cí yǔ
谓文章之异；潦草塞责，不求辞语

zhī jīng   xié shuō yuē yì duān   yòu yuē zuǒ dào   dú
之精。② 邪说曰异端，又曰左道；读

shū yuē yì yè   yòu yuē cáng xiū   zuò wén yuē rǎn
书曰肄业，又曰藏修。③ 作文曰染

hàn cāo gū   cóng shī yuē zhí jīng wèn nán   qiú zuò
翰操觚，从师曰执经问难。④ 求作

wén   yuē qǐ huī rú chuán bǐ   xiàn gāo wén   yuē cái
文，曰乞挥如椽笔；羡高文，曰才

注释：①史：始皇三十六年，丞相李斯曰："五帝不相复，三代不相袭。今诸生，乃不师今而学古，闻一令下，入则心非，出则巷议，群相造谤，惟禁之便。臣请史官非《秦纪》皆焚之。有藏《诗》《书》及偶语《诗》《书》者弃市，以古非今者族。"制曰："可。"侯生、卢生相与讥议亡去。上大怒。因案问诸生，传相告引，四百六十余人，皆活坑之咸阳。开科，注详上。②卢全下第，出都，投逆旅，有一人附火吟曰："学织锦绫功未多，乱投机抒错抛梭。若教官锦行家见，把似文章笑杀他。"仝问之，答曰："昔隶宫锦坊，近以薄技投本行，云如今花样不同，且东归也。"水无源曰潦，苟简曰草。塞责，谓以抵责塞任。③端，绪也。异端，非圣人之道，杨朱之为我，墨翟之兼爱是也。手足便右，以左为僻，故不正之术曰左道，谪官曰左迁，策不中曰左计。《礼乐志》：礼官肄业而已。〔释〕肄，习也。《学记》："君子之于学也，藏焉，修焉，息焉，游焉。"〇肄，音异。④《文选》："文人才子，名溢于缥囊。飞文染翰，卷盈于缃帖。"〔释〕翰，笔也。陆士衡《文赋》："或操觚以率尔。"〔释〕觚，木简也。〇觚，音姑。

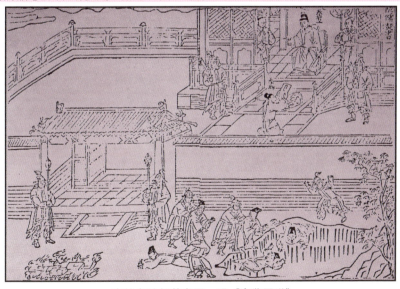

秦始皇坑儒焚书图　明·《帝鉴图说》

shì dà fāng jiā
是大方家。①

5 jìng shàng jiā zhāng　yuē luò yáng zhǐ guì　bù xián
竞尚佳章，曰洛阳纸贵；不嫌

wèn nán　yuē míng jìng bù pí　chēng rén shū jià yuē
问难，曰明镜不疲。② 称人书架曰

yè jià　chēng rén shì xué yuē shū yín　bái jū yì
邺架，称人嗜学曰书淫。③ 白居易

shēng qī yuè　biàn shí zhī wú èr zì　táng lǐ hè cái
生七月，便识之无二字；唐李贺才

qī suì　zuò gāo xuān guò yī piān　kāi juàn yǒu
七岁，作《高轩过》一篇。④ 开卷有

yì　sòng tài zōng zhī yào yǔ　bù xué wú shù hàn
益，宋太宗之要语；不学无术，汉

注释：①晋王珣梦人以笔与之，大如椽。解者曰："当任大手笔事。"俄而皇后崩，谥册哀文，皆属珣为。〔释〕椽，桷也。《庄子》：河伯以天下之美为尽在己。顺流而东，行至北海，视之，不见水端，望洋向海若叹曰："今我睹子之无穷也。非至于之门，吾将见笑于大方家乎！"〔释〕方，道也。○椽，音传。②晋左思作《三都赋》，构思十年，及成，闻皇甫谧有高誉，乃造而示之。谧大称善，遂为之序。是豪富之家，竞相传写，洛阳为之纸贵。晋孝武帝将讲《孝经》，谢安、谢石与诸人私庭讲习。车胤谓袁羊曰："不问则德音遗，多问则重劳二谳。"羊曰："必无此嫌，何尝见明镜疲于屡照，清流惮于惠风乎？"③唐李泌封邺侯，积书最多，分甲乙丙丁四部。刘孝标苦所见不广，闻有异书，虽远必往求借，人谓之"书淫"。○邺，音业。④唐白居易始生七月，能识之，其姆百试不差。唐李贺七岁能文，名动京师。皇甫湜、韩愈连辔造门求见，贺总角荷衣而出，令面试一篇，贺承命欣然，染翰操觚，作《高轩过》一篇，片刻而就。

梦吐凤凰图　清·周慕桥

霍光之为人。① 汉刘向校书于天禄，太乙燃藜；赵匡胤代位于后周，陶穀出诏。②

江淹梦笔生花，文思大进；扬雄梦吐白凤，词赋愈奇。③ 李守素通姓氏之学，敬宗名为人物志；虞世南晰古今之理，太宗号为行秘书。④ 茹古含今，皆言学博；咀英嚼华，总曰文新。⑤ 文望尊隆，韩退之若泰山北斗；涵养纯粹，程明道如良玉精金。⑥ 李白才高，咳唾随风生珠玉；孙绰词丽，诗赋掷地作金声。⑦

注释：①宋太祖好读书，每日自巳至申，然后释卷。诏史馆修《太平御览》一千卷。宋琪以劳瘁为谏，上曰："开卷有益，不为劳也。"班固赞霍光云："拥昭立宣，光为师保。虽周公阿衡，何以加此。然光不学无术，暗于大理。"②汉刘向，景帝命校正五经同异于天禄阁。值元宵，人皆出游，惟向不出。有黄衣老人执青藜杖，叩阁而进，见向独坐诵书，乃吹杖端焰照之。问其姓名，老人答曰："我乃太乙之精也。"《宋史》：赵匡胤初仕后周，统兵北征，士卒裂黄旗缠匡胤身，拥之即位。是时班定，周主犹未有诏书，翰林承旨陶穀作禅诏，出之袖中，遂用之。③江淹梦人投以五色笔，后文藻日新。汉扬雄口吃而好沉思，作《甘泉赋》，才思豪迈。赋成，梦吐白凤。④唐李守素为仓曹，通姓氏之学，世号"肉谱"。许敬宗谓虞世南曰："昔任彦升通经术，时号'五经笥'。今以守素改仓曹为'人物志'，可乎？"虞世南，太宗一日出行，有司请载书以从，上曰："世南行秘书监也，不用载。"晰，明也。秘书，天子藏书之阁。⑤皇甫湜撰《韩愈墓碑》："茹古含今，无有端倪。"韩愈《进学解》："沉浸酖郁，咀英嚼华，作为文章，其书满家。"○茹，音汝。咀，雎去声。⑥泰山，注详《人事》。程伊川撰《明道行状》："纯粹如精金，温润如良玉。"⑦李白诗："咳唾落九天，随风生珠玉。"晋孙绰作《天台赋》甚佳，以示范荣期，荣曰："此赋掷地，当作金石声也。"

【增】萤辉竹素，蠹走芸编。①道观蓬莱，尽藏简编之所；石渠天禄，悉贮史籍之场。②鲁为鱼，参明不谬；帝作虎，考正无讹。③长蛇生马之文，最难措手；硬弩枯藤之字，未易挥毫。④借还书籍用双瓻，收贮文章分四库。⑤豪吟如郑綮，还从驴背成诗；富学如薛收，偏向马

注释：①《汉书》：刘向为成帝典校书，先书竹，刊定其上，名竹素。古诗："芸叶薰香走蠹鱼。"〔释〕芸，香草，可辟蠹，故曰芸编。蠹，食书虫。②《后汉书》：东观乃藏书之所。学者或称为老氏藏室、道观蓬莱。《汉书》：石渠阁与天禄相对，在未央宫中，藏书之所。③《抱朴子》云：书误写，有以鱼为鲁，帝为虎者。④唐孙樵书："玉川子《月蚀歌》、韩吏部《进学解》，拔地倚天，句句欲活，读之如赤手捕长蛇，不施鞍勒骑生马。"（按）玉川子，卢仝号。晋钟繇弟子宋翼善画，画一横如百钧硬弩，作一直如百岁枯藤，作一放纵如惊蛇投水。⑤《集韵》：古人借书，馈酒一瓻，还亦馈酒一瓻。山谷云："不辞借我千卷，他日还君一瓻。"〔释〕瓻，酒器也，后人以瓻为痴，遂谓借书一瓻，还书一痴。夫借书还书，理也，何痴之有。《唐书》：玄宗两都各聚书四库，以甲乙丙丁编为号次。甲经书，赤牙签；乙史书，绿牙签；丙子书，碧牙签；丁集书，白牙签。○瓻，音鸱。

西园雅集图 明·陈洪绶

<ruby>头<rt>tóu</rt></ruby><ruby>草<rt>cǎo</rt></ruby><ruby>檄<rt>xí</rt></ruby>。①

<ruby>八<rt>bā</rt></ruby><ruby>行<rt>háng</rt></ruby><ruby>书<rt>shū</rt></ruby><ruby>言<rt>yán</rt></ruby><ruby>言<rt>yán</rt></ruby><ruby>委<rt>wěi</rt></ruby><ruby>曲<rt>qū</rt></ruby>，<ruby>三<rt>sān</rt></ruby><ruby>尺<rt>chǐ</rt></ruby><ruby>法<rt>fǎ</rt></ruby><ruby>字<rt>zì</rt></ruby><ruby>字<rt>zì</rt></ruby><ruby>威<rt>wēi</rt></ruby><ruby>严<rt>yán</rt></ruby>。②<ruby>咳<rt>ké</rt></ruby><ruby>唾<rt>tuò</rt></ruby><ruby>成<rt>chéng</rt></ruby><ruby>篇<rt>piān</rt></ruby>，<ruby>阵<rt>zhèn</rt></ruby><ruby>马<rt>mǎ</rt></ruby><ruby>风<rt>fēng</rt></ruby><ruby>樯<rt>qiáng</rt></ruby><ruby>敏<rt>mǐn</rt></ruby><ruby>捷<rt>jié</rt></ruby>；<ruby>精<rt>jīng</rt></ruby><ruby>神<rt>shén</rt></ruby><ruby>满<rt>mǎn</rt></ruby><ruby>腹<rt>fù</rt></ruby>，《<ruby>雪<rt>xuě</rt></ruby><ruby>车<rt>chē</rt></ruby>》《<ruby>冰<rt>bīng</rt></ruby><ruby>柱<rt>zhù</rt></ruby>》<ruby>清<rt>qīng</rt></ruby><ruby>高<rt>gāo</rt></ruby>。③<ruby>擅<rt>shàn</rt></ruby><ruby>美<rt>měi</rt></ruby><ruby>誉<rt>yù</rt></ruby><ruby>于<rt>yú</rt></ruby><ruby>词<rt>cí</rt></ruby><ruby>场<rt>chǎng</rt></ruby>，<ruby>禹<rt>yǔ</rt></ruby><ruby>锡<rt>xī</rt></ruby><ruby>诗<rt>shī</rt></ruby><ruby>豪<rt>háo</rt></ruby>，<ruby>山<rt>shān</rt></ruby><ruby>谷<rt>gǔ</rt></ruby><ruby>诗<rt>shī</rt></ruby><ruby>伯<rt>bó</rt></ruby>；<ruby>称<rt>chēng</rt></ruby><ruby>耆<rt>qí</rt></ruby><ruby>英<rt>yīng</rt></ruby><ruby>于<rt>yú</rt></ruby><ruby>艺<rt>yì</rt></ruby><ruby>圃<rt>pǔ</rt></ruby>，<ruby>伯<rt>bó</rt></ruby><ruby>英<rt>yīng</rt></ruby><ruby>草<rt>cǎo</rt></ruby><ruby>圣<rt>shèng</rt></ruby>，<ruby>子<rt>zǐ</rt></ruby><ruby>玉<rt>yù</rt></ruby><ruby>草<rt>cǎo</rt></ruby><ruby>贤<rt>xián</rt></ruby>。④<ruby>谢<rt>xiè</rt></ruby><ruby>安<rt>ān</rt></ruby><ruby>石<rt>shí</rt></ruby><ruby>之<rt>zhī</rt></ruby><ruby>碎<rt>suì</rt></ruby><ruby>金<rt>jīn</rt></ruby>，<ruby>悉<rt>xī</rt></ruby>

注释：①《诗话》：或问郑綮诗思，答曰："在灞桥风雪中驴子背上。"《唐书》：薛收在秦王府，尝于马头前作檄文，如宿构。○綮，音起。②汉马融《与窦尚书》曰："昨孟陵奴来，赐书，见手迹，书虽一纸，八行七字，七八五十六字，百一十二言耳。"《唐·杜则传》：客谓杜周曰："君为国决事，不循三尺法。"〔释〕以竹简三尺，写法律也。③《李贺集》："阵马风樯。"〔释〕言声势也。唐刘叉作《冰柱》《雪车》二诗，示韩愈，愈以为出孟郊、卢仝右。○樯，音戕。④刘禹锡放诞不拘，时人谓之诗豪。黄鲁直为西江诗伯，亦云诗祖。晋张芝字伯英，临池学草，池水尽黑。及艺成，韦仲将称之为草圣。唐崔瑗字子玉，学草书极工，人皆宗之，目之为草贤。

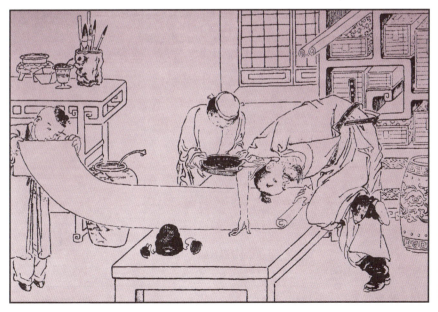

张旭图　清·吴友如

为异物；陆士衡之积玉，总属奇珍。① 少室山集句最佳，片笺片玉；福先寺碑文可诵，一字一缣。②

陈琳作檄愈头风，定当神针法灸；子美吟诗除疟鬼，何须妙剂金丹。③ 真老艺林英，朱夫子且退避三舍；苏仙文苑隽，欧阳公尚放出一头。④

注释：①《晋阳秋》云：桓公见谢安石作简文帝谥议，大嗟赏之，掷与坐上诸客，曰："此安石之碎金也。"晋陆机善文，张华曰："机之文犹玄圃中积玉，无非夜光。"②唐李峤善文，作《少室山记》，富瞻华美，谓片笺片玉。《唐书》：裴度为相，修福先寺，欲请白居易作碑文。皇甫湜时为判官，请曰："何近舍皇甫湜而远取居易？"裴谢之。湜饮以斗酒，挥笔而成，谓公曰："碑三千字，一字一缣，更少不得。"③曹操命陈琳草檄文，琳呈上，请操览之。操方病头风，卧读琳所制，起曰："琳之檄愈我病也。"《诗话》：昔有病疟者，子美曰："吾诗可以疗之。"病者问："何诗？"美曰："子璋髑髅血模糊，手提掷还崔大夫。"又云："更有昔日太宗卷毛骢，近日郭家狮子花。"其人诵之，果愈。④《名贤集》：真西山越山新居成，名其斋曰"学易"，帖云："坐书吴越两山秀，默契羲文千古心。"朱晦翁见之，曰："吾且当避此老三舍。"宋嘉祐二年，欧阳公知贡举，试官梅圣俞得苏轼《刑赏忠厚之至论》，以示公。公惊喜，以为异文，欲以冠多士，疑门人曾子固所为，乃置第二选；复以《春秋》对义，居第一。公曰："老夫当避此人出一头地。"

笔花生梦图　明·《程氏墨苑》

杜甫图　明·陈洪绶

科 第

kē dì

新增文十二联

三科募士

三科募士图　清·《圣谕像解》

1 士人入学曰游泮，又曰采芹；士人登科曰释褐，又曰得隽。①宾兴即大比之年，贤书即试录之号。②鹿鸣宴，款文榜之贤；鹰扬宴，待武科之士。③文章入式，有朱衣以点头；经术既明，取青紫如拾芥。④

注释：①《诗》："思乐泮水，薄采其芹。"〔释〕诸侯之学曰泮宫。芹，水菜也。宋兴国二年，始赐吕蒙正等释褐，后遂以为定例。〔释〕褐，毛布，贱者服也。隽与俊同。得隽，谓得此隽秀也。②《周礼·地官·大司徒》："以乡三物教万民，而宾兴之。"〔释〕兴，举也。谓乡大夫举其贤能，以宾礼而兴起之。《地官》："乡大夫，三年则大比，考其德行道艺，而兴贤者能者。乡老及乡大夫帅其吏与其众寡，以礼宾之。厥明，乡老及乡大夫群吏献贤能之书于王，王再拜受之，登于天府。③《鹿鸣》，《小雅》宴宾客之篇名也。汉光武幸南阳，召教官弟子作雅乐，奏《鹿鸣》。《诗》："维师尚父，时维鹰扬。"〔释〕尚父，太公望也。鹰扬，如鹰之飞扬，言其猛也。④宋欧阳修知贡举，每阅卷，觉旁有朱衣人点头，然后人格。吟曰："文章自古无凭据，惟愿朱衣暗点头。"汉夏侯胜云："士病经术不明，苟明之，取青紫如俯拾地芥耳。"〔释〕青紫，士大夫公服。拾，取也。芥，草芥也。

十八学士登瀛洲图 清·吴友如

其家初中，谓之破天荒；士人超拔，谓之出头地。① 中状元曰独占鳌头；中解元曰名魁虎榜。② 琼林赐宴，<u>宋太宗</u>之伊始；临轩问策，<u>宋神宗</u>之开端。③ 同榜之人，皆是同年；取中之官，谓之座主。④ 应试见遗，谓之龙门点额；进士及第，谓之雁塔题名。⑤

注释：①刘蜕以荆州解及第，时号为破天荒。出头地，注详《文事》。②苏东坡诗："高文俱合在鳌头。"唐欧阳詹举进士，与韩愈等联榜，时称龙虎榜。③宋太平兴国八年，宋庠等及第，赐宴于琼林苑，后为定例。熙宁三年，吕公著知贡举，密奏曰："天子临轩策士，用诗赋，非举贤士求治之意。今廷试，乞以诏策，谘访治道。"④拜黄甲毕，各列两廊，四十以上东廊，四十以下西廊，内择一年高者上堂，大魁拜之，年高答拜。又择一年小者上堂，拜大魁，大魁亦答拜。是谓序同年。主考试者，称大主考。主会试者，称大总裁。殿试天子自为座主，岂可复称门生于他人。⑤《三秦纪》：河津一名龙门，桃花浪起，鱼跃而上之，跃过者为龙，否则点额而还。唐韦肇及第，偶于慈恩寺雁塔题名。中宗以来，杏园宴后，皆题名于此，同年中选善书者纪之。

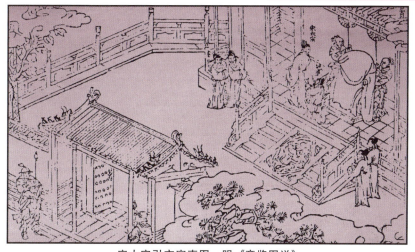

宋太宗引衣容直图　明·《帝鉴图说》

2 贺登科，曰荣膺鹗荐；入贡院，曰鏖战棘围。①

金殿唱名曰传胪，乡会放榜曰撤棘。②攀仙桂，步青云，皆言荣发；孙山外，红勒帛，总是无名。③英雄入吾彀，唐太宗喜得佳士；桃李属春官，刘禹锡贺得门生。④薪，采也，樵，积也，美文王作人之

注释：①汉祢衡弱冠时，孔融爱其才，上表荐之曰："鸷鸟累百，不如一鹗。使衡立朝，必有可观。"礼部阅试日，用棘围之，以防假滥入贡院同试，如交战然，故曰鏖。○鏖，音奥，平声。②皇帝临轩，宰相进卷，读于御案前。用牙笔点读毕，宰臣拆视姓名，则曰某人，合门则承之以传于阶下，卫士齐声传其名而呼之，谓之传胪。五代进士浮薄喧哗，每放榜，则围以棘，闭省门，禁人出入。和凝知贡举，撤去棘围，开省门，士皆肃然，所取称得人。○胪，音卢。③陈元老《及第诗》："桃花先透三层浪，月桂高攀第一枝。"梁颢八十二岁状元及第，谢玄云："皓首穷经，青云得路。"唐孙山与周生应举，揭榜后，山名在榜末。生托山探得失，山答曰："解名尽处在孙山，吾兄更在孙山外。"《笔谈》：宋刘几为文，好作险语，欧阳公恶之，以朱笔横抹之，谓之红勒帛。④唐太宗出幸端礼门，见进士缀行而出，喜曰："天下英雄尽入吾彀中矣。"刘禹锡《寄王侍郎放榜诗》："礼闱新榜动长安，九陌人人走马看。一日声名遍天下，满城桃李属春官。"

唐太宗弘文开馆图　明·《帝鉴图说》

诗，故考士谓之薪楢之典；汇，类也，征，进也，是连类同进之象，故进贤谓之汇征之途。① 赚了英雄，慰人下第；傍人门户，怜士无依。②

虽然，有志者事竟成，伫看荣华之日；成丹者火候到，何惜烹炼之功。③

注释：①《诗》："芃芃棫朴，薪之楢之。济济辟王，左右趣之。"《易》："拔茅茹，以其汇，征吉。"〔释〕茹，茅根也。②唐制，进士科甚重，其老死文场者亦无限。时人语曰："太宗皇帝真长策，赚了英雄尽白头。"〔释〕赚，重卖物也。章孝标下第，作《归燕》诗："旧垒危巢泥已落，今年复向社前归。连云大厦无栖处，更傍谁家门户飞。"○赚，音暂。③竟成，注详《人事》。道家用赤色药石于鼎，以水火炼之，则成丹。

耿弇宫台望战图　清·《百将图传》

耿弇像

【增】班名玉笋，饼是红绫。^①贡树分香，预卜他年卿相；天街软绣，争看此日郎君。^②江东之罗隐何多，淮右之温岐不少。^③狗从窦出，莫非登第休征；鼠以经衔，却是命

注释：①《唐书》：李宗闵知贡举，门生多清秀俊茂，时号为"玉笋班"。《唐书》：僖宗幸兴庆池泛舟，方食饼餤，时进士在曲江，有闻喜宴。上命御厨依人数各赐红绫饼餤一枚。故徐滨诗云："莫欺老缺残牙齿，曾吃红绫饼餤来。"〔释〕以红绫束饼，故名。②殷文圭启："贡树分香，折莲分艳。"《通典》：进士科始隋太中，盛正观、永徽之际。缙绅虽位极人臣，不出进士者，不可为美。其推重谓之白衣卿相，以白衣之士即卿相之资也，重之如此。《摭言》：薛逢晚年，厄于宦途，策羸马赴朝，值新进士缀行而出游，团司使数十人。见逢行李萧然，前导曰："回避新郎君。"逢辄然遣介语曰："莫贫相，阿婆三五少年时，也曾东涂西抹来。"苏东坡《送蜀人赴殿试》："一色杏花三十里，新郎君去马如飞。"③《吴越备史》：罗隐，余杭人。本名横，十上不中第，遂更名。《诗话》：隐自号江东生。《纪事》：江南李氏遣使聘越，越人问："见罗江东否？"使人曰："不识，亦不闻名。"越人云："四海闻有罗江东，何拙之甚？"使人曰："为金榜上无名耳。"《玉泉子》：温庭筠有词赋盛名，客游江淮，留后姚勖厚遗之。所得多为狭邪费，勖怒，笞逐之，以故卒不中第。《纪事》：庭筠以忤令狐绹，不得第，有诗曰："因知此恨人多积，悔读《南华》第二篇。"

唐李太尉白昼梦蛇
明·《味尘轩书厨图说》

唐李高士鼓琴猿啸
明·《味尘轩书厨图说》

题吉兆。① 不欺之语，有可书绅；忠孝之求，真难副上。② 孙宋则弟兄俱贵，梁张则乔梓皆荣。③

得云雨而忘鬐，岂是池中之物；挟风雷而烧尾，非终海底之鱼。④ 遍历名园，孰作探花之使；同

注释：①《朝野签载》：裴元质举进士，夜梦一狗从窦出，挽弓射之，其箭遂撇，以为不祥。梦神解之曰："苟第字头也，弓者第字身也，箭者第字竖也，有撇为第也。"寻唱名。本传：杜镐龙图，江南名士，植之祀也。初登第时，将试前夕，见大鼠衔卷于前，视之乃《孝经正义》。明日，果于《正义》中出题三道。②《闻见录》：贾黯以状元及第，归邓州，范文正公为守，黯谒文正曰："某晚生偶得科第，愿受教。"文正曰："君不忧不显，惟不欺二字，可终身行之。"贾黯拜其言，终身不忘。《麈史》：仁宗慎于选士，皇祐五年，廷试进士，考定前一日，取首选卷焚香祝之曰："愿得忠孝状元。"泊唱名，乃郑丙相獬也。故郑獬及第启云："何以副上心，忠孝之求是也。"③《宋史》：咸平元年二年，皆放进士举，孙重、孙暨相继魁天下，京师闾巷之人荣之，号为大状元、小状元。○宋郊、宋祁，注详《兄弟》。《笔谈》：真宗东封，六月，放梁固以下进士及第；祀后土于汾阴，放张思德以下进士及第。固乃状元梁颢之子，思德亦状元张去华之子也。④《三国志》：鬐若蛟龙得云雨，终非池中物。《闻见录》：士人初登第，必展欢宴，谓之烧尾。又云：鱼跃龙门化为龙时，必雷为烧其尾，乃得化。○鬐，音奇。

唐李翰林闻天鸡图
明·《味尘轩书厨图说》

唐李进士爱鼠获报图
明·《味尘轩书厨图说》

观竞渡，谁为夺锦之人。①此日羽毛，仁看振翮；昔年辛苦，莫负初心。②莫存温饱之志，还辞贵戚之婚。③邹子为书，明月空遭按剑；高公未第，秋江自怨芙蓉。④青衫则岁岁堪怜，金线则年年自笑。⑤

注释：①《秦中记》：进士杏园初会，谓之探花宴。以少俊二人为探花使，遍游名园，若他人先折得名花，则二人被罚。《古今诗话》：卢肇、黄颇皆宜春人，同举，郡守会钱颇。明年肇状元及第归，郡守会肇观竞渡，肇即席作诗云："报道是龙君不信，果然夺得锦标归。"太守大惭。②李文正公诗："二百四十一门生，春风初长羽毛成。衰翁渐老儿孙小，他日知谁略有情。"《中岚斋记》：唐人知贡举者，有诗云："梧桐叶落井亭阴，锁闭朱门试院深。尝是昔年辛苦地，不将今日负初心。"后为下第者改为五言，末云："今日负初心。"〇翮，音核。③《东轩笔录》：王曾，青州发解及南省廷试，皆为首冠。中山刘子仪为翰林学士，戏语之曰："状元试三场，一生吃着不尽。"沂公正色答曰："曾平生之志，不在温饱。"《笔谈》：冯京举进士，自乡选至廷对，俱策第一。张尧佐倚外戚，欲妻以女，使拥入其家。顷之，中人以酒肴至，且示以食具甚厚。不肯就，京乃力辞之。④邹阳，注详《人事》。《摭言》：高蟾未第，有诗云："天上碧桃和露种，日边红杏倚云栽。芙蓉生在秋江上，不向东风怨未开。"⑤秦韬玉《贫女》诗："最恨年年压金线，为他人作嫁衣裳。"石曼卿诗："年去年来来去忙，为他人作嫁衣裳。仰天大笑出门去，独对东风舞一场。"

龙舟竞渡图　清·佚名

制　作

新增文七联

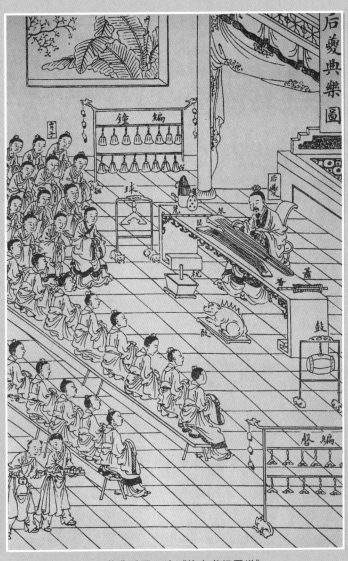

后夔典乐图　清·《钦定书经图说》

1 上古结绳记事，苍颉制字代绳。① 龙马负图，伏羲因画八卦；洛龟呈瑞，大禹因列九畴。② 历日是神农所为，甲子乃大挠所作。③ 算数作于隶首，律吕造自伶伦。④ 甲胄舟车，系轩辕之创始；权量衡度，亦轩辕之立规。⑤

注释：①太古未有文字，燧人氏始作结绳之政。大事结大绳，小事结小绳，以记之。苍颉为轩辕氏史官，视鸟迹虫文，始制文字，以代结绳之政。字成，天雨粟，鬼夜哭。②龙马，马身而龙鳞，高八尺五寸。伏羲时负图出于孟河之中，背有五十五阴阳点。伏羲则之，始画八卦。禹治水，顺水之性，地平天成，神龟负文出于洛，禹象龟文而列洪范九畴。③历日乃神农所作，正节气，审寒暑，为早晚之节，以治农功，始分为八节。古人视花木开谢为春秋。至黄帝命大挠探五行之情，占斗柄所指月建，以十天干配十二地支，造为甲子。④《汉·律历志》：黄帝命隶首作算数，而律度量衡由是成焉。黄帝命伶伦取竹于昆仑之嶰谷，以生成而空窍厚薄均者，断而吹之，以为黄钟之宫，制十二管，以听凤凰之鸣，其雄鸣为六律，雌鸣为六吕。⑤蚩尤无道，黄帝伐之，天遣玄女，请帝制为甲胄以防身，大战于涿鹿之野而杀之。《淮南子》：黄帝见窍木浮而始为舟。舟成，帝见鸢飞尾转而始为舵，见飞蓬转而始为车。权，秤锤也。衡，秤干也。量，斗斛也。度，丈尺也。黄帝为黄钟之律，而造权衡度量。

伏羲氏画八卦图
清·《廿一史通俗衍义》

轩辕氏即黄帝位图
清·《廿一史通俗衍义》

fú xī shì zào wǎng gǔ jiāo diàn yú yǐ shàn
伏羲氏造网罟，教佃渔以赡
mín yòng táng tài zōng zào cè jí biān lǐ jiǎ yǐ shuì
民用；唐太宗造册籍，编里甲以税
tián liáng xīng mào yì zhì lěi sì jiē yóu yán
田粮。①兴贸易，制耒耜，皆由炎
dì zào qín sè jiāo jià qǔ nǎi shì fú xī
帝；造琴瑟，教嫁娶，乃是伏羲。②
guān miǎn yī cháng zhì huáng dì ér shǐ bèi sāng má cán
冠冕衣裳，至黄帝而始备；桑麻蚕
zhī zì yuán fēi ér shǐ xīng shén nóng cháng bǎi cǎo yī
织，自元妃而始兴。③神农尝百草，医
yào yǒu fāng hòu jì bō bǎi gǔ lì shí yǒu lài
药有方；后稷播百谷，粒食有赖。④

注释：①伏羲氏观蜘蛛而结网罟，以取鸟兽鱼鳖，后世用网罟为佃渔始此。黄册籍田始于唐，即庸调法也。盖有田则有租，有身则有庸，有户则有调。租即粟米之征，庸即力役之征，调即布缕之征，颇有三代遗风。②古者民未知稼穑，炎帝斫木为耜，揉木为耒，始教民艺五谷。列廛于国，日中为市，致天下之民，聚天下之货，令其交易得所。〔释〕耜，田器，所以起土者。耒，耜之柄也。伏羲斫桐为琴，绳丝为弦，弦二十有七，命之曰离徽，绚桑为三十六弦之瑟。以女从夫曰嫁，娶女为妻曰娶。古人野合，知有母而不知有父，帝始制嫁娶。以俪皮为礼，正姓氏，通媒约，以重人伦之本，而民始不渎伦。③上古穴居野处，衣毛而帽皮。后世圣人，见鸟兽有冠角，遂作冠冕以易之，至黄帝而其制始备。互详《衣服》类。黄帝元妃西陵氏，姓嫘名祖，教民采桑养蚕，以供衣服。④民有疾病，炎帝始以赭鞭鞭草木，采百草尝之，察其寒热温平之性，辨其君臣佐使之义，作方书以疗民病，而医道立矣。《书》："帝曰：'弃，黎民阻饥，汝后稷播时百谷。'"〔释〕播，安种子也。后稷名弃，互详《老幼寿诞》类。

黄帝妃西陵氏教民蚕图
清·《廿一史通俗衍义》

神农教民种五谷图
清·《廿一史通俗衍义》

2 <ruby>燧<rt>suì</rt></ruby><ruby>人<rt>rén</rt></ruby><ruby>氏<rt>shì</rt></ruby><ruby>钻<rt>zuān</rt></ruby><ruby>木<rt>mù</rt></ruby><ruby>取<rt>qǔ</rt></ruby><ruby>火<rt>huǒ</rt></ruby>，<ruby>烹<rt>pēng</rt></ruby><ruby>饪<rt>rèn</rt></ruby><ruby>初<rt>chū</rt></ruby><ruby>兴<rt>xīng</rt></ruby>；<ruby>有<rt>yǒu</rt></ruby><ruby>巢<rt>cháo</rt></ruby><ruby>氏<rt>shì</rt></ruby><ruby>构<rt>gòu</rt></ruby><ruby>木<rt>mù</rt></ruby><ruby>为<rt>wéi</rt></ruby><ruby>巢<rt>cháo</rt></ruby>，<ruby>宫<rt>gōng</rt></ruby><ruby>室<rt>shì</rt></ruby><ruby>始<rt>shǐ</rt></ruby><ruby>创<rt>chuàng</rt></ruby>。①

<ruby>夏<rt>xià</rt></ruby><ruby>禹<rt>yú</rt></ruby><ruby>欲<rt>yù</rt></ruby><ruby>通<rt>tōng</rt></ruby><ruby>神<rt>shén</rt></ruby><ruby>祇<rt>qí</rt></ruby>，<ruby>因<rt>yīn</rt></ruby><ruby>铸<rt>zhù</rt></ruby><ruby>镛<rt>yōng</rt></ruby><ruby>钟<rt>zhōng</rt></ruby><ruby>于<rt>yú</rt></ruby><ruby>郊<rt>jiāo</rt></ruby><ruby>庙<rt>miào</rt></ruby>；<ruby>汉<rt>hàn</rt></ruby><ruby>明<rt>míng</rt></ruby><ruby>尊<rt>zūn</rt></ruby><ruby>崇<rt>chóng</rt></ruby><ruby>佛<rt>fó</rt></ruby><ruby>教<rt>jiào</rt></ruby>，<ruby>始<rt>shǐ</rt></ruby><ruby>立<rt>lì</rt></ruby><ruby>寺<rt>sì</rt></ruby><ruby>观<rt>guàn</rt></ruby><ruby>于<rt>yú</rt></ruby><ruby>中<rt>zhōng</rt></ruby><ruby>朝<rt>cháo</rt></ruby>。②<ruby>周<rt>zhōu</rt></ruby><ruby>公<rt>gōng</rt></ruby><ruby>作<rt>zuò</rt></ruby><ruby>指<rt>zhǐ</rt></ruby><ruby>南<rt>nán</rt></ruby><ruby>车<rt>chē</rt></ruby>，<ruby>罗<rt>luó</rt></ruby><ruby>盘<rt>pán</rt></ruby><ruby>是<rt>shì</rt></ruby><ruby>其<rt>qí</rt></ruby><ruby>遗<rt>yí</rt></ruby><ruby>制<rt>zhì</rt></ruby>；<ruby>钱<rt>qián</rt></ruby><ruby>乐<rt>lè</rt></ruby><ruby>作<rt>zuò</rt></ruby><ruby>浑<rt>hún</rt></ruby><ruby>天<rt>tiān</rt></ruby><ruby>仪<rt>yí</rt></ruby>，<ruby>历<rt>lì</rt></ruby><ruby>家<rt>jiā</rt></ruby><ruby>始<rt>shǐ</rt></ruby><ruby>有<rt>yǒu</rt></ruby><ruby>所<rt>suǒ</rt></ruby>

注释：①上古民未知熟食，燧人氏作，观星辰而察五行，知空有火，丽木则明。于是钻木取火，以教民烹饪，而民利之。故号燧人氏。构木，注详《宫室》。②镛钟，大钟也。汉明帝梦金人长丈余，飞空而下，访之群臣。傅毅曰："西域有神，其名曰佛。陛下所梦，得毋是乎？"乃使蔡愔等往天竺国，求得其书，由是化流中国。〇镛，音容。

有巢氏构木为巢图　清·《廿一史通俗衍义》

燧人氏钻木取火图　清·《廿一史通俗衍义》

宗。^①育王得疾，因造无量宝塔；秦政防胡，特筑万里长城。^②叔孙通制立朝仪，魏曹丕秩序官品。^③周公独制礼乐，萧何造立律条。^④尧帝作围棋，以教丹朱；武王作象棋，以象战斗。^⑤

注释：①越裳氏献白雉，迷其归路，周公作指南车，以为先导。朱子曰："浑天仪古必有其法，遭秦而灭。至刘宋钱乐之为铸铜作浑天仪，历家凭此以算躔度次舍，即璿玑玉衡之遗法也。"②阿育王尽收西域诸塔及龙宫舍利，一日一夜，役诸鬼神碎七宝末造宝塔八万四千。秦始皇问方士卢生曰："朕后世兴废何如？"生曰："亡秦者，胡也。"始皇不悟己子胡亥，以为亡秦者胡地之人也，遂遣蒙恬北伐匈奴，收河南为四十四县，筑万里长城以防之。③汉高祖初定天下，群臣饮酒争功，醉或妄呼，拔剑击柱，上厌之。叔孙通曰："儒者难以进取，可与守成。臣愿征鲁诸生，共起朝仪。"上许之。通率百余人，为绵蕞，野外习之。后长乐宫成，群臣朝贺，莫不肃敬，无敢失礼。上曰："吾今日乃知皇帝之贵也。"魏主曹丕即位，陈群以天朝选用不尽人才，乃立九品官人之法。④周成王幼，周公摄政，朝诸侯于明堂，制礼作乐，颁度量，而天下大服。汉高祖初入关，欲顺民心，作三章之约。天下既定，三章不足御奸，命萧何作律令。〔释〕三章：杀人者死，伤人及盗抵罪。律，次第其轻重。律吕，万法所出，故法令曰律令。⑤《博物志》：尧生子丹朱，嚣讼慢游，朋淫无度，帝悲之，制围棋以闲其情。象棋，武王所造，其进退攻守之法，有日月星辰之象，乃争国用兵战斗之术。以象牙饰棋，故曰象棋。

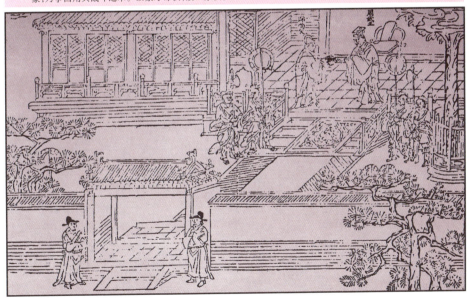

周武王丹书受戒图　明·《帝鉴图说》

文章取士，兴于赵宋；应制以诗，起于李唐。① 梨园子弟，乃唐明皇作始；《资治通鉴》，乃司马光所编。② 笔乃蒙恬所造，纸乃蔡伦所为。③ 凡今人之利用，皆古圣之前民。④

注释：①宋神宗从王安石之议，更定科举法，专以经义八股论策试士。唐先朝以诗赋取士，文宗癸丑八月，依杨绾议，罢诗赋，诏下停之。②唐明皇选乐士宫女数百，自教法曲于梨园，号曰梨园子弟。宋司马光约战国至秦一世，如左氏体为通志以进。英宗悦之，命续其事。光遂与刘攽、刘恕、范祖禹及子康编集。神宗即位，赐名《资治通鉴》。③笔、纸，注俱详《器用》。④《易》："以前民用。"〔释〕谓圣人创作，开民用之先也。

唐明皇幸蜀图　清·《二十四史通俗演义》

【增】钥同鱼样，取鱼目常醒；杖以鸠成，重鸠喉不噎。① 飞轓是轻车别号，纨箑为素扇佳名。② 翠华旗光摇汉苑，白玉管响彻唐宫。③ 米家书画船，足怡素志；齐子班兰物，可壮生平。④ 毡罽毹，美人旧赠；金屈戌，良匠新成。⑤ 乌金热炭厚贻，翠羽编帘异制。⑥ 笒箵收于渔父，卷去夕阳；被襕备于农人，披来朝雨。⑦

注释： ①鱼在水中，昼夜不瞑目，故钥曰鱼钥。鸠者，不噎之鸟，欲老人不噎之义。注互详《器用》。②汉枚乘《七发》："将为太子驯麒麟之马，驾飞轓之舆。"《风俗通》：山之东曰扇，西曰箑。③相如《上林赋》："天子建翠华之旗。"《杂录》：安禄山上献明皇白玉管箫数百。④宋米芾善书，好蓄书画。为淮间发运使，揭牌行舸曰："米家书画之船。"齐张敬儿云："我虽贫，身边犹有班兰物。"〔释〕班兰物，剑也。⑤古词："美人赠我毡罽毹。"〔释〕罽毹，毛褥也。李商隐诗："锁窗金屈戌。"〔释〕屈戌，窗牖间铰钉环纽也。○罽毹，音渠舒。⑥乌金，注详《器用》。汉武起招灵阁，编翠羽麟毛以为帘。⑦笒箵，取鱼之器。被襕，雨具，即今之蓑衣。注互详《器用》。○笒箵，音陵星。被襕，音拨释。

张果见明皇图　元·任仁发

技艺
jì yì

新增文十二联

村医图　宋·李唐

　　图中树荫下，病人袒露着上身，双臂被老农妇和一个少年紧紧地抓着，身边另一少年牢牢地按住了他的身子，他双目圆睁、张着大嘴，声嘶力竭地叫喊着，一条伸出的腿也被人死死踩住，这时的他只能听凭背上的疮伤被艾火熏伤。

1 医士业岐轩之术，称曰国手；地师习青乌之书，号曰堪舆。① 卢医扁鹊，古之名医；郑虔崔白，古之名画。② 晋郭璞得《青囊经》，故善天文卜筮；孙思邈得龙宫方，能医虎口龙鳞。③ 善卜者，是君平詹尹之流；善相者，即唐举子卿之亚。④

注释：①《帝王世纪》：轩辕咨于岐伯，更相问难，作《内经》，故曰岐轩之术。《国策》：晋平公有疾，秦伯使医和视之，出曰："疾不可为也，是谓远男而近女。"赵文子曰："医及国家乎？"对曰："上医医国，其次救人。"固医官也。青乌子有相地书，堪舆家宗之。《说文》：堪，天道。舆，地道。故今人称相地者曰堪舆，以习天地之道也。②《史记》：扁鹊，姓秦名缓，字越人。遇长桑君，得其妙药并书授之，曰："饮上池水三十日，当见物矣。"及饮药三十日，遂洞见病人五脏症结。又《八十一难经》序云："缓与轩辕时扁鹊相类，仍号之为扁鹊。又家于卢国，因名之曰卢医。"〔释〕上池水，竹木上露也。唐郑虔字弱斋，玄宗爱其才，尝图山水，书所赋诗以献，上署尾曰："郑虔三绝。"〔释〕三绝，谓字、画、诗也。崔白善画败荷凫雁，尤精于花竹翎毛。③ 晋郭璞博学而尤妙于阴阳历数。有郭公者，客居河东，精于卜筮，从之受业，公以《青囊经》九卷与之，遂精于天文卜筮之事。《续仙传》：唐孙真人，名思邈，隐太白山。曾救一青蛇，乃龙子，后龙王召至龙宫，得水府药方三十首。又《杂俎》云：思邈隐终南山，有病龙求其点鳞，虎吞金钗求其取出。著有《千金方》三十卷传世。○筮，音示。邈，音邈。④ 汉严君平，本姓庄，避明帝讳，改姓严，成都人。以卜筮为业，日阅数人，得百钱足自养，则闭肆下帘，读《道德经》。《卜居》：屈原既放，心烦意乱，不知所从。乃往见太卜郑詹尹曰："予有所疑，愿先生决之。"詹尹乃端策拂龟曰："君将何以教之？"蔡泽问唐举曰："先生相李兑，曰百日秉国政，有之乎？"曰："有之。"泽曰："若臣何如？"举熟视而笑曰："君曷鼻、巨肩、魋颜、蹙齃，吾闻圣人不相，殆先生乎？"史，孔子适关，子卿迎而视之曰："东门有人，其颡似尧，其项类皋陶，其肩似子产。然自腰以下不及禹者三寸，身长九尺六寸，累累然若丧家之狗。"

仙授青囊图 清·《圣谕像解》

孙思邈图 清·《绘像列仙传》

推命之人即星士，绘图之士曰丹青。①大风鉴，相士之称；大工师，木匠之誉。②若王良，若造父，皆善御之人；东方朔，淳于髡，系滑稽之辈。③称善卜卦者，曰今之鬼谷；称善记怪者，曰古之董狐。④

注释：①推命者，论五星之生克制化，故曰星士。吴融《画山水歌》："良工善画丹青理，辄向茅茨画山水。地角移来方寸间，天涯写在笔锋里。"〔释〕丹，丹砂。青，大青。②风，言其速。鉴，言其明也。亦称大冰鉴。《孟子》："为巨室，则必使工师求大木。"③赵简子使王良与嬖奚乘。周穆王得八骏乘，有造父者，以善御得幸。王欲周行天下，祭公谋父作《祈招》之诗谏止之。《史记》：东方朔诙谐得幸，汉武帝谓群臣曰："相书云鼻下人中长一寸者，年百岁。"朔曰："彭祖八百岁，果如陛下所言，则人中长八寸，以此推之，彭祖面丈余矣。"上大笑。《史记》：淳于髡滑稽多辩，楚发兵加齐，齐威王使髡赍金之赵，请救兵。髡仰天大笑，冠缨索绝。王曰："先生少之乎？"髡曰："何敢。"王曰："汝笑岂有说乎？"曰："臣见有禳田者，操一豚蹄，酒一盂，而祝曰：'瓯窭满篝，污邪满车。'臣笑其所持者狭，所欲者奢也。"王乃命多赍金璧车马，至赵。楚闻之，夜引兵去。〔释〕滑，乱也。稽，同也。言便捷之人，乱异同也。④王翮受道于老君，隐居鬼谷源，因以为号。善卜筮兵法，常入云梦山采药，得道不老。孔子读晋史，叹曰："董狐，古之良史也。"晋干宝父莹，有嬖妾。妻至妒，葬莹时，推入穴。后十年，宝母死，开墓，其妾伏棺上，视之犹暖，渐有气息，舆载以归，终日而苏。说莹尝致饮食，与之接寝，恩情如生。家中吉凶，语之悉验。宝因作《搜神记》，请序于刘真长。既序，曰："卿可谓鬼之董狐。"

董狐　明·陈洪绶

人物山水图之东方朔割肉　清·任熊

2 称谄日之人曰太史，称书算之人曰掌文。① 掷骰者喝雉呼卢，善射者穿杨贯虱。②

楛蒲之戏，乃云双陆；橘中之乐，是说围棋。③ 陈平作傀儡，解

注释：①谄，择也。②古者乌曹作博，以五木为子，有枭、卢、雉、犊、塞之名，为胜负之采。雉，红点。卢，黑点。楚养由基善射，常于百步之外，射杨柳叶，百发百中。《列子》：纪昌学射于飞卫，卫曰："视小如大，视微如著，而后告我。"昌以牦尾悬虱于牖间，南面而望之，及三年后，大如车轮，乃挽弓而射之，辄贯虱心。〔释〕牦，牛尾也。〇虱，音瑟。③《博物志》：楛蒲出自天竺国，国名波罗塞戏，老子入胡作。今之双陆，是其遗法。昔巴邛人不知其姓，家有二大橘，剖开，每橘有二叟相对围棋，谈笑自若。

飞卫学射图　清·周慕桥

汉高白登之围；孔明造木牛，辅刘备运粮之计。① 公输子削木鸢，飞天至三日而不下；张僧繇画壁龙，点睛则雷电而飞腾。② 然奇技似无益于人，而百艺则有济于用。③

注释：①冒顿围汉高祖于白登城，冒顿妻阏氏，陈平知其妒，乃造傀儡美人，舞于城上。阏氏疑是生人，虑城破，冒顿必纳之，遂退去。〔释〕傀儡，木偶人也。《蜀志》：孔明六出祁山，作木牛流马，自能行走。运粮以饷军士。○傀儡，音规垒。②《杂俎》：公输子，即鲁之巧人鲁班，尝作鸢，飞天三日不下。张僧繇于金陵安乐寺壁画二龙，不点睛，每云："点之即飞去。"人以为妄，因点其一，忽雷电破壁，乘云上升，未点睛者尚存。○鸢，音员。繇，音由。③《庄子》：朱泙漫学屠龙之术于支离益，殚千金之产，三年技成，而巧无所用。

画龙点睛图　清·马骀

诸葛亮造木牛流马图　清·《图像三国志》

【增】青囊春暖，丹灶烟浮。① 膝里痒生，华佗有出蛇之妙术；背间痈溃，伯宗具徙柳之神功。② 陆宣公既活国又活人，范文正等为医于为相。③ 一枝铁笔分休咎，三个金钱定吉凶。④ 折菱获奴，应让杜生术善；破墙得妇，当推管辂神

注释：①罗洪先诗："三部脉占心腹病，一囊药贮太和春。"又："为君疗却烟霞癖，谁似青囊药有神。"又："药炉火足丹初熟，茶灶烟浮酒未醒。"②《华佗别传》：河南太守刘勋女，苦左膝里疮痒，迎佗使视。佗以绳系一犬于马后，走马牵犬，犬困不能行，因取刀断犬肠，以向疮口。须臾，有若蛇者从疮中出，长三尺，遂愈。《南史》：薛伯宗善徙痈，公孙泰患发背，伯宗为气封之，徙置斋前柳树上。明日痈消，树边便起一瘤，瘤大脓烂，出黄赤汁斗余，树为之瘘损。③陆宣公晚年家居，尤留心于医，闻有秘方，必自抄录，曰："此亦活人之一术也。"范文正少时尝曰："吾不能为良相，必为良医，以医可以救人。"④诗："一枝铁笔分休咎，三个金钱定吉凶。"《耳目记》：王庭凑尝召五明道士卜，掷卦，三钱皆舞。汉京房始以钱代耆著，从其简易也。唐贾公房《仪礼法》：以三少为重钱，重钱，九也。三多为交钱，交钱，六也。两多一少为单钱，单钱，七也。两少一多为析钱，析钱，八也。

治风疾神医身死图　清·《图像三国志》

卜周易管辂知机图　清·《图像三国志》

通。① 新雨行来，言从季主；琼茅索得，且问灵氛。②

燕颔虎头，识是封侯之相；龙瞳凤颈，知为王者之征。③ 识英布之封侯，果然不谬；知亚夫之当饿，真个无讹。④ 道士能知吉壤，竹

注释：①《唐书》杜生善《易》，人有亡奴，问所从，曰："此北行逢使者，悬丐其鞭。若不可，则以情告。"其人果值使者，如其语，使者曰："去鞭吾无以进马，可折道旁蔓代之。"乃往折蔓，奴伏其下，获之。《魏志》：洛中一人失妻，管辂卜之，令明日于东阳门候担豚人，牵与共斗。其豚走逸，即共追之，豚人舍突破主人墙，其妇出焉。〇蔓，音宗。②《史记》：司马季主者，楚人也，卜于长安东市。宋忠与贾谊同游市肆，天新雨，道少人，谒季主曰："先生何居之卑，行之污？"季主捧腹笑曰："夫卜者，化天地，象四时，顺于仁义。自伏羲作八卦，周文王演三百八十四爻，而天下治。越王勾践仿文王八卦，以破敌国，霸天下。卜筮有何负哉！"《楚辞》："索琼茅与筵篁兮，命灵氛为余占之。"〇氛，音分。③《汉书》：班超少时贫，有相者曰："祭酒布衣书生耳，而当封侯万里之外。"超问其状，曰："燕颔虎头，飞而食肉，此万里封侯相也。"后平定西域，封定远侯。《宋史》：宋太祖谓太宗曰："龙行虎步，他日必为太平天子。"《武后传》：袁天纲见武后母曰："夫人当生贵子。"后幼，姆抱以见，绐以男。天纲视其步与足，惊曰："龙瞳凤颈，若为男，当作天子。"④《史记》：黥布姓英氏，少年有客相之曰："当刑而王。"及壮坐法黥，布欣然笑曰："人相我当刑而王，几是乎？"后封九江王。《汉书》：周亚夫守河内，许负相之曰："君后三岁为侯，侯八岁为将相，秉国，九年当饿死。"亚夫笑曰："既已贵如负言，何云饿死？"负指其口曰："有纵理入口，此饿死法也。"后果封条侯，为丞相，坐子为人告变，诣廷尉，不食五日，呕血而死。

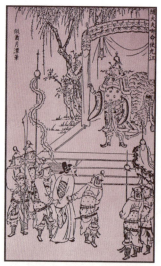

随大夫衔命使九江图
明·《元曲选·气英布》

汉高皇濯足气英布图
明·《元曲选·气英布》

cè cóng shēng mǐn sēng shàn mì jiā chéng hú dēng kě
策丛生；闽僧善觅佳城，湖灯可
hù   sūn zhōng xiào ér zhì sān xiān lóng tú kù ér
护。① 孙钟孝而致三仙，龙图酷而
mèng èr shǐ
梦二使。②

dòng jìng fāng yuán huán fú sì xiàng zòng héng hé
动静方圆，还符四象；纵横阖
pì zhǐ zhēng yī xiān fēi liǎng lián zhī hēi bái zhēng
辟，止争一先。③ 飞两奁之黑白，争
yī zhǐ zhī cí xióng
一纸之雌雄。④

注释：①《潜确类书》：唐时有王智兴者，尝为徐州门子，有一道士居门侧，智兴每日扫地，必扫道士之门。智兴母死，道士引智兴曰："吾善审墓地。"以竹策表一处，曰："出两世方伯。"智兴再拜，往观之，竹策有枝丛生，遂葬焉。后果至方伯。《邑志》：宋尤裒父时亨，与闽僧相友善。僧精风鉴，觅一吉壤于吴塘之山，以嘱公曰："百岁后必葬此，将发福三百余年。"及卒，子裒如僧言葬之，遂庐于墓。始葬十日，月夜忽见湖中有红灯万盏，吧声振地，公惧，隐乔松之下，闻空中语曰："此地发福三百余年，彼人子何德而界之？速令发去。"又闻空中应曰："尤时亨累世积德，裒又纯孝子也。"空中又曰："世纯孝，可当此地矣。其善护之。"湖灯应声而灭。②《笔谈》：贵贱本乎天命，盛衰系乎气数。地有此穴，则世有此人。苟非其人，则此穴昧而不显，得而复失。昔唐李龙图莅政酷虐，杨公得数代宰执之地，欲以与之，梦二使叱之而止。孙钟孤孝，种瓜为业，三仙示以葬地，后四世为吴帝。然则不务积德而求美地，亦不达天人之故矣。③《邺侯外传》：李泌召见时，玄宗方与张说观棋，因使说试其能。说请赋方圆动静，泌曰："愿闻其略。"说曰："方若棋局，圆若棋子，动若棋生，静若棋死。"泌时年七岁，即答曰："方若行义，圆若用智，动若逞才，静若得意。"说贺上得奇童，上大说。班固《棋旨论》："局必方正，象地则也；道必正直，神明德也；棋必黑白，阴阳分也；骈罗列布，效天文也。四象既陈，行之在人，盖王政也。"李严《棋赋》："妙纵横阖辟之机，神出没死生之变。"《杂俎》：一行本不解弈，因会燕公宅，观王积薪棋一局，遂与之敌，笑曰："此但争一先耳。"④陆放翁诗："对弈两奁分黑白。"陈元舆诗："黑白旋盈盘，分途各占宽。"《东坡志林》：张怀民与张昌言围棋，赌仆书字一纸，胜者得之，负者出钱五百作饭。

周亚夫像

包拯像

265

讼 狱

sòng yù

新增文十二联

雪亭小憩图　明·李士达

此图绘雪峰突起，欲摩高天。几棵参天老树枝疏叶落，冲寒而立，使画面更增添了萧瑟的气氛。行人停车小憩于树下孤亭，点出画意。

1 世人惟不平则鸣，圣人以无讼为贵。① 上有恤刑之主，桁杨雨润；下无冤枉之民，肺石风清。② 虽囹圄便是福堂，而画地亦可为狱。③ 与人构讼，曰鼠牙雀角之争；罪人诉冤，有抢地吁天之惨。④

狴犴猛大而能守，故狱门画狴犴之形；棘木外刺而里直，故听讼在棘木之下。⑤ 乡亭之系有岸，朝廷之系有狱，谁敢作奸犯科；死者不可复生，刑者不可复属，上当原情定罪。⑥ 囹圄是周狱，羑里是

注释：①韩愈《送孟东野序》："大凡物不得其平则鸣，人之于言也亦然。"《论语》：子曰："听讼吾犹人也，必也使无讼乎。"②桁杨，断狱之具。古圣人不得已而用之，以教忠教孝，则顽民化，桁杨非雨润乎？《周礼·秋官·司寇》："以肺石达穷民。"〔释〕肺石，赤石也。欲伸冤者，立于赤石三日，士听其词。③魏主显祖，每有大刑，多令覆鞫，或囚系积年，群臣多以为言。上曰："滞狱诚非善治，不犹愈于仓卒而滥乎？夫人忧苦则思善，故智者以囹圄为福堂。朕特苦之，欲其改悔而加兢惕耳。"上古之世，民情淳朴，故画地可以为狱。皋陶造狱，后代因之。路温舒《尚德缓刑书》："画地为狱议不入，刻木为吏期不对。"○囹圄，音林语。④《诗》："谁谓雀无角，何以穿我屋？谁谓汝无家，何以速我狱？谁谓鼠无牙，何以穿我墉？谁谓汝无家，何以速我讼？"太史公《报任安书》："见狱吏则头抢地，视徒隶则心惕息。"《书》："无辜吁天之惨。"○吁，音豫。⑤狴犴，传说中的野兽，为龙所生，形状如虎。常绘于牢狱之门，故又代称牢狱。《王制》："成狱辞，史以狱成告于正，正以狱成告于大司寇，大司寇听之棘木之下。"○狴犴，音陛岸。⑥陆佃云："乡亭之系曰岸，官府曰狱。"汉路温舒《尚德缓刑书》："夫狱者，天下之大命也。死者不可复生，刑者不可复属。"

商牢。^①桎梏之设，乃拘罪人之具；缧绁之中，岂无贤者之冤。^②两争不放，谓之鹬蚌相持；无辜牵连，谓之池鱼受害。^③

2 请公入瓮，周兴自作其孽；下车泣罪，夏禹深痛其民。^④好讼曰健讼，挂告曰株连。^⑤为人解讼，谓

注释：①图，领也。圄，御也。言领内禁御也。史：崇侯虎谮文王于纣王，纣因之羑里者七年，文王因是作《彖辞》。○羑，音酉。②《说文》：桎从告者，手械所以告天。桎从至者，足械所以质地。〔释〕桎，今之脚镣。梏，今之手铐是也。皆纣之所作。○桎梏，音至谷。缧绁，音雷屑。缧，黑索。绁，挛也。古以黑索拘挛罪人。③史：苏代说赵王曰："昨者臣过易水，见蚌出曝，而鹬啄其肉，蚌合而箝其喙。鹬曰：'今日不雨，明日不雨，即有死蚌。'蚌曰：'今日不出，明日不出，必有死鹬。'两争不舍，渔人见而两得之。今燕、赵相持以敝，恐强秦之为渔人也。"王乃止。〔释〕鹬，鸽属。蚌，蛤属。《广韵》：有姓池名仲鱼者，其宅近城门，城门失火，延及其家，仲鱼焚死。谚云："城门失火，殃及池鱼。"④唐周兴用法深酷，或告兴与丘神勣通谋，武后命来俊臣鞫之。俊臣与兴方推事对食，问曰："因多不承，当置何法？"兴曰："取大瓮，外以炭炙，令囚人中，何事不承？"俊臣如其法，因起言曰："有内状推兄，请公入瓮。"兴惶恐叩头服罪。禹出，见罪人，下车问之而泣。左右问其故，禹曰："以吾德薄，不能化民，是以泣也。"⑤《易》："上刚而下险，险而健讼。"宋赵抃出宰青州，每念一人入狱，十人罢业，株连波及，更属无辜。于是时令人马上飞吊监簿查勘，以狱囚多少，定有司贤否，庶株连者可免波及也。

周兴来俊臣像　清·《清刻历代画像传》

下车泣罪图　明·《帝鉴图说》

之释纷；被人栽冤，谓之嫁祸。① 徒
配曰城旦，遣戍是问军。② 三尺乃
朝廷之法，三木是罪人之刑。③ 古
之五刑，墨劓剕宫大辟；今之律
例，笞杖死罪徒流。④ 上古时削木
为吏，今日之淳风安在；唐太宗纵

注释：①鲁仲连游赵，言秦称帝之害，秦将闻之，却五十里。平原君以千金为寿，仲连笑曰："所贵乎天下之士为人排难释纷，而无所取也。若有取者，商贾之事也。"史：秦伐韩，上党路绝。上党守冯亭与民谋，以上党归赵，使使告赵。平阳君豹曰："是欲嫁祸于赵也。"②《正义》：如今摆站之罪曰城旦，旦起治城也。戍，守边卒也。戍字从人从戈，谓人荷戈以戍也。③唐高祖时，有犯法不至死者，上欲杀之，李素立不可，曰："三尺法，王者与天下共也。陛下甫创洪基，奈何弃法？"〔释〕三尺，谓以三尺竹简书律法也。太史公《报任安书》："魏其，大将也，衣赭衣，关三木。"〔释〕赭，罪人赤色衣也。三木，枷纽镣也。④墨，黥面。劓，割鼻。剕，刖足。宫，淫刑，男子去势，妇人幽闭。大辟，死刑。此始于唐虞之时。笞者，击也。汉用竹，隋唐以降用楚，今因之。《书》曰"扑作教刑"是也。杖者，持也。晋以前用鞭，隋唐以杖，今因之。即《书》曰"鞭作宫刑"是也。死罪，绞斩也。斩自轩辕始，绞兴于周代，即古之辟刑也。流，始于唐虞，今从之。○刖，音废。

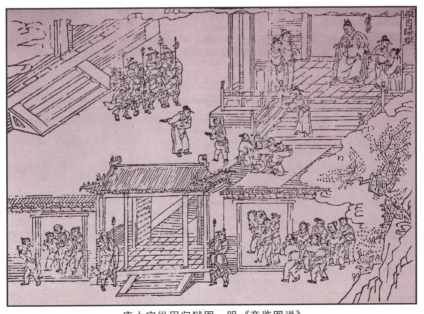

唐太宗纵囚归狱图　明·《帝鉴图说》

<ruby>囚<rt>qiú</rt></ruby><ruby>归<rt>guī</rt></ruby><ruby>狱<rt>yù</rt></ruby>，<ruby>古<rt>gǔ</rt></ruby><ruby>人<rt>rén</rt></ruby><ruby>之<rt>zhī</rt></ruby><ruby>诚<rt>chéng</rt></ruby><ruby>信<rt>xìn</rt></ruby><ruby>可<rt>kě</rt></ruby><ruby>嘉<rt>jiā</rt></ruby>。①

<ruby>花<rt>huā</rt></ruby><ruby>落<rt>luò</rt></ruby><ruby>讼<rt>sòng</rt></ruby><ruby>庭<rt>tíng</rt></ruby><ruby>闲<rt>xián</rt></ruby>，<ruby>草<rt>cǎo</rt></ruby><ruby>生<rt>shēng</rt></ruby><ruby>囹<rt>líng</rt></ruby><ruby>圄<rt>yǔ</rt></ruby><ruby>静<rt>jìng</rt></ruby>，<ruby>歌<rt>gē</rt></ruby><ruby>何<rt>hé</rt></ruby><ruby>易<rt>yì</rt></ruby><ruby>治<rt>zhì</rt></ruby><ruby>民<rt>mín</rt></ruby><ruby>之<rt>zhī</rt></ruby><ruby>简<rt>jiǎn</rt></ruby>；<ruby>吏<rt>lì</rt></ruby><ruby>从<rt>cóng</rt></ruby><ruby>冰<rt>bīng</rt></ruby><ruby>上<rt>shàng</rt></ruby><ruby>立<rt>lì</rt></ruby>，<ruby>人<rt>rén</rt></ruby><ruby>在<rt>zài</rt></ruby><ruby>镜<rt>jìng</rt></ruby><ruby>中<rt>zhōng</rt></ruby><ruby>行<rt>xíng</rt></ruby>，<ruby>颂<rt>sòng</rt></ruby><ruby>卢<rt>lú</rt></ruby><ruby>奂<rt>huàn</rt></ruby><ruby>折<rt>zhé</rt></ruby><ruby>狱<rt>yù</rt></ruby><ruby>之<rt>zhī</rt></ruby><ruby>清<rt>qīng</rt></ruby>。②<ruby>可<rt>kě</rt></ruby><ruby>见<rt>jiàn</rt></ruby><ruby>治<rt>zhì</rt></ruby><ruby>乱<rt>luàn</rt></ruby><ruby>之<rt>zhī</rt></ruby><ruby>药<rt>yào</rt></ruby><ruby>石<rt>shí</rt></ruby>，<ruby>刑<rt>xíng</rt></ruby><ruby>罚<rt>fá</rt></ruby><ruby>为<rt>wéi</rt></ruby><ruby>重<rt>zhòng</rt></ruby>；<ruby>兴<rt>xīng</rt></ruby><ruby>平<rt>píng</rt></ruby><ruby>之<rt>zhī</rt></ruby><ruby>粱<rt>liáng</rt></ruby><ruby>肉<rt>ròu</rt></ruby>，<ruby>德<rt>dé</rt></ruby><ruby>教<rt>jiào</rt></ruby><ruby>为<rt>wéi</rt></ruby><ruby>先<rt>xiān</rt></ruby>。③

注释：①古时刻木吏，置之犯罪之家，犯人抱木人自至公庭听讼。唐太宗亲录囚，见应死者，悯之，纵令归家，期以来秋就死。众囚如期皆至，上嘉其信，俱释之。②唐何易于为益昌令，有异政，人皆息讼。民歌曰："花落讼庭闲，草生囹圄静。"唐卢奂为南海郡太守，先是郡率以脏败，奂至，墨吏敛手，中官领市舶者，亦不敢干以私。民颂曰："抱案吏从冰上立，诉冤人在镜中行。"③汉崔寔《政论》曰："为国之法，有似摄身，平则欲养，疾则致攻焉。夫刑罚者，治乱之药石也；德教者，兴平之粱肉也。以德教除残，是以粱肉治疾也。以刑罚治平，是以药石供养也。"

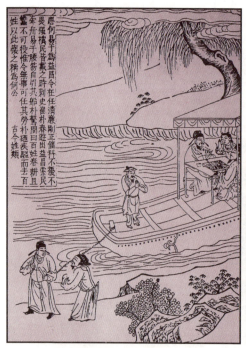

清廉御暴图　明·《瑞世良英》

唐太宗纵囚归狱图　明·《帝鉴图说》

【增】乌台定律，象魏悬书。惟忠信慈惠之师，有折狱致刑之实。 失入宁失出，须当念切于无辜；过义宁过仁，务必心存其不忍。 察五声而审克，应尔精详；讯三刺以简孚，宜乎谨慎。 蒿满圜扉之宅，

【增】乌台定律，象魏悬书。①惟忠信慈惠之师，有折狱致刑之实。②失入宁失出，须当念切于无辜；过义宁过仁，务必心存其不忍。③察五声而审克，应尔精详；讯三刺以简孚，宜乎谨慎。④蒿满圜扉之宅，

注释：①《通典》：御史台号乌台，主禁令刑罚。《周礼·天官》："正月之吉，始和，布刑于邦国都鄙，乃悬刑象之法于象魏。使万民观刑象，挟日而敛之。"②《汉·刑法志》：犹求圣哲之士，明察之官，忠信之长，慈惠之师，民于是乎可任使也，而不生祸乱。《易》丰卦："象曰：雷电皆至，丰，君子以折狱致刑。"③《书》："与其杀不辜，宁失不经。"《左传》："赏不僭，刑不滥，不幸而过，宁僭无滥。"《宋史》：雍熙三年，刑部张泌上言："望自今应断奏失入死刑者，不得以官减赎，检法官削一任，长吏并停现任。"从之。《合璧》：薛季昶劾徐有功纵恶逆，当弃市，后诘有功曰："公比断狱，多失出，何邪？"有功对曰："失出，臣小过，好生，陛下大德。"后嘿然。苏轼《刑赏忠厚之至论》："过乎仁，不失为君子。过乎义，则流而入于忍。人故仁可过也，义不可过也。"④《周礼》："以五声听狱讼，求民情：一曰辞听，二曰色听，三曰气听，四曰耳听，五曰目听。"《书》："惟察惟法，其审克之。"《周礼》："以三刺断庶民狱讼之中：一曰讯群臣，二曰讯群吏，三曰讯万民。听民之所刺宥，以施上服下服之刑。"《书》："两造具备，师听五辞。五辞简孚，正于五刑。五刑不简，正于五罚。五罚不服，正于五过。"

孚及畜犬图　清·《圣谕像解》

取法著令图　清·《圣谕像解》

rén huái tiān bǎo chū nián
人怀天保初年；

què cháo dà lǐ zhī tíng shì
鹊巢大理之庭，世

yù xuán zōng jí wèi
誉玄宗即位。①

zhě yī mǎn dào hé qí kù liè
赭衣满道，何其酷烈

nán kān xuán yuè luó mén wèi miǎn cuī qiāng tài shèn
难堪；玄钺罗门，未免摧戕太甚。②

mén yǒu fèi tāng zhī shì fǔ niàn bù ān cháo
门有沸汤之势，抚念不安；巢

wú wán luǎn zhī cún mén xīn hé rěn suī bì yǐ
无完卵之存，扪心何忍。③ 虽辟以

zhǐ bì huán xíng yú wú xíng zhōu lǐ yǒu sān yòu
止辟，还刑于无刑。④ 周礼有三宥

zhī cí qiān qiū kě fǎ yú tíng yǒu sì shè zhī
之词，千秋可法；虞廷有肆赦之

注释：①《北史》：齐天保初大赦，郡无一囚，率郡吏拜诏而已。狱内檰生桃木，蓬蒿并满，每日閴门虚寂，无讼讼者，谓之神门。〔释〕閴庠，狱门也。《唐·志》：玄宗即位，二十年间，号称治平。衣食富足，人罕犯法。大理卿徐峤奏："大理院由来相传杀事太盛，鸟雀不栖，今狱有鹊巢其树。"群臣皆贺，以为几至刑措。帝归功宰相，赐李林甫晋国公。②《汉·刑法志》：秦兼吞战国，毁先王之法，灭礼谊之官，专任刑罚，躬操文墨，昼断狱，夜理书，自程决事，日县石之一。而奸邪并生，赭衣塞路，囹圄成市，天下愁怨，溃而叛之。《隋书》：秦落严霜于政教，挥流电于邦国。弃灰偶语，生愁怨于前；毒网凝科，害肌肤于后。玄钺肆于朝市，赭服飘于路衢。③赭，音者。③《唐语林》：李义府母与妻、诸子皆弃市，狱门如沸汤。《世说》：孔文举二子曰："大人岂见覆巢之下，复有完卵乎？"④《书·君陈》："辟以止辟，乃辟。"《书·皋陶谟》："刑期于无刑，民协于中。"〔释〕以杀止杀而刑措也。

瑞鹊来巢图　清·《圣谕像解》

释放穷民图　清·《圣谕像解》

典，万古常称。①蝇集笔端，识赦书之已就；乌啼宵夜，知恩诏之将颁。②无赦而刑必平，文中之论，夫岂全诬；多赦则民不敬，管子之言，亦非尽谬。③孔明治蜀，所以不行；吴汉临终，于焉致嘱。④

注释：①《周礼》："司刺掌三刺、三宥、三赦之法，以质司寇，听讼狱。……一宥曰不识，再宥曰过失，三宥曰遗忘。一赦曰幼弱，再赦曰老耄，三赦曰蠢愚。"《尚书》："眚灾肆赦，怙终贼刑。"②《载记》：苻坚欲大赦，与王猛、苻融密议于甘露堂，亲为赦文。有一大蝇声甚厉，入室集于笔端，驱之复来。俄而人皆知有赦书，于是诘其所得，皆云："有小青衣童子，大呼于市曰：'官令大赦。'须臾不见。"坚曰："是前青蝇也。"古乐府：宋元康中，徙彭城王义康为豫章，临川王义庆时为江州，相见而哭，文帝闻而怒之，召还宅。义庆大惧，妓妾夜闻乌啼声，叩阁云："明日有赦。"后改为南州，因制《乌夜啼》曲。③《文中子》："无赦之国，其刑必平。"《管子》："赦出则民不敬，惠行则过日益。"④《三国志》：诸葛孔明治蜀二十余年，赦不妄下。《后汉书》：吴汉病笃，上亲问之，对曰："臣愚无所知识，但愿陛下谨无赦而已。"

管仲像

诸葛亮像

释道鬼神

新增文十二联

三教图　明·陈洪绶

rú lái shì jiā jí shì móu ní yuán xì chéng

(1) 如来释迦，即是牟尼，原系成

fó zhī zǔ lǎo dān lǐ ěr jí shì dào jūn nǎi

佛之祖；老聃李耳，即是道君，乃

wéi dào jiào zhī zōng jiù lǐng qí yuán jiē shǔ fó

为道教之宗。① 鹫岭祇园，皆属佛

guó jiāo lí huǒ zǎo jìn shì xiān dān shā mén chēng

国；交梨火枣，尽是仙丹。② 沙门称

shì shǐ yú jìn dào ān zhōng guó yǒu fó shǐ yú

释，始于晋道安；中国有佛，始于

hàn míng dì jiān kēng jí shì péng zǔ bā bǎi gāo

汉明帝。③ 篯铿即是彭祖，八百高

nián xǔ xùn yuán zǎi jīng yáng yī jiā chāo jǔ

年；许逊原宰旌阳，一家超举。④

bō luó yóu yún bǐ àn zǐ fǔ jí shì xiān

波罗犹云彼岸，紫府即是仙

gōng yuē shàng fāng yuē fàn chà zǒng shì fó chǎng

宫。⑤ 曰上方，曰梵刹，总是佛场；

yuē zhēn yǔ yuē ruǐ zhū jiē chēng xiān jìng yī pú

曰真宇，曰蕊珠，皆称仙境。⑥ 伊蒲

zhuàn kě yǐ zhāi sēng qīng jīng fàn yì kān gòng fó

馔可以斋僧，青精饭亦堪供佛。⑦

注释：①本觉为如，今觉为来。《佛地论》：佛姓释迦，号牟尼佛。佛者觉也，觉一切众智。复能开觉有情，如睡梦觉。《普照经》：兜率天降神于西域迦维罗卫国净梵王宫，摩耶夫人从右肋而生，生多灵瑞而能言。《古镜录》：老子无世不出，初出于上皇时，号立中法师；出下皇时，号金阙帝君；出黄帝时，号广成子；出文王时，号安邑先生；出武王时，号叔子；出汉初时，号黄石公；出文帝时，号河上公。互详《老幼寿诞》类注。○迦，音佳。牟，音谋。聃，音耽。②《初学记》：西域有灵鹫山，其形如鹫，佛常居此。《金刚经注》：须达多长者白佛言："弟子欲营精舍，请佛住。"惟祇陀太子园，广八十顷，佳木郁茂可居。因白太子，太子戏曰："满以金布，便当相与。"须达出金布满，精舍告成，凡千三百区。《真诰》：晋许穆入华阳洞得道，王母第二十女紫微夫人尝降教之，后书与穆曰："玉醴金浆，交梨火枣，此飞腾之药也，不比金丹。"○鹫，音就。③梵语沙门，汉言息也。息欲而归于无为也。晋道安受戒于佛图澄，以师莫过于佛，遂以释为姓。汉明帝梦金人长丈余，访之群臣，傅毅曰："西域有神，其名曰佛。"上乃使蔡愔等往天竺求其道，由是化流中国。④彭祖，姓篯名铿，商贤大夫也，封于韩大彭之墟。至殷末，七百六十七岁而不衰，故号老彭。有导引之术，有疾，闭气以攻所患，逆行体中，下达趾，其体即和。寿至八百岁。晋许逊字敬之，为旌阳令，弃官东归，遇谌母，传以道术。元康三年八月望日，举家四十二口拔宅升天，鸡犬随之。○篯铿，音煎坑。⑤梵语波罗密多，此言登彼岸。〔释〕彼岸，佛地也。《六帖》：银宫金阙，紫府清都，神仙所居。⑥隋常琮侍炀帝游宝山，上曰："几时到上方？"琮曰："昏暗应须到上头。"〔释〕僧房曰方丈。上方者，上人之方丈也。梵，浮图也。刹，幡柱也。昔梵王礼佛，故名梵刹。《六帖》：大微之宫，列真之宇。〔释〕列，众也。真，仙也。《事文捷录》：仙之居也，不曰蕊珠，则曰阆风，不曰紫府，则曰瑶台。○刹，音煞。⑦后汉楚王英上纨缣赎罪，诏报云："王好黄老之术，尚浮屠之教，还其赎，以助伊蒲塞桑门之馔。"〔释〕伊乃伊兰，蒲即菖蒲。《登真要诀》：神仙青精饭，取南烛叶煎汁，浸米炊饭，令饭作绀青色。〔释〕南烛，药名，一名黑饭草。

xiāng jī chú　sēng jiā suǒ bèi　xiān lín fǔ　xiān zǐ
香积厨，僧家所备，仙麟脯，仙子

suǒ cān　　fó tú chéng xiǎn shén tōng　zhòu lián shēng bō
所餐。①佛图澄显神通，咒莲生钵；

gě xiān wēng zuò xì shù　tǔ fàn chéng fēng　dá mó
葛仙翁作戏术，吐饭成蜂。②达摩

yī wěi dù jiāng　luán bā xùn jiǔ miè huǒ　wú měng
一苇渡江，栾巴噀酒灭火。③吴猛

huà jiāng chéng lù　má gū zhì mǐ chéng zhū
画江成路，麻姑掷米成珠。④

fēi xī guà xī　wèi sēng rén zhī xíng zhǐ dǎo
飞锡挂锡，谓僧人之行止；导

yǐn tāi xī　wèi dào shì zhī xiū chí
引胎息，谓道士之修持。⑤

注释：①维摩居士遣八菩萨往众香国礼佛，言愿得世尊所食之余，欲以娑婆世界施作佛事，香积如来以众香国之钵盛饭与之，故僧家斋厨曰香积厨。《神仙传》：蔡经尸解十年，及还家，语家人曰："七月七日，王方平来，可作酒百石。"至期果至，进金盘玉杯，麟脯仙馔。○脯，音府。②晋佛图澄姓帛氏，天竺人，妙通禅理，入中国澄城县。石勒闻其名，召试其术。澄取钵盛水，烧香咒之，须臾，钵中生青莲花。《神仙传》：葛玄号仙翁，从左慈得仙术，喷饭成蜂数百。玄复张口，蜂飞入，复能成饭。③达摩，天竺人，梁武帝迎入金陵。机不相契，潜回北江，无楫，乃折一苇蹑之而渡。《神仙传》：栾巴有道术，汉桓帝于正旦会群臣，上赐酒，巴不饮。向西南噀之。有司劾巴不敬，巴谢曰："臣本县成都有火患，故噀酒以灭之。"数日，成都果奏火灾。○噀，音委。栾，音鸾。④晋吴猛遇丁义，授以神方。自豫章归，江水或涨，无舟，猛以扇画江水，遂成大路，过毕乃没。《列仙传》：麻姑姓黎字琼仙，尝与方平降蔡经家，姑取米数升掷于地，米尽成珠。⑤《高僧传》：有神僧飞锡凌空而下。凡为僧必有锡杖，上有环，泠然有声，行则飞，坐则挂。《华佗传》：古之仙者，为导引之事，熊经鸱顾，引接腰体，动诸关节，以求难老。《抱朴子》：胎息者，能不以口鼻嘘吸，如在胎中焉。

旌阳鸡犬图　清·《孝经传说图解》

吐饭成蜂图　清·马骀

② 和尚拜礼曰和南，道士拜礼曰稽首。① 曰圆寂，曰荼毗，皆言和尚之死；曰羽化，曰尸解，悉言道士之亡。② 女道曰巫，男道曰觋，自古攸分；男僧曰僧，女僧曰尼，从来有别。③ 羽客黄冠，皆称道士；上人比丘，并美僧人。④

注释：①千里相聚曰和，父母反拜曰南，僧家作礼，谓之和南。《天香浪善经》：人行大道，号曰道士。郑玄注：稽首，头至地也。②圆寂，即天竺所云入灭，言功行圆满，灭尽三昧而示寂也。《要览》：耶维、阇毗、荼毗，皆言焚烧也。《赤壁赋》："飘飘乎遗世而独立，羽化而登仙。"〔释〕言若生羽翼而化登仙境也。《文苑汇隽》：凡尸解多不同，白日去者为上，夜半去者为下，晓暮去者为地下主。○毗，音皮。③《说文》：能斋事神明者，在男曰觋，女曰巫。汉明帝时，天竺僧摄摩腾至中国，此有僧之始。《国史》：吴赤乌年间，方有汉人为僧，此中国为僧之始。东晋有妇人阿潘者，学西域之教，始有尼姑之称。○觋，音檄。④《庐山记》：南唐保大中，道士谭紫霄，唐主宠之，出入金门，赐号金门羽客。唐李淳风之父名播，仕隋，因隋政乱，弃官为道士，号黄冠子。称僧为上人，谓内有德智外有胜行，在人之上也。僧受全戒曰比丘僧，尼受全戒曰比丘尼。

一苇渡江图　清·马骀

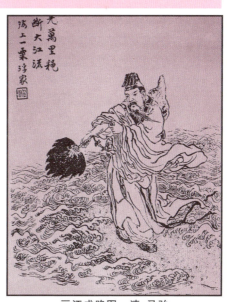

画江成路图　清·马骀

檀越檀那，僧家称施主；烧丹炼汞，道士学神仙。① 和尚自谦，谓之空桑子；道士诵经，谓之步虚声。② 菩者普也，萨者济也，尊称神祇，故有菩萨之誉；水行龙力大，陆行象力大，负荷佛法，故有龙象之称。③ 儒家谓之世，释家谓之劫，道家谓之尘，俱谓俗缘之未脱；儒

注释： ①梵语陀那钵底，唐言施主。称檀那者，讹陀为檀，去钵底二字也。称施主为檀越者，谓此人行檀施，能越贫穷之苦海也。檀，惠也。《汉武内传》：李少君言能炼汞成白银，飞黄丹成黄金，金成服之，白日升天。〔释〕汞，人身上之汞，精血也。②《列子》：有莘氏女采药，得婴儿空桑中，献之君，君命浮人养之。今僧人自谦，托无父母之义。《异苑》：陈思王曹植忽闻空中诵经声，清远嘹亮，解音者以为神仙声。道士效之，作步虚声也。③梵语菩提萨埵，欲简于称呼，故省文言菩萨。《传灯录》：波罗提法中龙象。

剪纸成蝶图 清·马骀

琴高跨鲤图 清·马骀

家曰精一，释家曰三昧，道家曰贞一，总言奥义之无穷。①

3 达摩死后，手携只履西归；王乔朝君，凫化双舄下降。②辟谷绝粒，神仙能服气炼形；不灭不生，释氏惟明心见性。③梁高僧谈经入妙，可使岩石点头，天花坠地；张

注释：①《楞严经》：儒为世，释为劫，道为尘。三十年为一世，五百年为一劫，千年为一尘。《书》："惟精惟一，尤执厥中。"《金刚经》：我得无诤三昧，人中最为第一。②达摩于千圣寺灭槃，葬熊耳山。魏宋云奉使西域回，遇达摩于葱岭，手携只履，云问："师何往？"曰："西天去。"王乔，注详《衣服》。③汉张良辞高祖去，遂辟谷学道。《邺侯家传》：唐李泌少时身轻，能屏风沉行，异人曰："此儿十五必飞腾。"父母恶之，忽闻空中异香，作蒜汁泼之，恐其飞腾。泌作诗曰："天覆君，地载吾，天地生吾有意无。不然绝粒升天衢，不然鸣Scan到游帝都。安能不贵复不去，空作昂藏一丈夫。"服气，仙家饮沆瀣，餐赤霞，采日精，吸月华。炼形，即服丹尸解之类。《传灯录》：杜鸿渐问无住禅师曰："云何不生？云何不灭？如何得解脱？"师曰："见境心不起名不生，不生即不灭。既无生灭，即不被前尘所缚，到处解脱也。"

王乔跨鹤图 清·马骀

舍身佛寺图 明·《帝鉴图说》

虚靖炼丹既成，能令龙虎并伏，鸡犬俱升。①藏世界于一粟，佛法何其大；贮乾坤于一壶，道法何其玄。②妄诞之言，载鬼一车；高明之家，鬼阚其室。③

《无鬼论》，作于晋之阮瞻；《搜神记》，撰于晋之干宝。④颜子

注释：①梁高僧丁生，讲经于虎丘寺，人无信者。乃聚石为徒，与谈至理，石皆点头。又梁异僧云光法师，于天龙寺讲经，天雨宝花，缤纷而下。《列仙传》：张道陵七世孙张虚靖，学长生之术，遍游名山。炼丹既成，龙降虎伏，白日升天。临去，药器置于庭，鸡犬舐之，皆得升天。②佛偈云："一粒粟中藏世界。"《列仙传》：壶公卖药长安市，悬一壶于肆，日暮辄入壶中休息。费长房见而异之，再拜求入。公与之俱入，见楼台壮丽，惊曰："此别一乾坤也。"遂从公学道。③《易》："载鬼一车。"〔释〕以无为有也。扬雄《解嘲篇》："高明之家，鬼阚其室。"○阚，音瞰。④阮瞻作《无鬼论》，忽有一客来坐，议论风生，以为有鬼，瞻以为无鬼，争论不已。客作色曰："鬼神之事，圣贤所共传，君何言无也？吾便是鬼。"于是变为异形，须臾消灭。晋干宝尝病，气绝复苏，见天地间鬼神事，遂撰集古今神祇，名《搜神记》，事多怪诞不经。

张道陵像

壶公像

渊，卜子夏，死为地下修文郎；韩擒虎，寇莱公，死作阴司阎罗王。①至若土穀之神曰社稷，干旱之鬼曰旱魃。②魑魅魍魉，山川之祟；神荼郁垒，啖鬼之神。③仕途偃蹇，鬼神亦为之揶揄；心地光明，吉神自为之呵护。④

注释：①晋苏韶卒后，从弟节白昼见韶，因问幽冥之事，韶曰："颜渊、卜商俱为地下修文郎。"隋韩擒虎慷慨多智略，以平陈功，进上柱国。疾笃时，有人惊走至其家，曰："我欲见阎罗王。"擒虎闻之曰："生为上柱国，死作阎罗王，亦足矣。"寝病而卒。《翰苑名谈》：寇莱公死，有僧克勤，见公于曹州境上，询后骑，云："阎罗王交政也。"○擒，音琴。②社者，五土之总神。稷是原隰之神。以古推之，自颛帝以来，用共工之子曰句龙，为后土官，能平水土，祀以为社。烈山之子曰柱，能植穀蔬，自夏以上，祀为稷。至殷汤，以柱久远，祀后稷为稷。《神异经》："南方有人，长二三尺，袒身而目在顶上，走行如风，名曰魃。所见之国，大旱赤地千里。"○魃，音拔。③魑魅，老精物也，人面兽身，四足，好惑人，山林异气所生。《淮南子》：魍魉，川泽之神，状如三岁小儿，赤黑色，赤目长耳，美鬌，好效人声而迷惑人。神荼，注详《岁时》。④晋罗友博学能文，时桓温集僚佐钱得郡者，友后至，向温曰："中道逢鬼揶揄云：'只见汝送人作郡，不见人送汝作郡。'"温因荐友为襄阳太守。〔释〕揶揄，举手拍弄而笑。《感应篇》："人心起于善，善虽未为而吉神已随之。"呵，斥也。护，守也。○揶揄，音耶俞。

颜渊像

铁拐李像　清·马骀

【增】菩提无树，明镜非台。①光明拳打破痴迷膜，爱欲海济渡大愿船。②白足清癯，谁个未知禅味；赤髭碧眼，何人不是梵宗。③法喜为妻，智度为母，无须询骨肉为谁；慈悲作室，通慧作门，不须问宅居何在。④孙居士大啸一声，山鸣谷

注释：①《传灯录》：五祖求法嗣，令寺僧各为偈。其上座神秀曰："身是菩提树，心如明镜台，时时勤拂拭，不使有尘埃。"六祖慧能书于秀旁云："菩提本无树，明镜亦非台，本来无一物，何处惹尘埃。"五祖观之，法嗣遂定。②佛经：如来举金色臂，屈五轮指，为光明拳。又云：决一切痴迷膜，到一切功德岸。佛经：菩萨乘大愿船，在生死海中，呼引众生上大愿船。③释昙如足白于面，号白足僧。又僧祖可善权清癯，时亦号瘦权。佛陀耶尊者赤髭，时号赤髭比丘沙弥。达摩生而眼碧，号碧眼禅师。④《维摩经》：释氏智度以为母，方便以为父，法喜以为妻，慈悲以为子。佛经：如来以慈悲作室，通慧为门。

西华山陈抟高卧图　明·《元曲选插图》

孙登　清·《绘像列仙传》

应；<u>陈先生</u>长眠数觉，物换星移。①
岩下清风，黑虎卖<u>董仙</u>丹杏；山间
明月，彩鸾栖<u>张叟</u>绿筠。②

赵惠宗火中化鹤，岂避烽炎；
<u>左真人</u>盆里引鲈，不须烟浪。③萧
静曾餐芝似肉，<u>安期</u>更食枣如瓜。④
夏郊有异神，祀处却转凶为吉；黎

注释：①《韵府群玉》：孙登得仙道，寓苏门。阮籍访于其处，与谈时事，不应。及退至半岭，闻有声若鸾凤音，乃登之啸也。《陈抟隐于睡，每睡必数月而醒。羽士寇朝尝学其睡之大略，刘垂范闻其鼾鼾，曰："寇先生睡有乐，乃华胥调。"或曰："既有曲，谱记如何？"曰："混沌谱。"②《列仙传》：吴董奉居庐山，为人治病，不索谢，病重愈者令种杏五株，病轻者一株，杏成林。实熟时，买杏者将谷一石，便取杏一石，取多者，有黑虎逐之，故曰黑虎卖杏。张虚靖天师隐龙虎山，结庐而处，有彩鸾栖鸣其上，作诗有"结庐高处无人到，夜半彩鸾栖绿筠"之语。○筠，音云。③《列仙传》：赵惠宗，宜都人，得九天仙箓。唐天宝末，积薪自焚，怡然坐火中，诵《度人经》，乃化为瑞云仙鹤而去。《神仙传》：左慈有仙术，曹操宴客，曰："席间所少者，松江鲈耳。"慈索铜盆，贮水钓之，须臾引鲈数尾而出。操尝出郊，慈携酒一升，脯一斤，亲手斟酌，百官皆醉饱。操恶其怪，欲杀之，慈入壁中，忽然不见。或见于市，眇一目。④汉萧静之掘得一物，类人手，肥润而红，烹而食之，齿及更生，力壮貌少。道士顾静之曰："所食者肉芝也，寿等龟鹤矣。"《汉武内传》：李少君以却老方见武帝，曰："臣尝游海上，见安期生食巨枣，大如瓜。"

盘中见鱼图　清·马骀

仙人饮鹤图　清·马骀

丘多奇鬼，惑时必以伪害真。①唐时花月妖，畏见狄梁公之面；晋代枌榆社，愁逢阮宣子之柯。②仍思大手入窗，公亮举笔；翻忆长舌吐地，壮士吹灯。③

邹德润徙项王祠，莫须有也；牛僧孺宿薄后庙，岂其然乎。④

注释：①《左传》：晋侯有疾，梦黄熊入寝，问何祟，子产曰："尧殛鲧于羽山其神化为黄熊，实为夏郊，三代祀之。"于是祀夏郊，晋侯病乃愈。《幽怪录》：黎丘有奇鬼，善效人之子状，扶丈人而道苦之。一旦，文人之市醉而归，遇奇鬼，效其子状，扶而苦之。归，责其子，子曰："无此事也。"丈人悟曰："是必奇鬼也。"明日，复饮于市，欲刺杀之。其子恐父之不返，迎而救之，丈人望见其子，拔剑杀之。②唐武三思妓素娥，有殊色，狄梁公请见之，忽失其所在。闻堂奥中语曰："某花月妖也，梁公正人，吾不敢见。"《世说》：阮宣子伐社树，或人止之，宣子曰："社而为树，伐树则社亡；树而为社，伐树则社移。何害？③马公亮尝于灯下阅书，有鬼以大手伸入窗中，公以朱笔书草字，鬼哀求不得出。至晓，泣曰："公独不见牛渚矶事耶？"公乃涤去其字，鬼谢而去。晋嵇康燃灯夜坐弹琴，忽有鬼人，仪容甚怪，遂吐舌七尺余，垂至地。康灭其灯，曰："耻与魑魅争光。"④梁邹德润为吴兴太守，郡有项羽庙，据厅事一半。德润曰："生不能与汉祖争中原，死据此厅事何也？"竟别迁之。牛僧孺落第归，暮失道，远望火光，至一大宅。阍者引之人，珠帘中语曰："妾汉文帝母薄太后也，何由至此？"遂呼出王嫱、杨太真、潘妃，见礼毕。又别有善笛女子，后曰："石家绿珠也。"后曰："今夕谁伴牛秀才寝？"诸妃皆辞，后令王嫱陪之，遂送入昭君院中。向晓而觉，乃知是鬼。

王质烂柯图　清·马骀

牛僧孺　明·陈洪绶

niǎo　　shòu

鸟　兽 新增文十三联

山鹊爱梅图　清·华嵒

① 麟为毛虫之长，虎乃兽中之王。① 麟凤龟龙，谓之四灵；犬豕与鸡，谓之三物。② 骐骥骅骝，良马之号；太牢大武，乃牛之称。③ 羊曰柔毛，又曰长髯主簿；豕名刚鬣，又曰乌喙将军。④ 鹅名舒雁，鸭号家凫。⑤

鸡有五德，故称之曰德禽；雁性随阳，因名之曰阳鸟。⑥ 家豹、乌圆，乃猫之誉；韩卢、楚犷，皆犬之名。⑦ 麒麟、驺虞，皆好仁之兽；螟螣、蟊贼，皆害苗之虫。⑧ 无肠公

注释：①牡曰麒，牝曰麟，麋身而牛尾，狼项而一角，黄色马足。含仁戴义，音中钟吕，步中规矩，不践生虫，不折生草，不食不义，不饮污池，王者至仁则出。《家语》：羽虫三百六十，凤为之长。毛虫三百六十，麟为之长。甲虫三百六十，龟为之长。鳞虫三百六十，龙为之长。倮虫三百六十，人为之长。《风俗通》：虎，阳物，百兽之长，能噬食鬼魅。谚云：虎本南郡中卢李公所化，故呼为李耳即喜，呼为班使即怒。食物遇车即止，以触讳故也。②《礼运》："麟、凤、龟、龙，谓之四灵。"《山海经》：雄曰凤，雌曰凰。出丹穴山，形似鸡，鸡喙人目，蛇颈燕颔，龟背鱼尾，身备五彩，鸣中五音，非梧不栖，非竹实不食，太平则见，世乱则隐。《大戴礼》：龟上穿象天，下平法地，千载神龟，问无不知。广育无雄，以蛇为雄，故龟与蛇合谓之玄武。○龙能变化，春分而登天，秋分而潜渊，八十一鳞，合九之数。《诗》："出此三物，以诅尔斯。"〔释〕君以豕，臣以犬，民以鸡，刺三物之血，以证盟。③《文选》："骐骥、骅骝，马群绝胜。郭椒、丁栎，牛类称良。《礼》："凡祭宗庙之礼，牛曰一元大武。"〔释〕元，头也。武，足迹也。牛肥则迹大。又称曰太牢。○骐骥骅骝，音六耳华骝。④《古今注》："羊曰柔毛，有美髯，故曰长髯主簿。豕，猪兖。总名曰刚鬣，又曰乌喙将军。○髯，音冉。鬣，音猎。⑤《尔雅》：舒雁，鹅。以其徐行不迫也。凫，水鸟，其形如鸭，曰家凫。○凫，音符。⑥《韩诗外传》：田饶告哀公曰："君独不见乎鸡乎？头戴冠者，文也；足傅距者，武也；敌在前敢斗者，勇也；见食相呼者，仁也；守夜不失者，信也。有此五德，君犹烹而食之，以其从来近也。"《格物论》：雁，阳鸟，状如鹅，飞有先后行列。其性爱阳而恶阴。北地严寒，南方和暖，故至秋则自北投南，至春则自南投北。⑦猫有家豹、乌圆、蒙贵之名。猫旦暮睛圆，及午纵敛如线。鼻常冷，惟夏至一日暖，盖阴类也。《广雅》：犬之良者，有宋国之鹊、韩国之卢，楚国之犷，晋国之獒焉。○犷，音广。⑧驺虞，白质黑文，尾长于身，食自死之肉，不践生草，不履生虫。《诗》："去其螟螣，及其蟊贼。"〔释〕食苗心曰螟，食叶曰螣，食根曰蟊，食节曰贼。○螟螣，音明特。蟊，音谋。

子，螃蟹之名；绿衣使者，鹦鹉之号。①狐假虎威，谓借势而为恶；养虎贻患，谓留祸之在身。②犹豫多疑，喻人之不决；狼狈相倚，比人之颠连。③

胜负未分，不知鹿死谁手；基业易主，正如燕入他家。④雁到南方，先至为主，后至为宾；雊名陈宝，得雄则王，得雌则霸。⑤

注释：①《抱朴子》：山中辰日，称无肠公子者，蟹也。《尔雅翼》：八足旁行，故曰螃蟹。一名郭索。《天宝遗事》：杨崇义妻刘氏，与李弇通，弇杀崇义，埋井中。刘氏控于官，县官诣所居检校，架上鹦鹉曰："杀主者，李弇也。"遂讯得实。明皇封为绿衣使者。〔释〕鹦鹉，能言鸟，有慧性。○螃，音旁。鹦鹉，音英舞。②史：楚宣王谓群臣曰："北方之民，畏昭奚恤，何也？"江乙曰："虎随狐行，兽皆奔走，虎不知兽之畏己，反以为畏狐也。今北方非畏奚恤，实畏王之甲兵，正所谓狐假虎威。"汉史：汉王欲西归，张良曰："汉有天下大半，楚兵饥疲，今释之而不伐，是养虎而自遗患也。"王从之。③犹，兽名，性多疑，闻人声则豫上树，久之乃下，须臾又上。故不决曰犹豫。狼似犬，前二足长，后二足短。狈前二足短，后二足长。狼无狈不立，狈无狼不行，若相离，则进退不得矣。故人失其所倚者曰狼狈。④北朝史：徐光谓赵石勒曰："陛下神武谋略，过于汉高。"勒笑曰："朕若遇汉高，当北面事之。若遇光武，当并驱中原，未知鹿死谁手。"刘禹锡《乌衣巷》："旧时王谢堂前燕，飞入寻常百姓家。"⑤雁之大者，以仲秋先至南为主，其小者，以季秋后至南为宾。《列异传》：秦穆公时，陈仓人掘地得物，似羊非羊，牵以献公。路逢二童子曰："此名媦，常在地食死人脑，君欲杀之，以柏击其首。"媦曰："彼二童名陈宝，得雄者王，得雌者霸。"陈仓人舍媦逐之，童子化为雊飞去。陈仓人告穆公，公大猎，果得雌，又化为石，置之汧渭之间。至文公，始为之立陈宝祠。

古贤诗意图之右军笼鹅 明·杜堇

② 刻鹄类鹜，为学初成；画虎类犬，弄巧反拙。① 美恶不称，谓之狗尾续貂；贪图不足，谓之蛇欲吞象。② 祸去祸又至，曰前门拒虎，后门进狼；除凶不畏凶，曰不入虎穴，焉得虎子。③

鄙众趋利，曰群蚁附膻；谦己

注释：①马援《戒兄子严敦书》："吾欲汝曹闻人过失，如闻父母之名，耳可得闻，口不可得言也。龙伯高敦厚周慎，愿汝曹效之。杜季良豪侠好义，不愿汝曹效也。效伯高不得，犹为谨敕之士，所谓刻鹄不成尚类鹜者也。效季良不得，陷为天下轻薄子，所谓画虎不成反类犬者也。"〇鹜，音务。②晋赵王伦篡位，同谋者皆为卿相，奴卒厮役亦加爵位，每朝会，貂蝉盈坐。谚云："貂不足，狗尾续。"《山海经》："巴蛇食象，三岁而出其骨。"〇貂，音刁。③汉和帝年方十四，乃能收窦氏，足继孝昭之烈。惜其与宦官郑众谋之，以启中常侍亡汉之阶。胡致堂曰："窦氏虽除，而侍人之权，从兹盛矣。谚云：'前门拒虎，后门进狼'，此之谓也。"汉班超出使西域，其王广，奉超礼敬甚厚，后忽疏懈。超曰："此必有北使来。"乃语其同往士卒曰："不入虎穴，焉得虎子。"是夜，以火攻房营，斩其使。

杨柳青木版年画·刘玄德南漳逢隐沦

爱儿，曰老牛舐犊。①无中生有，曰画蛇添足；进退两难，曰羝羊触藩。②杯中蛇影，自起猜疑；塞翁失马，难分祸福。③龙驹凤雏，晋闵鸿夸吴中陆士龙之异；伏龙凤雏，司马徽称孔明庞士元之奇。④吕后断

注释：①卢坦书：今人奔尺寸之禄，走丝毫之利，如群蚁之附膻腥，众蛾之赴燔火，取不为丑，贪不避死。〔释〕膻，羊腥也。汉杨彪之子名修，以才见忌于操，操杀之。彪忧形于色，操见彪问曰："公何瘦甚？"对曰："愧无日磾先见之明，犹怀老牛舐犊之爱。"〔释〕犊，牛子也。○舐犊，音氏读。②史：昭阳为楚伐魏，移师攻齐。陈轸见昭阳曰："人有遗舍人酒一卮，舍人谓曰：'请画地为蛇，先成者饮酒。'一人先成，举酒曰：'吾能添足。'足未成，一人蛇成，夺其卮曰：'蛇无足，今添之，非蛇也。'遂饮酒。今公战胜不知止，犹为是也。昭阳乃还。《易》："羝羊触藩，不能退，不能遂。"〔释〕藩，篱也。○藩，音烦。③晋乐广为河南尹，请客饮，有角弓挂壁，影落杯中如蛇。客饮，疑而患疾。广因复请饮，仍置前处，告以弓影，客疑乃释，而疾亦愈。《淮南子》：塞上之翁失其马，人吊之，翁："安知非福？"数月，其马带一骏归，人贺之，翁曰："安知非祸？"其子乘之，坠折臂，人有吊之，翁曰："安知非福？"后出兵抽壮丁，多战死，其子以折臂仅存，故得父子相保。④晋陆士龙与兄士衡齐名，尚书闵鸿见而奇之，曰："陆家儿非龙驹当是凤雏。"刘备在荆州，访士于襄阳司马徽，曰："此间伏龙凤雏。"备曰："为谁？"徽曰："诸葛孔明、庞士元也。"

杯弓蛇影图 清·周慕桥

戚夫人手足，号曰人彘；胡人腌契
丹王尸骸，谓之帝羓。①

　　人之狠恶，同于梼杌；人之凶
暴，类于穷奇。②王猛见桓温，扪虱
而谈当世之务；宁戚遇齐桓，扣角
而取卿相之荣。③

注释：①汉高祖溺爱戚姬，欲立其子如意，而废惠帝。及上崩，吕后挟恨，断戚姬手足，去眼，辉耳，饮喑药，置厕中，号曰人彘。契丹王耶律德光将兵南侵，回至杀胡林而卒。国人剖其腹，实以盐数斗，载归，号曰帝羓。〔释〕羓，干肉。○彘，音治。腌，音淹。羓，音巴。②《神异经》：西方山中有兽，状如虎而大，搅乱林中，名曰梼杌。西地有兽，其状亦似虎，有翼能飞，知人言语，闻人恶逆不善，辄杀兽往馈之，名曰穷奇。《左》：季文子曰："少昊氏有不才子，天下之民谓之穷奇，即共工也。颛顼氏有不才子，天下之民谓之梼杌，即鲧也。"○梼杌，音陶兀。③晋北海王猛，隐居华阴，倜傥有大志。闻桓温伐秦，披褐衣谒之，扪虱而谈当世之务，旁若无人。宁戚家贫，为人挽车，至齐，夜于车下饭牛。扣角而歌曰："南山矸，白石烂，生不逢尧与舜禅，短褐单衣适至骭。从昏饭牛至夜半，长夜漫漫何时旦。"桓公闻而异之，拜为上卿。○扪虱，音门瑟。

王猛图　清·马骀

人物山水图之宁戚放牛　清·任熊

③ 越王式怒蛙，以昆虫之敢死；丙吉问牛喘，恐阴阳之失时。① 以十人而制千虎，比言事之难胜；走韩卢而搏蹇兔，喻言敌之易摧。② 兄弟似鹡鸰之相亲，夫妇如鸾凤之配偶。③ 有势莫能为，曰虽鞭之长，不及马腹；制小不用大，曰割鸡之小，焉用牛刀。④ 鸟食母者曰枭，兽食父者曰獍。⑤ 苛政猛于虎，壮士气如虹。⑥ 腰缠十万贯，骑鹤上扬州，谓仙人而兼富贵；盲人骑瞎马，夜半临深池，是

注释：①越王伐吴，欲人之轻死，见怒蛙，式而敬之。从者曰："奚敬于此？"王曰："以其敢死也。"〔释〕昆，虫之总名。汉丙吉为相，出郊，途遇人有殴死者，不问。遇有逐牛而喘者，问曰："牛行几里矣？"或曰前后失问，吉曰："方今少阳用事，犹未大热，牛喘出舌，恐阴阳失序。三公调理阴阳，职当忧，故问之。殴死人者，自有京兆官治之，非宰相所当问也。"〔释〕喘，疾息也。○蛙，音哇。喘，音舛。②宋常安民《与吕公著书》：猛虎负隅，莫之敢撄，而至为人所胜者，人众而虎寡也。故以十人而制一虎，则人胜；以一人而制十虎，则虎胜。奈何以十人而制千虎乎？史，范雎说秦昭王曰："夫以秦卒之勇，车骑之众，以治诸侯，譬若驰韩卢而搏蹇兔，霸王之业可致也。"〔释〕蹇兔，跛兔也。○搏，音搏。③鹡鸰，注详《兄弟》类。鸾，神鸟也，赤神之精，凤凰之佐，色被五彩，鸣中五音，出女床山。○鹡鸰，音积陵。④《左》：楚伐宋，宋告急于晋。晋侯欲救之，伯宗曰："不可。古人有言：'虽鞭之长，不及马腹。'天方授楚，未可与争，虽晋之强，能违天乎？"《文苑汇隽》：以函牛之鼎烹鸡，惜乎大器小用，固有所不宜也。士亦若然，亦与孔子所谓"割鸡焉用牛刀"相类。⑤枭，不孝之鸟，关西谓之流离。寄巢生子，大则食其母。破獍，不孝兽，勇而食父，形如貐而虎眼。古者祀黄帝用枭与破獍，盖欲绝其类也。○枭，音器。獍，音敬。⑥《檀弓》：孔子适齐，过泰山，有妇人哭于墓，使子路问之，答曰："昔吾舅死于虎，吾夫又死焉，今吾子又死焉。"子路曰："何不去乎？"妇曰："无苛政。"子路以告，孔子曰："小子识之，苛政猛于虎也。"虹，乃阴阳交接之气著于形色者，人有怨怒之感，则虹为之应。故聂政刺韩傀，荆轲刺秦王，皆白虹贯日。○苛，音柯。

险语之逼人闻。^①黔驴之技，技止此耳；鼫鼠之技，技亦穷乎。^②

强兼并者曰鲸吞，为小贼者曰狗盗。^③养恶人如养虎，当饱其肉，不饱则噬；养恶人如养鹰，饥之则附，饱之则飏。^④隋珠弹雀，谓得少而失多；投鼠忌器，恐因甲而害乙。^⑤

注释：①《殷芸小说》：昔有三人言志，或愿为扬州刺史，或愿多赀财，或愿骑鹤上升。一人曰："腰缠十万贯，骑鹤上扬州。"欲兼乎三者。《世说》：桓南郡、顾恺之、殷仲堪作危语，殷有一参军在坐，云："盲人骑瞎马，夜半临深池。"殷眇一目，惊曰："此语太逼人。"因罢危语。○缠，音蝉。②柳文：黔无驴，有好事者以船载入，放之山下。虎见庞然大物也，以为神，避林间视之。驴一鸣，虎大骇，远遁，以为噬己。然往来视之，觉无异能，益复冲冒。驴不胜怒，蹄之。虎因喜曰："技止此耳。"跳踉大㘎，断其喉，尽其肉乃去。〔释〕黔，地名，在贵州。《荀子》："鼫鼠五技而穷。"〔释〕五技，谓能飞不能上屋，能缘不能穷木，能游不能渡谷，能穴不能掩身，能走不能先人。○黔，音钳。鼫，音吾。③海中有大鱼，雄曰鲸，雌曰鲵，眼如明珠，鼓浪成雷，喷沫成雨，大者数千里，任是大物，一口吞之。《史记》：秦昭王因孟尝君，欲杀之。君使人求解于王之幸姬，姬欲得孟尝君白狐裘。时既献于秦王，客有能为狗盗者，入秦藏中，盗以献姬。姬言于王，释之。④《三国志》：吕布因陈登求徐州牧，不得，布怒，拔剑曰："吾为汝所卖。"欲斩登。登笑曰："吾见曹公，说待将军譬如养虎，当饱其肉，不饱则噬人。"曹公曰：'吾待温侯，譬如养鹰，饥则为附，饱则飏去。'"布乃掷剑曰："曹公知我。"⑤隋侯见大蛇被斩而中断，侯以药续之，后蛇衔珠以报，世号隋珠。《庄子·让王篇》："以隋侯之珠，弹千仞之雀，世必笑之，所失者重而所得者轻也。"贾谊《治安策》："谚云：'欲投鼠而忌器。'鼠近于器，尚惮而不投，恐伤其器也，况贵臣之近主者乎！"甲乙，借用字也，犹言彼此。

投鼠忌器图　清·周慕桥

④　事多曰猬务，利小曰蝇头。^①心惑似狐疑，人喜如雀跃。^②爱屋及乌，谓因此而惜彼；轻鸡爱鹜，谓舍此而图他。^③

唆恶为非，曰教猱升木；受恩不报，曰得鱼忘筌。^④倚势害人，真似城狐社鼠；空存无用，何殊陶犬瓦鸡。^⑤势弱难敌，谓之螳臂当辙；

注释：①猬，兽类，似豪猪，遍身有刺如栗房。事多似之，故曰猬务。《东坡词》："蜗角虚名，蝇头微利。"〔释〕蝇，青蝇也。〇蜗，音位。②《说文》：狐，妖兽也。性淫多疑，每渡河，必待沙无声方渡。《庄子》："云将东游，过扶摇之枝，而适遭鸿蒙。鸿蒙方将拊髀雀跃而游，云将见之，倘然止，贽然立，曰：'叟何人耶？叟何为此？'鸿蒙拊髀雀跃不辍。"〔释〕雀跃，如雀之跳跃也。③周武王登夏台以临殷民，周公曰："爱其人者，爱其屋上乌。憎其人者，憎其余胥。"〔释〕乌巢近屋，恐毁巢而伤其屋。晋庾翼善书，与王羲之齐名。后学者辄宗羲之，翼不平，与都下人书曰："儿辈轻家鸡爱野鹜耶。"④《诗》："毋教猱升木，如涂涂附。"〔释〕猱，猕猴也，善升木，不待教而能者。《庄子》："筌者所以在鱼，得鱼而忘筌。蹄者所以在兔，得兔而忘蹄。"〔释〕筌、蹄，取鱼、兔之具也。⑤晋王敦欲作乱，谓谢鲲曰："刘隗奸邪，吾欲除君侧之恶。"鲲曰："狐狸社鼠，未易去也。"〔释〕欲掘狐，恐坏城。欲薰鼠，恐灼社也。《金楼子》曰："吾之亡也，瓦鸡无司晨之益，陶犬无守夜之警，慎无以此为墓上物。"

杨柳青木版年画·王敦篡位图

人生易死，乃曰蜉蝣在世。① 小难制大，如越鸡难伏鹄卵；贱反轻贵，似鹭鸠反笑大鹏。② 小人不知君子之心，曰燕雀岂知鸿鹄志；君子不受小人之侮，曰虎豹岂受犬羊欺。③

跖犬吠尧，吠非其主；鸠居鹊巢，安享其成。④ 缘木求鱼，极言难得；按图索骥，甚言失真。⑤ 恶人藉势，曰如虎负嵎；穷人无归，曰如鱼失水。⑥ 九尾狐，讥陈彭年素性谄而又奸；独眼龙，夸李克用一目眇而有勇。⑦

注释：①《庄子》："汝不知夫螳螂乎？怒其臂以当车辙，不知其不胜任也。"《尔雅》：蜉蝣，渠略也。朝生暮死，一日生覆水上，寻死随流，有浮游之义。《赤壁赋》："寄蜉蝣于天地，渺沧海之一粟。"○螳臂，音唐贲。蜉蝣，音浮由。②《庄子》："奔蜂不能化藿蠋，越鸡不能伏鹄卵，鲁鸡固能矣。有能有不能者，其才固有巨小也。"《庄子》：北溟有鱼，其名曰鲲，化而为鹏，搏扶摇而上者九万里。蜩与鸒鸠笑之，曰："我决起而飞抢榆枋之间，时不至而控于地而已矣，奚以之九万里而南为？"○鸒，音学。鹏，音朋。③秦陈胜少与人佣耕陇上，怅然曰："他日富贵，无相忘。"闻者笑曰："汝为佣耕，何富贵也？"胜太息曰："燕雀岂知鸿鹄之志哉！"后因秦乱，自立为陈王。《增广》："龙游浅水遭虾戏，虎落平阳被犬欺。"④《史记》：吕后用萧何谋，缚韩信斩之。汉高祖还，问信死有何言，后曰："信言'恨不用蒯通之言'。"上诏捕蒯通，问曰："汝教信反乎？"对曰："臣固教之。"上怒，命烹之。通曰："盗跖之犬吠尧，尧非不仁，吠非其主也。当时臣惟知信，非知陛下。"上赦之。《诗》："维鹊有巢，维鸠居之。"○跖，音职。⑤《孟子》："以若所为，求若所欲，犹缘木而求鱼也。"《双槐岁抄》：鲵鱼出峡中，如鲇，四足长尾，能缘木，声如小儿。将食，先缚之树，鞭之出汗。如汗出，乃无毒，方可食。《符子》：齐景公好马，命画工图而访之，期年而不得，像过实也。今人君考古籍以求贤，亦不可得也。○骥，音记。⑥《孟子》："虎负嵎，莫之敢撄。"《韩子》："吞舟之鱼大矣，荡而失水，则为蝼蚁之所制。故君子得时则龙升于天，失时则鱼失于水。"○嵎，音鱼。⑦《山海经》："青丘山之狐九尾。"《宋史》：陈彭年敏给强记，好刑名之学，谄媚奸险，人号"九尾狐"。唐僖宗时，黄巢作反，李克用破之。时人以其一目眇而有勇，号为"独眼龙"。○眇，音藐。

⑤ 指鹿为马，秦赵高之欺主；叱石成羊，黄初平之得仙。①

卞庄勇能擒两虎，高骈一矢贯双雕。② 司马懿畏蜀如虎，诸葛亮辅汉如龙。③ 鹪鹩巢林，不过一枝；鼹鼠饮河，不过满腹。④ 弃人甚易，曰孤雏腐鼠；文名共仰，曰起凤腾蛟。⑤ 为公乎，为私乎，惠帝问

注释：①秦赵高欲专权，恐人不从，乃先设验。持鹿献于二世，曰："马也。"二世曰："丞相误也，指鹿为马。"问左右有言鹿者，高乃阴中之以法，后群臣皆畏高。《神仙传》：黄初平年十五，牧羊，有道士引入金华山。其兄初起索之，遇道士引见，问羊何在，平因叱白石，皆起成羊。②《史记》：卞庄子有勇力，尝欲刺虎，管竖子止之曰："两虎方食牛，食甘必争，斗则大者伤，小者亡，从伤而刺，必两获。"庄子从其言，果获两虎。唐高骈见双雕并飞，祝曰："我贵，当中之。"一矢贯双雕，后果贵为侍御。○骈，音缏。雕，音貂。③《三国志》：诸葛亮伐魏，见司马懿敛军依险，坚闭不出，亮遗之巾帼，懿受之，仍不出。贾栩、魏平曰："公畏蜀如虎，奈天下笑何！"〔释〕巾帼，妇人丧冠。《纲鉴总论》：鞠躬尽瘁，死而后已。此亮之所以如龙也。④《庄子》："鹪鹩巢于深林，不过一枝。鼹鼠饮河，不过满腹。"〔释〕鹪鹩，小鸟也。巢于苇苕，系之以发，巢至精密。鼹鼠，形大如牛，无尾，黑色，好以身覆仆于河而饮。○鹪鹩，音焦聊。鼹，音偃。⑤汉窦宪夺公主田园，事觉，章帝大怒，召而切责曰："久思令人惊怖，国家弃汝，如孤雏腐鼠耳。"《滕王阁序》："腾蛟起凤，孟学士之词宗；紫电清霜，王将军之武库。"

叱石成羊图 清·马骀

一箭双雕图 清·马骀

蛤蟆；欲左左，欲右右，<u>汤</u>德及禽兽。①
鱼游于釜中，虽生不久；燕巢于幕
上，栖身不安。②妄自称奇，谓之辽
东豕；其见甚小，譬如井底蛙。③

父恶子贤，谓是犁牛之子；父
谦子拙，谓是豚犬之儿。④出人群
而独异，如鹤立鸡群；非配偶以相

注释：①晋惠帝在华林园，闻蛤蟆鸣，问左右曰："此鸣者，为官乎？为私乎？"左右戏之曰："在官地者为官，在私地者为私。"汤德，注详《器用》。○蛤蟆，音遐麻。②汉史：张婴寇乱扬徐之间，安帝以张纲为广陵太守，单车诣婴垒门，以恩信谕之。婴泣曰："相聚偷生，若鱼游于釜中，知其不久也。今闻明府之言，乃婴等更生之辰。"明日，率所部万余人降。《左》：卫孙林父得罪于君，而据戚邑。季札自卫之晋，将宿于戚，闻钟声，曰："夫子获罪于君，惧犹不足，而又何乐？夫子之在此也，犹燕之巢于幕上，而可以乐乎？"○幕，音莫。③汉渔阳太守彭宠，为光武运粮，及天下太平，宠以有功不赏，颇有不满之意。朱浮与之书曰："昔人有辽东之豕，古来皆黑，生子白头，异而献之。行至河东，见群豕皆白，怀惭而还。若以子之功论于朝廷，则辽东豕也。"《庄子》："井蛙不可以语于海者，拘于虚也。"④《论语》："子谓仲弓曰：'犁牛之子骍且角。'"豚犬，注详《祖孙父子》。

指鹿为马图
清·周慕桥

从，如雉求牡匹。① 天上石麟，夸小儿之迈众；人中骐骥，比君子之超凡。② 怡堂燕雀，不知后灾；瓮里醯鸡，安有广见。③ 马牛襟裾，骂人不识礼义；沐猴而冠，笑人见不恢宏。④

羊质虎皮，讥其有文无实；守株待兔，言其守拙无能。⑤ 恶人如虎生翼，势必择人而食；志士如鹰

注释：①晋嵇绍丰度过人，或谓王戎曰："昨于稠人中见绍，昂昂然如野鹤之在鸡群。"《诗》："雉鸣求其牡。"〔释〕飞类曰雌雄，走类曰牝牡。雄当求雌，今求牡匹，如淫乱之人，犯礼以相求也。②《南史》：徐陵孩提时，宝志公摩其顶曰："天上石麒麟也。"《南史》：徐勉有异才，徐孝嗣见之叹曰："此子所谓人中骐骥，必能远致千里。"③魏王问诸大夫，皆以为秦伐赵于魏便。孔斌曰："不然。秦贪国也，胜赵必复他求，吾恐于时魏受其师也。先人有言：'燕雀处堂，方自以为安。灶突炎上，栋宇将焚，燕雀不知祸之将及己也。'"《庄子》：孔子见老聃曰："丘之道犹醯鸡欤，微夫子发吾覆也，吾不知天地之大全也。"〔释〕醯鸡，醋瓮中蠛蠓也。○醯，音希。④韩愈之子小名符，读书城南，愈作诗勉之曰："人不通古今，马牛而襟裾。行身陷不义，况望多名誉。"沐猴，注详《衣服》。○恢，音恢平声。⑤扬子云曰："羊质虎皮，见草而悦，见豺而战，忘其皮之为虎矣。"〔释〕言犹学者徒有好衣冠也。《韩子》：宋有耕者，田畔有株树，兔走触之，折颈而死。因释耕守株，冀复得兔。为国之所笑也。○株，音朱。

沐猴而冠图 清·周慕桥

297

在笼，自是凌霄有志。①鲋鱼困涸辙，难待西江水，比人之甚窘；蛟龙得云雨，终非池中物，比人有大为。②执牛耳，为人主盟；附骥尾，望人引带。③鸿雁哀鸣，比小民之失所；狡兔三窟，诮贪人之巧营。④风马牛势不相及，常山蛇首尾相应。⑤

注释：①《韩诗外传》："无为虎傅翼，将飞入邑，择人而食。"晋权翼谏秦王曰："慕容垂勇略过人，譬如养鹰，饥则附人，每闻风飙之起，常有凌霄之志。正宜谨缘笼，岂可解纵任其所欲哉？"②鲋鱼，注详《贫富》。《三国志》：刘备诣孙权求督荆州，周瑜上疏曰："刘备必久屈为人用者，恐蛟龙得云雨，终非池中物也。"○鲋，音附。涸，音壑。③《左》：鲁哀公会诸侯盟，孟武伯曰："诸侯盟，谁执牛耳？"〔释〕执牛耳，言背盟者，如此牛也。汉光武《与隗嚣书》："苍蝇之飞，不过数步；若附骥尾，可至千里。"④《诗》："鸿雁于飞，哀鸣嗷嗷。"《战国策》：冯谖谓孟尝君曰："狡兔有三窟，仅得免其死耳。今君有一窟，未得高枕而卧也，请为君复凿二窟。"⑤《左》：齐侯侵蔡，蔡溃，遂伐楚。楚子使人言于齐侯曰："君处北海，寡人处南海，唯是风马牛不相及也。"〔释〕牛马见风则走，牛喜顺风，马善逆风。孙子曰："故善用兵，譬如率然。率然者，常山之蛇也，击其首则尾至，击其尾则首至，击其中则首尾俱至。"

兔魂流辉图 清·吴友如

⑥ 百足之虫，死而不僵，以其扶之者众；千岁之龟，死而留甲，因其卜之则灵。① 大丈夫宁为鸡口，毋为牛后；士君子岂甘雌伏，定要雄飞。② 毋局促如辕下驹，毋委靡如牛马走。③ 猩猩能言，不离走兽；鹦鹉能言，不离飞鸟。④ 人惟有礼，庶可免《相鼠》之刺；若徒能言，夫何异禽兽之心。⑤

注释：①魏主曹叡卒，子芳立，曹爽请众建藩臣。谚曰："百足之虫，至死不僵，以其扶之者众也。"此言虽小，可以喻大。〔释〕百足虫，蜈蚣也。僵，仆也。《庄子·秋水篇》：楚聘庄子，庄子曰："吾闻楚有神龟，死已三千岁矣，王巾笥藏之庙堂之上。此龟者，宁其死为留骨而贵乎？宁其生而曳尾于涂中乎？"②《史记》：苏秦说韩惠王曰："以韩之劲与大王之贤，乃西面事秦，交臂而服，羞社稷而为天下笑，无大如此者矣。愿大王熟计之。臣闻鄙谚曰：'宁为鸡口，无为牛后。'今西面交臂而臣事秦，何异于牛后乎？臣窃为大王羞之。"〔释〕鸡口之小，而能进食。牛后虽大，乃出粪也。汉赵温为京兆郡丞，叹曰："大丈夫当雄飞，焉能雌伏！"遂弃官归，后拜司徒。③汉武帝责郑当时曰："汝数言窦婴、田蚡长短，今日对面廷论，何局促而辩论不伸，效辕下之驹？"〔释〕马二岁曰驹。司马迁《报任安书》："太史公牛马走。"〔释〕牛马走，犹言掌牛马之仆也。○跼，音局。④《水经注》：猩猩，形若狗而人面，头颜端正，善与人言，音声妙丽，如妇人对语，闻之无不酸楚。猩唇最美，为八珍之一，而血可染罽。鹦鹉，注详上。○猩，音星。⑤《诗》："相鼠有体，人而无礼。人而无礼，胡不遄死。"《曲礼》："鹦鹉能言，不离飞鸟。猩猩能言，不离走兽。今人而无礼，虽能言，不亦禽兽之心乎？"

【增】百鸟鹦称悍，众禽鹤独胎。① 提壶提壶，定是村中有酒；脱袴脱袴，必然身上无寒。② 百舌五更头，学尽众禽之语；鹓雏九霄外，顿空诸鸟之群。③ 瓮中鸲鹆巧于人，江上白鸥闲似我。④ 莺呼金衣公子，鹢号锦带功曹。⑤ 鹘入鸦群，雄威岂敌；鸭去鸡队，气类不侔。⑥

注释：①《格物志》：鹤五百年胎生，故谓鹤曰胎禽。○鹦，音耀。②朱元晦诗："提壶卢，沽美酒，春风浩荡吹花柳。不用沙头双玉瓶，鸟歌蝶舞为君寿。只今一醉是君恩，昨日之愁愁杀人。"又诗："脱袴脱袴，桑叶阴阴墙下露。回头忽忆舍中妻，去年已逐他人去。旧袴脱了却不辞，新袴知教阿谁做。"〔释〕提壶、脱袴，俱鸟名。③顾况诗："一家千里外，百舌五更头。"〔释〕百舌，鸟名。张芸叟诗："学尽众禽语，不如自己声。深山乔木里，缄口过平生。"杜公诗："鹓雏时高翔，顿空百鸟群。"〔释〕鹓雏，凤属。④此二句黄山谷诗。《晋书》：桓豁家养有鸲鹆，即八哥，善效人言。有一瓮鼻人，学之不似，乃以头纳瓮中而语，遂大相似。白鸥，鸟名。○鸲鹆，音渠育。⑤《开元遗事》：明皇游苑中，见黄鹂羽毛鲜洁，因呼"金衣公子"。《初学记》：锦带功曹，《诗》所谓"邛有旨鹢"也。鹢，木鸟名，而文似绶，俗谓之吐绶鸟，亦谓之"绵带功曹"。⑥北齐王思孝以骑射事文宣，文宣曰："尔击贼如鹘入鸦群。"《列子》：鸡伏鸭雏，及长，鸭浮水而去，鸡从岸呼之，鸭不顾，气类不同也。

苏晋醉酒逃禅图 清·吴友如

彪著羊，彪雄而羊败；罴敌犬，罴寡而犬强。^①猿献玉环，孙恪自峡山失妇；鹿随丹毂，郑弘从汉室封公。^②蛩蛩之皮，有可辟除疠瘴；猕猴之尾，殊堪却退烟岚。^③李愬设谋平蔡，藉声于鸭队鹅群；卢公觅句迁官，得力于猫儿狗子。^④长乐宫中

注释： ①唐杨思元为吏部，选举不公，为夏侯彪所讼，御史郎余庆奏免。许敬宗曰："固知杨吏部之败也。一彪一狼，共著一羊，焉得不败。"陈天己《罴说》：晋人以五犬逐一罴，罴败，犬杀之。夫罴而受制于犬，遇非其敌，困于群也。《诗》曰："忧心悄悄，愠于群小。"此之谓也。②《异苑录》：孙恪娶袁氏女，过端州，欲游峡山寺。既至，献碧玉环于僧。斋罢，野猿数十来迎，妇啸一声，化为猿而去。僧悟曰："此玉环，吾曩时系于猿颈，今不见二十年矣。"汉郑弘为临淮守，行春，两鹿夹毂随而行，主簿黄图贺曰："三公车画双鹿，明府当为相矣。"果为太尉。③蛩蛩，北方兽名，皮可御疠瘴。猕猴，状如犬，六足，尾长丈余，自呼其名。取其尾可御岚气。○蛩，音穷。猕，音宗。岚，音蓝。④《唐书》：吴元济据蔡城，李愬领兵击之。夜半至城下，雪甚，旁皆鹅鸭池，愬令击之，以乱军声。破城先登，黎明元济就擒。卢延让诗："饥猫临鼠穴，馋犬舐鱼砧。"又诗："粟爆烧毡破，猫跳触鼎翻。"五代蜀王建索诗观之，甚喜其数语。后烧金鼎，宫猫相戏误触鼎。王以其裁诗无虚语，遂拜给事。延让曰："平生投谒公卿，不意得力于猫儿狗子。"

呼童持烛开藤纸，一首清诗快次成图 清·周慕桥

有鹿，啯残妃子榻前花；午桥庄外多羊，点缀小儿坡上草。①

羊舌氏虽为佳话，马头娘未是美谭。②辕门传号令，李将军椎飨士之牛；邑士起讴歌，时令尹留去官之犊。③

注释：①《开元遗事》：明皇宫中有牡丹，颜色鲜丽，忽有野鹿衔去，后乃应禄山之乱。《韵府群玉》：午桥庄小儿坡，茂草盈里，裴晋公使数群白羊散其上，曰："芳草多情，赖此装点耳。"②《左传》：昔有攘羊者，以羊头馈叔向母，埋之土中。后事发追验，羊头俱烂，惟有舌在，国人异之，号羊舌氏。《述异记》：昔高辛时，蜀人被人所掠，惟所乘马独归，妻誓于众曰："有能得夫归者，妻以女。"马跃而去，负其夫还，悲鸣不已。夫知其故，曰："誓于人，不誓于马。"马嘶鸣不已，射杀之，暴其皮于庭，皮忽蹶起，卷女而去。数日尸朽，化为蚕，故称曰马头娘。③《汉书》：李广镇雁门，自椎牛飨士卒，尽得士卒之心。及战，无不用命，每战必捷，边塞号为飞将军。《三国志》：时苗为寿春令，清洁自守，初之任时，以牝牛驾车往，后生牛一犊，及去任，苗曰："是此土所产者。"命留之。吏民畜而爱之。曰："时公犊。"

悬鱼杜馈图　明·《瑞世良英》

汉李将军射虎图　明·《味尘轩书厨图说》

huā mù
花 木 新增文十一联

花鸟图 清·郎世宁

1 植物非一，故有万卉之名；穀种甚多，故有百穀之号。① 如茨如梁，谓禾稼之蕃；惟夭惟乔，谓草木之茂。② 莲乃花中君子，海棠花内神仙。③ 国色天香，乃牡丹之富贵；冰肌玉骨，乃梅萼之清奇。④ 兰为王者之香，菊同隐逸之士。⑤

注释：①卉，草之总名。杨全《物理论》：三穀各二十种，为六十，蔬果之实、助穀各二十，为百穀。②《诗》："曾孙之稼，如茨如梁。曾孙之庾，如坻如京。"〔释〕茨，盖屋者。梁，车梁也。禾之已刈而露积者曰庾，禾之未获而在野者曰稼。蕃，盛也。《书》："厥草惟夭，厥木惟乔。"〔释〕少长曰夭。乔，高也。○茨，音慈。③周茂叔《爱莲说》：余谓菊，花之隐逸者也；牡丹，花之富贵者也；莲，花之君子者也。贾耽著《百花谱》：海棠为花中神仙，色甚丽，但无香无实。西蜀昌州产者，有香有实，土人珍为佳果。④唐文宗内殿赏花，问程修己曰："京师有传唱牡丹者，谁称首？"答曰："李正封云：'国色朝酣酒，天香夜染衣。'"袁丰之评梅花："冰肌玉骨，物外佳人，但恨无倾城之笑耳。"○萼，音谔。⑤《家语》：孔子自卫反鲁，见幽谷之中香兰独茂，喟然叹曰："兰当为王者香，今乃与众草伍。"伤己之不遇，乃援琴鼓之，作《猗兰操》。菊，注详上。

司六月荷花之神西施图 清·吴友如

竹称君子，松号大夫。^①萱草可忘忧，屈轶能指佞。^②篑筜，竹之别号；木樨，桂之别名。^③明日黄花，过时之物；岁寒松柏，有节之称。^④樗栎乃无用之散材，梗楠胜大任之良木。^⑤

注释：①阳明子曰："竹有君子之道四焉。有是四者，而以君子名，不愧于其名。"《古今注纂》：秦始皇登泰山，风雨暴至，有五大松树，因休庇其下，乃封为五大夫。②萱草，注详《祖孙父子》。史：黄帝时，有草名屈轶，佞人入则指之，因名指佞草。○萱，音喧。轶，音迭。③《异物志》：建安有篑筜竹生水边，长数丈，围一尺五六寸，一节相去六七尺或一丈，节中有物似人，长尺许，头足皆具。木樨，桂之别名，其花有黄、白、红三种。黄者名金桂，白者名银桂，红者名丹桂，香极清。○篑筜，音云当。樨，音西。梦摘金英满头插，明朝还是过时花。《论语》：子曰："岁寒然后知松柏之后凋也。"⑤《庄子》：惠子谓庄子："吾有大树，人谓之樗栎，其大本雍肿而不中绳墨，其小枝卷曲而不足规矩。立之途，匠者不顾。今子之言，大而无用，众所同去也。"任子曰："凤为羽族之英，麟为毛族之俊，龟龙介虫之长，梗楠为众材之良，是物之贵也。"○樗栎，音柱历。梗楠，音胼男。

陌室铭图　清·吴友如

305

❷ 玉版，笋之异号；蹲鸱，芋之别名。① 瓜田李下，事避嫌疑；秋菊春桃，时来尚早。②

南枝先，北枝后，庾岭之梅；朔而生，望而落，尧阶蓂荚。③ 苾蒭背阴向阳，比僧人之有德；木槿朝开暮落，比荣华之不长。④ 芒刺在背，言恐惧不安；薰莸异气，犹贤否有别。⑤ 桃李不言，下自成蹊；道旁苦李，为人所弃。⑥ 老人娶少妇，曰枯杨生稊；国家进多贤，曰拔茅连茹。⑦ 蒲柳之姿，未秋先槁；姜桂

注释：①苏东坡邀刘器之同参玉版和尚，至则烧笋而食。器之觉笋味胜，问何名，东坡曰："玉版也。此老善说法，要令君得禅悦之味。"器之乃悟其戏，因作偈云："不怕石头路，来参玉版师。聊凭锦样子，与问筹龟儿。"《蜀志》：岷山之下有芋大如斗，曰蹲鸱。〔释〕蹲，坐也。芋形似鸱鸟之蹲坐也。○鸱，音氏芋，音预。②古乐府《君子行》："君子防未然，不处嫌疑间。瓜田不纳履，李下不整冠。嫂叔不亲授，长幼不比肩。"古诗："桃花二月放，菊花九月开。一般根在土，各自等时来。"③英州司寇植梅三千余株于大庾岭，夹道皆梅，南枝已落，北枝方开，盖南暖北寒故也。蓂荚，注详《宫室》。○蓂荚，音明劫。④《尊圣记》：苾蒭，草名，有五义：生不背日，冬夏常青，体性柔软，香气远腾，引蔓旁布。为佛徒举，故以名僧。木槿花朝生夕陨，一名舜华，又谓曲花。孟郊诗："小人槿花心，朝荣夕不存。"○苾蒭，音秘初。槿，音近。⑤汉史：霍光为大将军，独揽威权，宣帝初立，心甚忌之。一日上谒高庙，光骖乘，上严惮之，若有芒刺在背，为之不安。芒，草锐。刺，荆棘也。薰，香草。莸，臭草。陈子昂云："鸾鸟不接翼，薰莸不同气。"○芒，音忙。莸，音尤。⑥太史公曰："余睹李广将军恂恂如鄙夫，口不能道辞。及死之日，天下知与不知，皆为尽哀，彼其忠实心诚，信于士大夫也。谚曰：'桃李不言，下自成蹊。'此言虽小，可以喻大。"晋王戎年七岁，与诸儿游，道傍李树有子满枝，诸儿竞取之，惟戎不动。人问之，戎曰："李在道傍而子尚多，此必苦李也。"○蹊，音溪。⑦《易》："枯杨生稊，老夫得其女妻，无不利。"〔释〕稊，木稚也。《易》："拔茅茹以其汇，征吉。"〔释〕茹，根也。○稊，音题。

之性，愈老愈辛。①

王者之兵，势如破竹；七雄之国，地若瓜分。② 苻坚望阵，疑草木皆是晋兵；索靖知亡，叹铜驼会在荆棘。③ 王祐知子必贵，手植三槐；窦钧五子齐荣，人称五桂。④ 鉏麑触槐，不忍贼民之主；越王尝蓼，必欲复吴之仇。⑤

注释：①晋顾君叔与简文帝同年，而发早白，上问其故，对曰："蒲柳之姿，望秋而落；松柏之质，经霜弥茂。受命之异也。"〔释〕蒲柳即赤柽木。宋晏敦复为左司谏，两月间，论驳三十四事，举朝惮之。秦桧使人致意曰："公能委曲，要路旦夕可致。"敦复曰："姜桂之性，老而愈辣。吾岂为身计误国也！"②破竹，注详《器用》。七雄：秦、楚、赵、魏、韩、齐、燕。史：弁髦其君，瓜分其国。③草木，注详《武职》。晋索靖为关内侯，知晋将亡，指宫门外铜驼，叹曰："会看汝在荆棘中耳。"〇驼，音陀。④三槐，注详《宫室》。五代窦禹钧为人素称长者，年三十无子，往延寿寺烧香，拾得遗金持归。明旦诣寺，一人涕泣，公问所因，其人告曰："父犯大罪，贷百金将赎父罪，昨昏醉失去。"公以金还之。夜梦祖父曰："汝有阴德，延寿二纪，赐五子，皆显耀。"后公左谏议大夫乞仕。生五子，仪、俨、侃、偁、僖俱登第，人称燕山五桂。〇祐，音右。⑤《左》：晋灵公无道，赵宣子骤谏，公患之，使力士鉏麑贼之。宣子盛服将朝，尚早，坐而假寐。麑叹曰："不忘恭敬，民之主也。贼民之主不忠，弃君之命不信，有一于此，不如死也。"遂触庭槐而死。越王勾践被吴夫差围于会稽，身请为臣，妻请为妾。后得归国，冬则抱冰，夏则握火，卧薪尝蓼，使瞽矇日警之曰："勾践，汝忘会稽之耻也耶？"后竟灭吴。〔释〕蓼，苦草也。〇鉏麑，音徂倪。蓼，音了。

杨柳青木版年画·窦燕山有义方

3 xiū mǔ huà dí yǐ jiào zǐ shuí bù chēng xián
修母画荻以教子，谁不称贤；

lián pō fù jīng yǐ qǐng zuì shàn néng huǐ guò
廉颇负荆以请罪，善能悔过。①

mí zǐ xiá cháng shì chǒng jiāng yú táo yǐ dàn
弥子瑕常恃宠，将余桃以啖

jūn qín shāng yāng yù xíng lìng shǐ xǐ mù yǐ lì xìn
君；秦商鞅欲行令，使徙木以立信。②

wáng róng mài lǐ zuān hé bù shēng bǐ lìn chéng wáng jiǎn
王戎卖李钻核，不胜鄙吝；成王剪

tóng fēng dì yīn wú xì yán qí jǐng gōng yǐ èr
桐封弟，因无戏言。③齐景公以二

táo shā sān shì yáng zài sī wèi lián huā sì liù láng
桃杀三士，杨再思谓莲花似六郎。④

注释：①宋欧阳修年四岁而孤，母韩国夫人郑氏，守节自誓，亲教子读书。家贫无纸笔，教以荻画地学书。后为翰林学士。负荆，注详《朋友宾主》。○荻，音狄。②弥子瑕有宠于卫灵公，与游果园，食桃而甘，以其半啖公。公曰："忠乎，忘其口而啖寡人。"及子瑕色衰得罪，公曰："是尝啖我以余桃，不敬莫甚于此矣。"史：商鞅为秦相，欲变刑法制度，恐民不信，乃立大木于南门，谕民有徙至北门者，赏五十金。一人徙之，予金不惜。○瑕，音遐。③晋王戎家有好李，尝营利卖之，恐人得佳种，皆钻其核方卖之。史：周成王与弟叔虞削桐叶为珪，戏曰："吾以此封汝。"周公请择日，王曰："吾特戏之耳。"周公曰："天子无戏言。"遂封叔虞于尧之故墟，曰唐侯。○钻，徂官切。核，音劾。④《晏子春秋》：公孙接、田开疆、古冶子事齐景公，勇而无礼，公患之。晏子言于公，请馈二桃，计功而食。接与开疆先言功，援桃而起。冶曰："君济于河，鼋衔左骖以入砥柱。冶潜行，得鼋杀之，左操骖尾，右挈鼋头。若冶之功，可以食。"公令二子反桃，二子惭而自杀。冶曰："二子死，冶独生之，不仁，耻人以言而夸其声，不义。"亦反桃而自杀。唐张昌宗小字六郎，容貌姿美，高宗后武氏幸之。内史杨再思苟事之，或誉昌宗之美曰："六郎貌似莲花。"再思曰："不然，乃莲花似六郎耳。"

说秦君卫鞅变法图
清·《图像东周列国志》

晏平仲二桃杀三士图
清·《图像东周列国志》

倒啖蔗，渐入佳境；蒸哀梨，大失本真。① 煮豆燃萁，比兄残弟；砍竹遮笋，弃旧怜新。② 元素致江陵之柑，吴刚伐月中之桂。③

捐赀济贫，当效尧夫之助麦；以物申敬，聊效野人之献芹。④ 冒雨剪韭，郭林宗款友情殷；踏雪寻梅，孟浩然自娱兴雅。⑤ 商太戊能

注释：①啖蔗，注详《人事》。晋桓玄每见人不快，辄嗔云："君得哀家梨，当不复蒸食否？"〔释〕秣陵哀仲家梨甚美，入口即消。若蒸而食，则失真味。言人愚不知味也。②注详《兄弟》。③董元素有仙术，自江南来，宣宗夜召与语，曰："今南中柑橘正熟，卿能致之否？"元素曰："请安一盒于御榻前。"数刻，有微风入帘，元素乃解其盒，柑满其中。奏曰："此江陵枝江县柑。"上尝之惊叹。《酉阳杂俎》：月桂高五百丈，下有人砍之，斧痕随满。其人姓吴名刚，学仙有过，谪令伐树。○柑，音甘。④宋范尧夫，仲淹次子。尝往东吴取租，得麦五百斛。舟次丹阳，遇石曼卿，卿曰："三丧在浅土，欲葬而北归，无可与谋者。"尧以麦舟济之。到家，仲淹曰："东吴曾见故人乎？"曰："曼卿三丧未举，留滞丹阳，时无郭元振，无以告者。"父曰："何不以麦舟与之？"曰："已付之矣。"献芹，注详《人事》。⑤汉郭林宗自种畦圃，友人范逵夜至，自冒雨剪韭，作汤饼以供之。孟浩然诗怀旷达，尝冒雪骑驴以寻梅，曰："吾诗思正在风雪中驴子背上。"○韭，音九。款，宽上声。踏，谈入声。娱，音鱼。

杨柳青木版年画·踏雪寻梅

修德，祥桑自死；<u>寇莱公</u>有深仁，枯竹复生。① 王母蟠桃，三千年开花，三千年结子，故人借以祝寿诞；上古大椿，八千岁为春，八千岁为秋，故人托以比严君。②

去稂莠，正以植嘉禾；沃枝叶，不如培根本。③ 世路之蓁芜当剔，人心之茅塞须开。④

注释：①商太戊立，有祥桑穀共生于朝，七日大拱。太戊问于伊陟，陟曰："妖若不胜德，君之政其有阙与？"太戊于是修先王之政，明养老之典，早朝晏罢，三日而祥桑穀枯死。〔释〕桑、穀，二木名。两手合抱曰拱。宋寇准封莱国公，乾兴初，贬雷州，道出公安，剪竹插神祠前，祝曰："准若无负朝廷，枯竹再生。"已而果然。②《汉武故事》：武帝生日，有一青鸟集于殿前，上问东方朔："此何鸟？"对曰："此名青鸾，西王母所畜。预来传信，王母将至矣。"少刻，王母果至，以玉盘捧桃七枚，王母自啖二枚，以五枚与帝。帝欲留核种之，王母曰："此桃三千年开花，三千年结子，非下土所植也。"以手指朔曰："此子不良，吾桃三熟，已被此子三窃矣。"大椿，注详《祖孙父子》。○蟠，音盘。③唐史：太宗谓大臣曰："夫养稂莠者害嘉禾，赦有罪者贼良民。故朕即位以来，不欲数赦，恐小人恃之轻犯宪章故也。"〔释〕稂莠，皆害苗之草。唐史，西突厥种落散在伊吾，太宗令李大亮贮粮碛口以赈之，大亮曰："欲怀远者，必先安近。今疲中国以赈彼，犹拔根本以益枝叶也，不如罢之。"上从之。○稂莠，音郎有。沃，音屋。培，音裴。④《孟子》："今茅塞子之心矣。"○蓁，音臻。剔，音惕。

西王母图　清·《绘像列仙传》

月宫杵墨图　明·《程氏墨苑》

【增】姚黄魏紫，牡丹颜色得人怜；雪魄冰姿，茉莉芬芳随我爱。①雪梅乍放，月明魂梦美人来；玉蕊齐开，风动珮环仙子至。②尼父试弹琴，发泗水坛前之杏；渔郎频鼓枻，寻武陵源里之桃。③九烈君原为异柳，支离叟必属乔松。④丈夫进学骎骎，勿效黄杨厄闰；男子为人卓卓，必如老桧参天。⑤

龙刍茂时，周穆王备供马料；水萍聚处，樊千里用作鸭茵。⑥灵运诗成，已入西堂之梦；江淹赋

注释：①开元时，牡丹尚姚黄魏紫，盖谓姚崇家黄牡丹，魏相家紫牡丹，皆极美丽。唐人《茉莉诗》："冰姿素淡广寒女，雪魄轻盈姑射仙。"②赵师雄迁罗浮，天寒日暮，于松林酒肆旁见一美人，淡妆素服，师雄与语，芳香袭人。因与扣酒家共饮，忽醉寝，但觉风寒相袭。东方欲白，起视在梅花树下，月落参横，不胜惆怅。唐昌观玉蕊花大开，有女子年十七八，从以二女婢、二小仆，姿容潇洒，异香闻数十步外。伫立良久，命仆取花数枝而去，忽不见。③《庄子》：孔子休坐于杏坛之上，弟子读书，孔子弦歌鼓琴。晋武陵人捕鱼者，至一溪，见两岸桃花盛开，移棹而进，见有居民，迥与世隔。渔人问其由来，曰："避秦之乱至此。"盖不知天下有汉，复有晋也。○枻，音屑。④李固言行古柳下，闻语曰："吾柳神九烈君也。今弹指染子衣，俾君禄袍矣。"果及第。《韵府群玉》：昔鲜于伯机有怪松一株，植于斋前，呼支离叟，朝夕玩以为乐。⑤俗说：黄杨木岁长一寸，遇闰年反缩去。苏东坡云："园中草木春无数，只有黄杨厄闰年。"《天慧师语录》：克和尚曰："这老汉参黄杨木禅初缉去。"李绅诗："主人高气节，老桧参青天。"○骎，音侵。⑥《韵府群玉》：周穆王东海养八骏之处，其草名曰龙刍。《异闻志》：浮光多美鸭，太原少尹樊千里买百只置后池，载数车浮萍入池，使为鸭作茵褥。

就，更闻南浦之歌。① 生成钩弋之拳，西山嫩蕨；剖出庄姜之齿，北苑佳瓠。② 曾言水藻绿于蓝，始信山菰红似血。③ 元修蚕豆，自古称佳；诸葛蔓菁，迄今犹赖。④ 生姜盗母荽留子，尽付园丁；芦菔生儿芥有孙，频充鼎味。⑤

①南宋谢惠连善文词，灵运尝于永嘉西堂思诗不就，忽梦见弟惠连，得"池塘生春草"之句，大以为工。六朝江淹《别赋》："春草碧色，春水绿波。送君南浦，伤如之何。"②杨廷秀《咏笋蕨》诗："齐国老莱新脱锦，汉宫钩弋未开拳。"汉武帝东幸，见青气属天，占者曰："必有奇女。"往视之，见一女在岩中，手拳，众擘不开。帝自擘之，乃开，纳为妃，号拳夫人。刘彦仲《瓠》诗："一线解琼瑶，中有佳人齿。"又《诗》美庄姜"齿如瓠犀"。○瓠，音胡又音沮。③唐人诗："水藻碧于蓝。"唐人《咏红菰》诗："空山雨过正温温，松桧森森绿更匀。何事有菰凝血色，莫非杜宇洒啼痕。"④元修菜，一名巢，即蚕豆也。东坡尝云："菜之美者，吾乡之巢。故人元修嗜之，予亦嗜之。"故蜀人呼元修菜。蔓菁，即萝卜也。诸葛屯军处，即令军士种之，因号诸葛菜。○蔓，满平声。菁，音精。⑤荽，香菜也。园丁，莳菜之人。"生姜盗母荽留子"，唐人谚话，即今亦云，"芒种栽姜，夏至偷娘。"苏子瞻《撷菜》诗："秋来霜露满东园，芦菔生儿芥有孙。我与何曾同一饱，不知何苦食鸡豚。"

渔郎问津图 清·吴友如